JN248473

カンタン
総まとめ
就活の 一般常識
& 時事

就職情報研究会 編

実務教育出版

はじめに

　SPIで国語・数学・英語などの基礎能力は測れますが、社会人としての常識は測れません。

　面接の場でアピールするのにも、筆記試験のためにも、就職したあとで仕事をしていくためにも社会人としての常識が必要です。

　とはいえ、イチから勉強する必要はありません。社会人としての常識とは、世間で話題になっていることや、中学・高校までに習ったことです。一度は見たこと、聞いたことがあるはずです。アヤフヤになった知識を再確認すれば大丈夫。本書を使い是非、内定を勝ち取ってください！

本書の特徴と使い方

① ハンディなのにボリューム満点

ハンディサイズなので移動時間やちょっとした空き時間に知識を確認できます。内容も最新時事、一般常識、ことば遣いのマナーから仕事研究に役立つキーワードまでカバーしています。

② 序章の要点まとめで最新時事と一般常識の概略をつかもう

いきなり1問1答に入るより、まずは要点まとめで最新時事と一般常識の概略をつかむことができます。時事や常識のアウトラインを押さえてから1問1答を解いていくほうが効率よく頭に入ります。もちろん直前期の見直しにも効果的です。

③ 1問1答なのでクイズ感覚で復習が可能

要点まとめで概略をつかんだらクイズ感覚で1問1答をどんどん解いていきます。赤シートで解答を隠しながら知識を確認し，解けなかった問題はチェックボックスにマークしておいて再確認できるようにしましょう。

④ 重要 マークで頻出問題・要注意問題をチェック

本書には学ぶ優先順位の高い情報だけを集めて掲載していますが、その中でも特によく問われるもの、忘れやすいものに 重要 マークを付けています。しっかりと確認してください。

目次

序章

カンタンCHECK!!で振り返る！
最新時事＆一般常識 総まとめ

本章で最新時事と常識問題を
一気に総ざらいしよう。

菅内閣の誕生

●「国民のために働く内閣」を標榜

　2020年8月、安倍首相が健康上の理由で辞意を表明。その後、自民党総裁選挙で菅義偉前官房長官が、岸田文雄、石破茂両氏を破り、第99代内閣総理大臣となった。菅内閣は15人が安倍内閣での閣僚経験者で、安倍政権の継承路線が明確となったが、「デジタル改革担当大臣」「行政改革担当大臣」を重視して新味を見せた。一方、発足時の五輪相・橋本聖子は、東京五輪・パラリンピック組織委員会会長に就任したため、丸川珠代が後任となった。なお、2021年10月には衆議院議員の任期が切れるため、それまでに総選挙が行われる。

閣僚と与野党首
※肩書は主なもの。　特＝内閣府命担当大臣

内閣

主な職名	氏名	主な職名	氏名
内閣総理大臣	菅　義偉	防衛大臣	岸　信夫
財務大臣・副総理	麻生　太郎	内閣官房長官	加藤　勝信
総務大臣	武田　良太	復興大臣	平沢　勝栄
法務大臣	上川　陽子	国家公安委員会委員長	小此木　八郎
外務大臣	茂木　敏充	行政改革担当	河野　太郎
文部科学大臣	萩生田　光一	一億総活躍担当	坂本　哲志
厚生労働大臣	田村　憲久	経済再生担当	西村　康稔
農林水産大臣	野上　浩太郎	デジタル改革担当	平井　卓也
経済産業大臣	梶山　弘志	東京オリンピック競技大会・東京パラリンピック競技大会担当	丸川　珠代
国土交通大臣	赤羽　一嘉	国際博覧会担当	井上　信治
環境大臣	小泉　進次郎		

自由民主党三役

		主な野党党首	
幹事長	二階　俊博	立憲民主党	枝野　幸男
総務会長	佐藤　勉	国民民主党	玉木　雄一郎
政務調査会長	下村　博文	日本共産党	志位　和夫
		日本維新の会	松井　一郎
与党・公明党 代表	山口　那津男	社会民主党	福島　瑞穂

（2021年4月現在）

こちらもCHECK!!

緊急事態宣言	新型コロナウイルスの感染拡大を防ぐため、2020年4～5月と2021年1～3月に発出。外出自粛、飲食店の営業時間短縮などが要請された。
大阪・関西万博	2025年4月から半年間、大阪の夢洲で開催される予定。1970年の大阪万博、2005年の愛知万博以来の大規模な博覧会。
イージス・アショア	迎撃ミサイルと高性能レーダー設備を、イージス艦ではなく陸上に配備したもの。2020年、改修費用の問題などから配備計画が停止された。

カンタンCHECK!! 新型コロナウイルス対策

●二度も緊急事態宣言が発出された

　新型コロナウイルス感染症は、2019年末から中国武漢市で発生。日本では2020年1月に感染が確認された。3月にWHOは「パンデミック」を宣言。その後、日本でも「改正新型インフルエンザ等対策特別措置法」が成立した。これに基づき4月から緊急事態宣言が出され、都道府県知事はイベントの自粛、遊興施設等の休業を要請するとともに、協力金支給などを開始。国も「特定定額給付金」「持続化給付金」の給付を実施した。第一波が少し落ち着きを見せた5月末頃、政府はGo Toキャンペーンなどの需要喚起策を打ち出したが、その後も感染が拡大。2021年1月から2回目の緊急事態宣言が発出された。感染拡大防止と経済対策との難しいかじ取りが求められている。

新型コロナウイルスの感染拡大と政府の対応

感染状況等		緊急事態宣言 ※○数字は発出都道府県数		政府・自治体の対応	
2020年 1/15	国内初の感染者を確認			2020年 2/27	3/2からの休校要請
2/3	ダイヤモンドプリンセス号横浜に帰港			3/13	改正新型インフルエンザ等対策特別措置法成立
3/11	WHOがパンデミックを認定			3/24	五輪延期を発表
		2020年 4/7	7	4/1	アベノマスク配布を発表
4/11	第一波ピーク（708人）	4/16	47	4/13	持続化給付金の概要発表
		5/14	8	4/16	特別定額給付金給付を発表
		5/25	解除		
6/29	世界の死者数50万人超える			7/22	Go Toトラベルを東京以外で開始
8/7	第二波ピーク（1605人）			10/1	東京もGo Toトラベルの対象にGo Toイート開始
9/29	世界の死者数100万人超える				
				11/24	Go Toイート順次停止
12/8	英でワクチン接種開始				
12/14	米でワクチン接種開始			12/28	Go Toトラベルが全国一斉停止
		2021年 1/7	4		
2021年 1/7	世界の死者数200万人超える	1/14	11		
1/8	第三波ピーク（7844人）	2/7	10	2021年 2/17	ワクチン接種開始
		2/28	4	4/20	神奈川・埼玉・千葉・愛知の4県で「まん延防止等重点措置」適用
4/5	世界の死者数300万人超える	3/21	解除		

こちらもCHECK!!

デジタル庁	国全体のデジタル化を推進するために新設される新省庁。非常勤職員を含め500人規模の組織として2021年9月に発足予定。
東京五輪・パラリンピック組織委員会	会長職は長年、森喜朗元首相が務めてきたが、2021年2月、女性蔑視ともとれる発言の責任をとり辞任。後任は橋本聖子元五輪相となった。
新札発行	偽造防止などのため2024年度をめどに紙幣のデザインを刷新する。1万円札は渋沢栄一、5千円札は津田梅子、千円札は北里柴三郎。

カンタン CHECK!! **TPPとEPA**

●日本の発行済 EPA・FTA 等は 19 カ国・地域に

TPP（環太平洋パートナーシップ）協定とは、関税撤廃などを含む包括的な経済連携協定で、日米など 12 カ国で交渉が進められた。2017 年、トランプ大統領就任直後にアメリカが離脱したが、残った 11 カ国で 2018 年 12 月、TPP11 協定を発効。名称は CPTPP（包括的および先進的な TPP）となった。

TPP 以外にも、2019 年、日本と EU（欧州連合）の間で EPA 協定（経済連携協定）が発効。また、2020 年には日米貿易協定が、さらに EU を離脱したイギリスとの間の協定も 2021 年 1 月に発効。これで日本の発効済 EPA 協定は 16 の国々と ASEAN（東南アジア諸国連合）、EU、TPP11 の 19 カ国・地域となった。また、日中韓ほか 16 カ国が参加する RCEP（東アジア地域包括的経済連携）協定も署名済で、早ければ 2021 年中にも発効する可能性がある。

TPP11参加国と日本のEPA締結国　　　　　　　　　2021年4月現在

TPP参加国（11カ国）

オーストラリア　ブルネイ　カナダ　チリ　日本　マレーシア
メキシコ　ニュージーランド　ペルー　シンガポール　ベトナム

※イギリスが参加を申請

日本のEPA締結国（発効済。18の国・地域 ※TPP11を除く）

シンガポール　メキシコ　マレーシア　チリ　タイ　インドネシア
ブルネイ　ASEAN（全体）　フィリピン　スイス　ベトナム　インド
ペルー　オーストラリア　モンゴル　EU（全体）　アメリカ　イギリス

こちらもCHECK!!

エッセンシャルワーカー	私たちの日常生活を維持する上で欠かせない職業に従事している人のこと。医療従事者、公共交通機関の職員、スーパーの店員、配達員など。
報復関税	輸出品に対して不当な措置が取られたとして、相手国からの輸入品に WTO（世界貿易機関）の承認を得て高い関税をかけること。
MMT（現代貨幣理論）	国は借金がいくら増えても、その分通貨を発行し返済できるから破産はしないという理論。緊縮財政を批判する考え方だが、異端ともされる。

GAFA

●世界を席巻する米大手IT企業

「GAFA」とはGoogle、Apple、Facebook、Amazonというアメリカ発の大手IT企業の頭文字からつくられた造語。以前はマイクロソフトを加え「GAFMA」と呼ばれていた。ネットフリックスを加え「FAANG」とも呼ばれる。何十億という人々がこれらの企業の提供するサービスを利用しており、世界中の富とさまざまな情報が集約される様子は「ニューモノポリー（新独占）」とも称されている。一方で個人情報の保護や課税逃れに対する懸念も高まり、EUでは「一般データ保護規則」が施行され、国際課税ルール「デジタル課税」についても協議が進められている。

GAFAの概要

Google

創設：1998年

設立者：ラリー・ペイジ、セルゲイ・ブリン

20年売上：1825億ドル

検索エンジン大手であり、動画投稿サイトYouTube、モバイルOS「Android」なども手がける。

Apple

創設：1976年

設立者：スティーブ・ジョブズほか

20年売上：2745億ドル

Mac、iPhoneなどの情報機器やサービス、音楽配信サイトiTunesなどを提供。

Facebook

創設：1998年

設立者：マーク・ザッカーバーグ

20年売上：860億ドル

20～30億人が利用する世界最大のSNSの運営会社。写真共有アプリ「インスタグラム」も運営。

Amazon

創設：1994年

設立者：ジェフ・ベゾス

20年売上：3860億ドル

18カ国で展開している世界最大の通販サイト。動画配信やクラウドサービスなども手がける。

こちらもCHECK!!

BAT（バット）	中国の大手IT企業3社「Baidu(百度、バイドゥ)」「Alibaba(阿里巴巴集団、アリババ)」「Tencent（騰訊、テンセント）」の総称。
マイナポイント	2020年9月から半年、マイナンバーカード取得者のキャッシュレス決済利用に対し政府から付与されるポイントのこと。（上限5000円 要申込）
クラウドファンディング	主にインターネットを使い、少額の資金を不特定多数から集める資金調達方法。「寄付型」「購入型」「投資型」の3タイプに分けられる。

カンタン CHECK!! | **米大統領選と新政権**

●郵便投票がカギを握った大統領選

2020年、4年に1度の大統領選が現職の共和党ドナルド・トランプと民主党ジョー・バイデンの間で争われた。選挙は州ごとに行われ、各州に割り当てられた選挙人合計538人の過半数を得たほうが次期大統領となる。

今回は、新型コロナの影響で郵便投票をする人が多かったことも勝敗に影響を与えた。郵便投票者には民主党支持者が多かったという。

●議事堂襲撃事件と弾劾裁判

投開票の結果はバイデンの勝利だったが、トランプは「不正があった」としてそれを認めず、2021年1月にはトランプ支持者による連邦議会議事堂襲撃事件も発生。それに関連してトランプは弾劾訴追されたが無罪評決となった。

一方でバイデン政権は1月に発足。早速パリ協定復帰などを打ち出した。

両候補者のプロフィールと政策

ジョー・バイデン	生年（選挙時の年齢）	ドナルド・トランプ
1942年生 (77歳)	生年（選挙時の年齢）	1946年生 (74歳)
民主党	政党	共和党
カマラ・ハリス	副大統領候補	マイク・ペンス
オバマ政権時の副大統領	政治経験	前大統領（それまでは政治経験なし）
協調主義	外交政策	アメリカ第一主義
大きな政府路線	国内政策	小さな政府路線
感染抑制を重視	新型コロナ	経済優先
人道責任重視	移民問題	不寛容政策
オバマケア拡大	医療保険	オバマケア反対
前向き	銃規制	慎重
リベラル層、マイノリティ	支持層	保守層、白人

こちらもCHECK!!

BLM (Black Lives Matter)
「黒人の命は大切」の意。白人警官による黒人射殺事件の多発をきっかけに起きた黒人に対する差別・暴力への抗議運動のスローガン。

一帯一路
中国が提唱している、中国とヨーロッパやアフリカを結ぶ経済圏構想。「シルクロード経済ベルト」「21世紀海上シルクロード」の2つからなる。

核兵器禁止条約
核兵器の開発、備蓄、使用等を禁止する条約。122カ国・地域が合意して2021年発効。核保有国や日本など核の傘に依存している国は不参加。

カンタンCHECK!! ブレグジット（英のEU離脱）

●世界を驚かせたブレグジット

2016年、イギリスの国民投票でEU（欧州連合）離脱派が勝利した。移動の自由を掲げるEUに留まれば移民問題が一層深刻化するし、多大なる拠出金が財政を圧迫し、イギリスの独自性も失われていくといった主張が支持を集めたのだ。こうして「ブレグジット（Brexit）」という造語まで生み出した、イギリス（Britain）のEU離脱（exit）方針が決定されたのである。

● 2020年、EU史上初となる加盟国脱退が実現

その後、残留派だったキャメロン首相に代わって指揮を執ったメイ首相は、2017年、EUに対し離脱を正式に通知。しかし、議会は首相の掲げる離脱案を再三否決。混迷深まる中、メイ首相は辞任した。次に首相となったジョンソンは、2019年12月の総選挙で勝利を収め、翌年1月、ついに念願のEU離脱を実現。その後進められたEUとの貿易に関する協議は難航したが、移行期間終了直前となる2020年12月、ようやく新たな自由貿易協定が締結された。

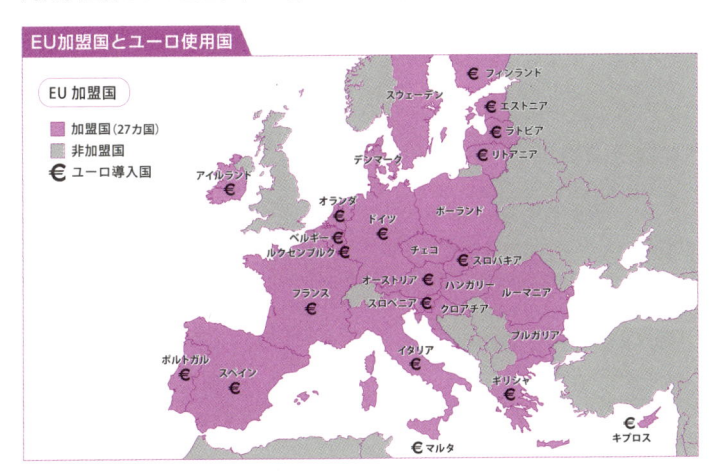

EU加盟国とユーロ使用国

EU加盟国
- 加盟国（27カ国）
- 非加盟国
- € ユーロ導入国

こちらもCHECK!!

香港国家安全維持法	中国政府が2020年6月に制定。香港における反政府行動や独立運動などを犯罪と定めた（最高刑は終身刑）。施行後逮捕者が続出している。
米中貿易摩擦	2018年、アメリカが制裁措置として中国製品に高関税をかけて以来、関税のかけ合いが続いた。現在は通商協議による摩擦緩和が進められている。
WHO	世界保健機関。世界の人々の健康を守る国連の専門機関。新型コロナウィルスに関するテドロス事務総長の発言が中国寄りだとの批判も出た。

11

カンタンCHECK!! コロナ後の新生活様式

●前向きに評価される新生活様式

新型コロナウイルスの感染拡大は、私たちの生活を一変させた。しかし、そこから生まれた新しいスタイルの中には、前向きに評価されるものも多い。

まず、ビジネスにおいては、「テレワーク」や「テレビ会議システム」が普及。出社を前提としない働き方は、首都圏への人口の一極集中、通勤ラッシュの緩和などに大きな効果を発揮すると考えられている。さらには、余暇の合間に仕事をこなす「ワーケーション」などが普及すれば、ますます時間や場所の制約を受けない新しい働き方になると注目を集めている。

●オンライン活用シーンの拡大

また、人との接触を避けるために拡大したオンラインの活用はさまざまなシーンにおける可能性をも助長させた。「ライブ配信」はエンタメの可能性を広げ、「遠隔医療」は過疎化・高齢化対策としても有効と考えられている。「オンライン授業」も不登校対策としての活用が期待されている。金銭授受を減らすための「キャッシュレス決済」の普及も評価されている。

一方、マスクの着用や手洗いの励行は他の感染症対策にも有効であり、季節性インフルエンザの感染縮小などに効果を発揮した。

コロナ禍で注目されたもの

テレワーク	情報通信技術を活用し、勤務先以外で仕事をすること。「リモートワーク」ともいう。
ワーケーション	休暇中、旅行先などで仕事をすること。
テレビ会議システム	ネットを介して離れた場所から会議に参加できるシステム。
オンライン○○	ネットを介して行うこと。○○には飲み会、帰省、授業、法要、診療などが入る。
ワーキングスペース	テレワークの普及により、共有・共働型、駅ナカなどの時間貸個室型、自宅に設ける個室型などが注目された。
デリバリー	Uber Eatsの普及などにより、新たにデリバリーをはじめる飲食店も増えた。
非接触	体温計などのほか、キャッシュレス決済、無人店舗なども注目を浴びた。

こちらもCHECK!!

キッズウィーク	地域ごとに夏休み等の長期休暇を分散化させ、大人と子どもが一緒にまとまった休日を過ごす機会を創出しようとする政府の取り組み。
就職氷河期世代	2000年前後の就職氷河期に大学を卒業した現在30代半ば～40代半ばの人々。2019年、この世代を対象とした支援プログラムが立ち上がった。
幼保無償化	2019年10月より、幼稚園や保育所に通う3～5歳の全ての子どもと、保育所に通う0～2歳の住民税非課税世帯の子どもの利用料を無料とする制度。

カンタン CHECK!! 平成史

●「平成」の31年を振り返る

1989年1月の昭和天皇の崩御に伴い、平成が始まった。空前のバブル景気とその崩壊による余波は「失われた20年」ともいわれる。90年代後半にインターネットの普及がすすみ「IT革命」といわれた。その間首相は17回変わり、政治、経済とも大きく揺れ動き、自然災害にも見舞われた平成を振り返る。

平成の主な出来事

平成	西暦	主な出来事	平成	西暦	主な出来事
元	1989	新天皇即位、改元。消費税導入（3％）。美空ひばり、松下幸之助、手塚治虫らが逝去。	16	2004	裁判員制度法、年金改革関連法成立。スマトラ沖大地震。
2	1990	初のセンター試験実施。ベルリンの壁が崩壊。	17	2005	ライブドア騒動。愛・地球博開幕。JR福知山線脱線事故。郵政民営化法成立。
3	1991	湾岸戦争勃発。雲仙普賢岳で大火砕流。ソ連崩壊。都庁新庁舎の完成。	18	2006	初の人口自然減。「イナバウアー」が流行語に。
4	1992	PKO協力法案可決。山形新幹線開業。天皇皇后両陛下、初の中国訪問。	19	2007	「宙に浮いた年金記録」問題。サブプライムローン問題顕在化。
5	1993	Jリーグ開幕。自民党下野、55年体制崩壊。姫路城等が日本初の世界遺産に。	20	2008	秋葉原無差別殺傷事件。リーマンショック。大統領選でオバマ勝利。年越し派遣村開設。
6	1994	松本サリン事件。自社さ政権発足。金日成死去。大江健三郎ノーベル文学賞受賞。	21	2009	オバマ「核なき世界」演説、ノーベル平和賞受賞。民主党政権始まる。
7	1995	阪神淡路大震災。地下鉄サリン事件。ウィンドウズ95発売。	22	2010	朝青龍引退。平成の大合併終了。
8	1996	野茂英雄がメジャーで初のノーヒットノーラン。民主党結成。「アムラー」が流行語に。	23	2011	東日本大震災。福島第一原発事故。サッカー女子W杯でなでしこ優勝。
9	1997	消費税5％に。たまごっちブーム。北海道拓殖銀行、山一証券破たん。	24	2012	東京スカイツリー開業。尖閣諸島国有化閣議決定。政権交代、安倍内閣発足。
10	1998	長野オリンピック開催。サッカーW杯仏大会。	25	2013	ネット選挙解禁。特定秘密保護法成立。朝ドラ「あまちゃん」が話題に。
11	1999	ユーロ導入。iモードサービス開始。NTT分割。国旗国歌法成立。	26	2014	STAP細胞事件。「笑っていいとも!」終了。消費税8％に。IS国家樹立宣言。
12	2000	ストーカー規制法公布。イチロー、マリナーズ入団。「IT革命」が流行語に。	27	2015	北陸新幹線開業。マイナンバー通知カード発送。又吉直樹の「火花」が芥川賞受賞。
13	2001	中央省庁再編。USJ、ディズニーシー開園。米国で同時多発テロ。「千と千尋の神隠し」大ヒット。	28	2016	北海道新幹線開業。熊本地震。選挙権が18歳以上に。SMAP解散。
14	2002	ゆとり教育スタート。サッカーW杯日韓大会開催。小泉首相訪朝、拉致被害者5名帰国。	29	2017	トランプ大統領就任。
15	2003	イラク戦争勃発。六本木ヒルズ開業。日本郵政公社発足。「冬のソナタ」がブームに。	30	2018	オウム事件死刑執行。安室奈美恵引退。豊洲市場移転。日産ゴーン会長逮捕。
			31	2019	新元号「令和」発表。

こちらもCHECK!!

平成の日経平均株価	最高値（終値）3万8915.87円（1989年12月29日） 最安値（終値）7054.98円（2009年3月10日）
平成の歴代首相	竹下登、宇野宗佑、海部俊樹、宮澤喜一、細川護熙、羽田孜、村山富市、橋本龍太郎、小渕恵三、森喜朗、小泉純一郎、安倍晋三、福田康夫、麻生太郎、鳩山由紀夫、菅直人、野田佳彦　　　　（初回の就任のみ）

カンタンCHECK!! SDGs（持続可能な開発目標）

●国連で示された開発目標

SDGs は、Sustainable Development Goals の略。MDGs（ミレニアム開発目標）の後を受け世界が今後も継続的に発展していけるよう、2015 年、国連の会議に 150 カ国以上の首脳が参加して採択された。2016 年〜 2030 年にかけて達成されるべき国際社会の共通目標である。

具体的には下記に掲げる 17 分野 169 項目の達成目標が提示されており、各国は毎年国連に達成状況を報告する。

● SDGs に関する日本の対応

これを受けて日本では 2016 年に「持続可能な開発目標（SDGs）推進本部」を内閣に設置。具体的な施策として「持続可能な開発目標（SDGs）実施指針」を取りまとめ、2018 年からは「アクションプラン」を毎年策定している。2020 年の日本の達成状況は 17 分野平均で 79.2%、世界で 17 位となっている。

17の目標

❶ 貧困	❷ 飢餓	❸ 保健
❹ 教育	❺ ジェンダー	❻ 水・衛生
❼ エネルギー	❽ 経済成長と雇用	❾ インフラ、産業化、イノベーション
❿ 不平等	⓫ 持続可能な都市	⓬ 持続可能な消費と生産
⓭ 気候変動	⓮ 海洋資源	⓯ 陸上資源
⓰ 平和	⓱ 実施手段	

こちらもCHECK!!

科学技術・イノベーション基本法	2020 年、25 年ぶりに改正された科学技術基本法の新名称。目的にイノベーションの創出が、振興対象に社会科学を含む人文科学が追加された。
ブロックチェーン	取引情報の塊（ブロック）を鎖（チェーン）のようにつなぎ、複数の PC で管理する技術。暗号資産の管理で使われ、他分野にも広まっている。
IoT	「Internet of Things」の略。モノのインターネット。家電等あらゆるものがネットにつながるという考え方。利便性は向上するが、安全面に懸念もある。

カンタン CHECK!! 宇宙開発

●ますます激しさを増す宇宙開発競争

近年、アメリカや中国などによる宇宙開発競争にますます拍車がかかっている。日本でも宇宙航空研究開発機構(JAXA)の探査機「はやぶさ2」が小惑星リュウグウに着陸し、砂などを回収するという偉業を達成している。

宇宙開発は、技術開発の進展などに利することが期待される一方で、軍事利用や宇宙ゴミ(スペースデブリ)の増加などが懸念されてもいる。そのような中、政府は、2018年に宇宙活動法を施行し、2020年6月には5年ぶりに宇宙基本計画を改定。「自立した宇宙利用大国」を目指す方針を打ち出した。

●民間企業による宇宙開発が進展中

近年の宇宙開発事業の特徴として、民間企業の活躍が挙げられる。アメリカではスペースX社が有人宇宙船「クルードラゴン」を開発、ISSへの人と物資の輸送を開始した。日本でもインターステラテクノロジズら民間企業が、宇宙開発事業に取り組み、成果を上げている。

主な民間宇宙開発事業

インターステラテクノロジズ

堀江貴文が創設。北海道を拠点に小型で低価格のロケットの開発を目指している。

2019年5月、MOMO3号機の高度113.4kmまでの打上げに成功。民間企業単独の事業としては、日本で初めて宇宙空間に到達した。

ispace

史上初となる民間月面探査プログラム「HAKUTO-R」を推進中。

そのミッション内容として「Mission 1 2022年に月面着陸」、「Mission 2 2023年に月面着陸&探査」などを掲げている。

PDエアロスペース

HISやANAなどが出資している、国際競争力のある宇宙輸送システムの開発・運用を目指している企業。

宇宙飛行機(スペースプレーン)の開発や宇宙旅行の2025年商用化などを目指している。

スペースX

イーロン・マスクが創設。自社開発した宇宙船クルードラゴンは、タッチパネルで操作できる。ISSへの人や物資の輸送を行っている。

今後は、民間初となる月周回旅行(2023年の予定)なども計画している。

こちらもCHECK!!

シェールガスとメタンハイドレート	エネルギー情勢を変える新資源。シェールガスはアメリカの技術革新により生産量が急増。メタンハイドレートは日本近海にも存在している。
富岳(ふがく)	理化学研究所と富士通が開発したスーパーコンピュータ。2020年には計算速度など4部門で世界一に。使いやすさにもこだわって開発された。
GIGAスクール	児童生徒向けの1人1台端末と、高速大容量の通信ネットワークを整備し、個別に最適化された教育を全国の学校現場で持続的に実現させる構想。

カンタンCHECK!!　スポーツニュース総まとめ（国内）

●オリンピックをはじめ多くのスポーツが延期ないし中止に

　2020年は、新型コロナウイルスの流行によって多くの大会が延期または中止となった。春のセンバツ高校野球も中止となり、3月には東京オリンピック・パラリンピックの延期も決定。プロ野球やJリーグなどの人気スポーツの開催も見送られることとなった。4月に入り、緊急事態宣言が出されると、インターハイや夏の甲子園大会なども軒並み中止が発表された。5月に緊急事態宣言が解除されると、少しずつ開催される大会が増えてくる。6月からプロ野球、7月からJリーグの試合もはじまり、3月は無観客、5月は中止となった大相撲も7月場所からは観客を入れて開催された。

●期待されるアスリートの活躍

　その後はテニス四大大会の2つを制した大坂なおみ、日本人初となる最多勝を獲得したダルビッシュ有らの活躍が人々の心を熱くさせた。白血病を克服した水泳の池江璃花子、事故で負傷したバドミントンの桃田賢斗らも順調な回復をみせた。2021年4月には、松山英樹が日本人初のゴルフ四大メジャーのマスターズ優勝を成し遂げた。

2020～21の主なスポーツニュース（国内）

4月	新型コロナウイルス拡大感染によりインターハイなどの中止が決定
5月	大相撲夏場所が中止に、夏の甲子園大会も中止が決定／大相撲の力士・勝武士が新型コロナウィルス感染症で逝去
6月	プロ野球が3カ月遅れで開幕（当初は無観客試合）
7月	Jリーグが再開（当初は無観客試合）／大相撲7月場所で元大関照ノ富士が幕尻優勝
8月	甲子園高校野球交流試合開催／佐藤琢磨がインディ500で2度目の優勝
9月	全米オープンで大坂なおみが2年ぶり2度目の優勝／横浜FC三浦知良が月最年長出場記録を更新
10月	デアリングタクト、コントレイルが無敗の3冠馬に／プロ野球パ・リーグはソフトバンク、セ・リーグは巨人が優勝
11月	巨人の坂本が2000本安打達成／プロ野球はソフトバンク、サッカーJ1は川崎が日本一に
12月	全日本フィギュアで羽生結弦が5年ぶり5度目の優勝／全日本総合バドミントンで桃田賢斗が男子シングルス優勝
1月	箱根駅伝で駒澤大学が逆転優勝／大相撲初場所で大栄翔が初優勝。埼玉県出身力士初
2月	大坂なおみが全豪オープンで2年ぶり2度目の優勝／びわ湖毎日マラソンで鈴木健吾が日本新記録で優勝
3月	W杯ジャンプ女子で高梨沙羅が銀メダル獲得／春のセンバツ甲子園が2年ぶりに開催

こちらもCHECK!!

藤井聡太	2016年、史上最年少（14歳2カ月）でプロ棋士となり、公式戦29連勝の記録を残す。以降も勝率ランキングで1位となるなど活躍を続けている。
WEリーグ	「Women Empowerment League」。2021年9月に11チームで開幕する日本初の女子プロサッカーリーグ。なでしこリーグの上位に位置する。
鈴木健吾	2021年2月のびわ湖毎日マラソンで日本新記録の2時間4分56秒で優勝。大迫傑の記録を33秒更新した。4分台は非アフリカ系では初めて。

カンタン CHECK!!
スポーツニュース総まとめ（海外）

●新型コロナウイルスに翻弄された１年

　海外では、日本以上に新型コロナウイルス蔓延の影響が大きかった国があり、その分スポーツ界への影響も大きかったといえよう。東京オリンピック・パラリンピックの延期が世界中のアスリートに影響をおよぼしたのはもちろん、テニスの四大大会では、ウィンブルドンが中止となり、残り３大会が延期された。他にもニューヨークシティマラソンやボストンマラソン、ゴルフのカナダオープン、体操のW杯東京大会、フィギュアスケートの世界選手権など著名な大会が中止となったほか、延期や無観客での開催となった大会も多い。

●活躍したアスリートたち

　しかし、コロナ禍においても多くのヒーロー、ヒロインが誕生した。多くの大会が中止なったF1ではルイス・ハミルトンが最多勝記録を更新して総合優勝。無観客で開催された全米オープン男子シングルスでは、ドミニク・ティエムが初優勝した。ゴルフでは通算20アンダーという大会新記録で「マスターズ」を初制覇したダスティン・ジョンソンが初の年間王者の座に。一方、オールスター戦が中止になるなどのコロナ禍の影響の大きかった米メジャーリーグは、ドジャースが32年ぶりの優勝を果たした。

2020〜21の主なスポーツニュース（海外）

月	内容
4月	コロナ禍でゴルフのマスターズなど多くの競技が延期または中止に
5月	同じく新型コロナの影響でボストンマラソンなどが中止に
6月	サッカープレミアリーグでリバプールが30年ぶりに優勝 テニスのウィンブルドン選手権などがコロナ禍で中止に
7月	アメリカでメジャーリーグが4カ月遅れて開幕 同じくアメリカでNBA（バスケットボール）が再開
8月	サッカー欧州CLでバイエルン・ミュンヘンが優勝
9月	テニス全米オープン男子シングルスでドミニク・ティエムが四大会初優勝
10月	開催が延期となった全仏オープンテニスでナダルが13回目の優勝
11月	ゴルフのマスターズでダスティン・ジョンソンが20アンダーの新記録で優勝
12月	スポーツ仲裁裁判所がロシア選手団を東京五輪等から除外する裁定を発表
1月	全豪オープンテニスでジョコビッチが2年連続最多8度目の優勝
2月	スーパーボウルでタンパベイ・バッカニアーズが優勝（開催地のチームが初優勝）
3月	ジョコビッチが世界ランキング1位の通算在位記録を更新（311週） フィギュアスケート世界選手権はネイサン・チェンが3連覇

こちらもCHECK!!

大坂なおみ	日本勢初となるテニスの四大大会制覇を成し遂げ、世界ランク1位にもなった。母は日本人、父はハイチ系アメリカ人で、国籍は日本を選択。
eスポーツ	対戦型ゲームをスポーツ競技としてとらえたもの。アメリカや韓国などで盛んで、2018年のアジア競技大会では公開競技として開催された。
Clubhouse	2020年にアメリカでスタートし、日本でも2021年1月、β版が運用開始された音声配信SNSアプリ。「招待制」「iOS限定」などの制限がある。

文学賞とベストセラー

●芥川賞

年	著者	作品名
2020年	宇佐見りん	推し、燃ゆ
	高山羽根子	首里の馬
	遠野遥	破局
2019年	古川真人	背高泡立草(せいたかあわだちそう)
	今村夏子	むらさきのスカートの女
2018年	上田岳弘	ニムロッド
	町屋良平	1R(いちらうんど)1分34秒
	高橋弘希	送り火
2017年	石井遊佳	百年泥
	若竹千佐子	おらおらでひとりいぐも
	沼田真佑	影裏(えいり)
2016年	山下澄人	しんせかい
	村田沙耶香	コンビニ人間
2015年	本谷有希子	異類婚姻譚
	滝口悠生	死んでいない者
	又吉直樹	火花
	羽田圭介	スクラップ・アンド・ビルド
2014年	小野正嗣	九年前の祈り
	柴崎友香	春の庭
2013年	小山田浩子	穴
	藤野可織	爪と目

●直木賞

年	著者	作品名
2020年	西條奈加	心(うら)淋し川
	馳星周	少年と犬
2019年	川越宗一	熱源
	大島真寿美	渦 妹背山婦女庭訓(いもせやまおんなていきん)魂結(たまむす)び
2018年	真藤順丈	宝島
	島本理生	ファーストラヴ
2017年	門井慶喜	銀河鉄道の父
	佐藤正午	月の満ち欠け
2016年	恩田陸	蜜蜂と遠雷
	荻原浩	海の見える理髪店
2015年	青山文平	つまをめとらば
	東山彰良	流
2014年	西加奈子	サラバ!
	黒川博行	破門
2013年	姫野カオルコ	昭和の犬
	朝井まかて	恋歌(れんか)
	桜木紫乃	ホテルローヤル

●本屋大賞

年	著者	作品名
2021年	町田そのこ	52ヘルツのクジラたち
2020年	凪良ゆう	流浪の月
2019年	瀬尾まいこ	そして、バトンは渡された
2018年	辻村深月	かがみの孤城
2017年	恩田陸	蜜蜂と遠雷
2016年	宮下奈都	羊と鋼の森
2015年	上橋菜穂子	鹿の王
2014年	和田竜	村上海賊の娘
2013年	百田尚樹	海賊とよばれた男
2012年	三浦しをん	舟を編む
2011年	東川篤哉	謎解きはディナーのあとで
2010年	冲方丁	天地明察
2009年	湊かなえ	告白
2008年	伊坂幸太郎	ゴールデンスランバー
2007年	佐藤多佳子	一瞬の風になれ
2006年	リリー・フランキー	東京タワー オカンとボクと、時々、オトン

●年間ベストセラー

年	著者	作品名
2020年	—	The WORLD SEIKYO ワールドセイキョウ 2020年春号
2019年	樹木希林	一切なりゆき 樹木希林のことば
2018年	吉野源三郎 原作／羽賀翔一 画	漫画 君たちはどう生きるか
2017年	佐藤愛子	九十歳。何がめでたい
2016年	石原慎太郎	天才
2015年	又吉直樹	火花
2014年	鬼木 豊 監修／槇孝子	長生きしたけりゃふくらはぎをもみなさい
2013年	近藤 誠	医者に殺されない47の心得
2012年	阿川佐和子	聞く力
2011年	東川篤哉	謎解きはディナーのあとで
2010年	岩崎夏海	もし高校野球の女子マネージャーがドラッカーの「マネジメント」を読んだら
2009年	村上春樹	1Q84 (1・2)
2008年	J.K.ローリング 松岡佑子 訳	ハリー・ポッターと死の秘宝
2007年	坂東眞理子	女性の品格 装いから生き方まで
2006年	藤原正彦	国家の品格

カンタン CHECK!! 2020年映画興行収入ランキング

順位	作品名	興行収入(億円)
1	劇場版「鬼滅の刃」無限列車編	365.5
2	スター・ウォーズ／スカイウォーカーの夜明け	73.2
3	今日から俺は!! 劇場版	53.7
4	パラサイト 半地下の家族	47.4
5	コンフィデンスマンJP　プリンセス編	38.4
6	映画ドラえもん　のび太の新恐竜	33.5
7	TENET テネット	27.3
8	事故物件　恐い間取り	23.4
9	糸	22.7
10	劇場版　ヴァイオレット・エヴァーガーデン	21.3

カンタン CHECK!! 2020年年間書籍・CDランキング

●書籍ベストセラー

順位	書名	著者	出版社
1	The WORLD SEIKYO　ワールドセイキョウ　2020年春号	—	聖教新聞社
2	鋼鉄の法　人生をしなやかに、力強く生きる	大川隆法	幸福の科学出版
3	鬼滅の刃 しあわせの花／鬼滅の刃 片羽の蝶／鬼滅の刃 風の道しるべ	吾峠呼世晴　矢島綾	集英社
4	あつまれ どうぶつの森 完全攻略本+超カタログ	ニンテンドードリーム編集部 編	徳間書店
5	あつまれ どうぶつの森 ザ・コンプリートガイド	—	KADOKAWA
6	ぼくはイエローでホワイトで、ちょっとブルー	ブレイディみかこ	新潮社
7	ケーキの切れない非行少年たち	宮口幸治	新潮社
8	こども六法	山崎聡一郎/伊藤ハムスター イラスト	弘文堂
9	田中みな実1st写真集「Sincerely yours…」	田中みな実	宝島社
10	流浪の月	凪良ゆう	東京創元社

●デジタルシングル

順位	曲名	歌手	ダウンロード数(万)
1	紅蓮華	LiSA	94.3
2	炎	LiSA	71.0
3	I LOVE...	Official髭男dism	63.8
4	夜に駆ける	YOASOBI	53.9
5	Pretender	Official髭男dism	53.8
6	白日	King Gnu	51.4
7	感電	米津玄師	49.9
8	裸の心	あいみょん	40.4
9	香水	瑛人	34.7
10	馬と鹿	米津玄師	31.7

最新時事総まとめ

一般常識総まとめ

【対義語】 次の漢字の対義語を答えなさい。

重要	1	解放 ↔ 束縛		22	統一 ↔ 分裂		
	2	就寝 ↔ 起床	重要	23	曖昧 ↔ 明瞭		
	3	真実 ↔ 虚偽		24	延長 ↔ 短縮		
重要	4	利益 ↔ 損失		25	温暖 ↔ 寒冷		
	5	生産 ↔ 消費		26	勤勉 ↔ 怠惰		
	6	積極 ↔ 消極	重要	27	形式 ↔ 内容		
	7	尊敬 ↔ 軽蔑		28	雑然 ↔ 整然		
重要	8	緊張 ↔ 弛緩		29	強情 ↔ 従順		
	9	喜劇 ↔ 悲劇		30	権利 ↔ 義務		
	10	悲哀 ↔ 歓喜		31	過失 ↔ 故意		
	11	終点 ↔ 起点		32	困難 ↔ 容易		
	12	実数 ↔ 虚数	重要	33	寡黙 ↔ 多弁		
重要	13	需要 ↔ 供給	重要	34	依存 ↔ 自立		
	14	結果 ↔ 原因		35	主観 ↔ 客観		
	15	危険 ↔ 安全		36	絶対 ↔ 相対		
	16	穏健 ↔ 過激		37	濃厚 ↔ 淡白		
	17	拡大 ↔ 縮小		38	拒否 ↔ 承諾		
重要	18	実在 ↔ 架空		39	利点 ↔ 欠点		
	19	一括 ↔ 分割		40	直接 ↔ 間接		
	20	集合 ↔ 解散		41	能動 ↔ 受動		
	21	陰気 ↔ 陽気	重要	42	保守 ↔ 革新		

43	発信 ↔ 受信
44	平等 ↔ 差別
45	厳格 ↔ 寛大
46	必然 ↔ 偶然
47	抑制 ↔ 促進

重要 48	具体 ↔ 抽象
49	前進 ↔ 後退
50	上昇 ↔ 下降
51	一般 ↔ 特殊
52	流動 ↔ 固定

【類義語】　次の漢字の類義語を答えなさい。

1	同意 = 賛成
2	案外 = 意外
3	互角 = 同等
4	遺憾 = 残念
5	切迫 = 緊迫
6	故国 = 祖国
7	沿革 = 変遷
8	実行 = 実施
9	知人 = 知己
10	失望 = 落胆
11	着実 = 堅実
12	発育 = 成長
13	無礼 = 非礼
14	真心 = 誠意
15	方法 = 手段

16	誤解 = 曲解
17	明白 = 歴然
18	酷暑 = 猛暑
19	留守 = 不在
20	了解 = 了承
21	専念 = 専心
22	陰暦 = 旧暦
23	公平 = 平等
24	故郷 = 郷里
25	改善 = 改良
26	信用 = 信頼
27	冷静 = 沈着
28	使命 = 任務
29	同感 = 共鳴
30	律儀 = 実直

 カンタンCHECK!!　日本文学史

●日本文学史の基礎

日本史に名を残す名作の数々は、作者名とともに記憶しておきたい。

文化史　＊作品名等はおおよその位置に記してあり、厳密に発行年等を示しているものではありません。

	歴史物（六国史）	物語	日記・随筆・紀行（三大随筆）	句集・歌集（八代集）	文化
奈良	『古事記』『日本書紀』		『風土記』	『万葉集』	■天平文化 東大寺大仏／正倉院御物
平安	『大鏡』	『竹取物語』『伊勢物語』『源氏物語』『今昔物語集』	『土佐日記』	『古今和歌集』『後撰和歌集』『拾遺和歌集』『後拾遺和歌集』『金葉和歌集』『詞花和歌集』『千載和歌集』『新古今和歌集』	■弘仁・貞観文化 密教芸術／■国風文化 寝殿造／仮名／十二単
鎌倉	『吾妻鏡』	『平家物語』	『枕草子』『方丈記』『徒然草』		■鎌倉文化 金剛力士像／絵巻物
室町	『増鏡』『神皇正統記』	『太平記』	『風姿花伝』	『菟玖波集』	■北山文化 金閣／能／■東山文化 銀閣／水墨画
安土桃山					■桃山文化 障壁画／茶道／南蛮文化
江戸	『大日本史』	『好色一代男』『心中天網島』『東海道中膝栗毛』『南総里見八犬伝』	『奥の細道』	『誹風柳多留』『おらが春』	■寛永文化 日光東照宮／風神雷神図／■元禄文化 歌舞伎／琳派／■化政文化 浮世絵／洋楽

明治

坪内逍遙『小説神髄』

ロマン主義　森鷗外『舞姫』
自然主義　島村藤村『破戒』
短歌　与謝野晶子『みだれ髪』

高踏派　夏目漱石『吾輩は猫である』
樋口一葉『たけくらべ』
田山花袋『蒲団』
石川啄木『一握の砂』

■明治の文化 文明開化／欧化運動

大正

新思潮派　菊地寛『父帰る』　芥川龍之介『羅生門』

白樺派　有島武郎『或る女』　志賀直哉『城の崎にて』　武者小路実篤『友情』

■大正～昭和初期の文化 大衆文化／ラジオ

昭和

新感覚派　川端康成『雪国』

プロレタリア文学　小林多喜二『蟹工船』

■戦後文化 戦後復興／高度成長

カンタンCHECK!! ノーベル賞

●自然科学系に強い日本

ノーベル賞とは、ダイナマイトを発明したアルフレッド・ノーベルがスウェーデンアカデミーに寄付した遺産を基金として、発明・研究・著作等ですぐれた功績を残した人に毎年、贈られる賞で、物理学、化学、生理学・医学、文学、平和、経済学の6部門がある。

日本では、戦後間もない1949年に湯川秀樹が「中間子論」の研究によって物理学賞を受賞したことを皮切りに、2019年までに27名が受賞している（受賞時には米国籍だった2名を含む）。部門別では物理学賞の受賞が11人と最も多く、続いて化学賞が8人、以下、生理学・医学賞5人、文学賞2人、平和賞1人となっており、自然科学系に強い反面、経済学賞の受賞者は1人もいないという状況になっている。

● 2020年は受賞者なし

近年では、2018年に免疫システムを用いたがん治療薬の開発により京都大学特別教授本庶佑が生理学・医学賞を、2019年にはリチウムイオン電池を開発した旭化成名誉フェローの吉野彰が化学賞を受賞した。2020年には中村祐輔（生理学・医学）、藤田誠（化学）、村上春樹（文学）らの名も挙がったが、受賞はならなかった。

ノーベル賞を受賞した日本人

受賞年	人名	物理	化学	生・医	文学	平和
1949	湯川秀樹	●				
1965	朝永振一郎	●				
1968	川端康成				●	
1973	江崎玲於奈	●				
1974	佐藤栄作					●
1981	福井謙一		●			
1987	利根川進			●		
1994	大江健三郎				●	
2000	白川英樹		●			
2001	野依良治		●			
2002	小柴昌俊	●				
2002	田中耕一		●			
2008	南部陽一郎	●				
2008	小林誠	●				
2008	益川敏英	●				
2008	下村脩		●			
2010	鈴木章		●			
2010	根岸英一		●			
2012	山中伸弥			●		
2014	赤崎勇	●				
2014	天野浩	●				
2014	中村修二	●				
2015	大村智			●		
2015	梶田隆章	●				
2016	大隅良典			●		
2018	本庶佑			●		
2019	吉野彰		●			

こちらもCHECK!! （海外のノーベル賞受賞者）

ウィンストン・チャーチル	第二次大戦時にイギリスを率いた首相として知られているが、文筆家として「第二次大戦回顧録」等を著しており、1953年文学賞を受賞している。
マララ・ユスフザイ	パキスタンで学ぶ権利等を訴え続け、15歳の時に武装勢力から銃撃された。その後も屈せず主張を続ける姿が評価され2014年平和賞を受賞。
WFP（世界食糧計画）	食糧欠乏国や被災した国への食糧援助を行う国連の機関。毎年約80カ国1億人に食糧支援をしている。2020年にノーベル平和賞を受賞した。

一問一答 P114へ

カンタンCHECK!!

日本の世界遺産

●ユネスコ世界遺産とは？

ユネスコ世界遺産とは「世界の文化遺産及び自然遺産の保護に関する条約」に基づき登録された、後世に残すべき貴重な資産のことである。文化遺産、自然遺産、複合遺産の３種があり、世界では1000を超える遺産が登録されている。そのうち、日本国内には23の遺産群があり、19が文化遺産、屋久島・白神山地・知床・小笠原諸島の４つが自然遺産である。「富士山」は「信仰の対象と芸術の源泉」として文化遺産での登録となっている。

2019年には「百舌鳥（もず）・古市古墳群」の世界文化遺産への登録が決定。４～５世紀にかけ大阪府堺市・羽曳野市・藤井寺市に築造された49基の古墳で構成されており、全長486メートルで日本最大の大山古墳（仁徳天皇陵）などが含まれている。 2021年現在、日本政府は「奄美大島、徳之島、沖縄島北部及び西表島」「北海道・北東北の縄文遺跡群」の２候補を推薦中である。

日本の世界文化遺産

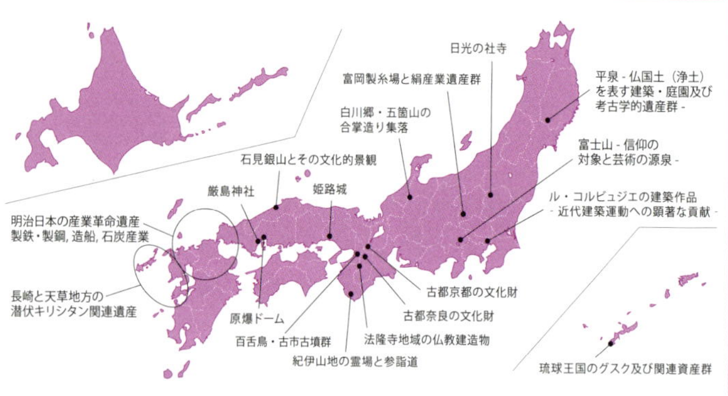
日光の社寺
富岡製糸場と絹産業遺産群
平泉 - 仏国土（浄土）を表す建築・庭園及び考古学的遺産群 -
白川郷・五箇山の合掌造り集落
石見銀山とその文化的景観
富士山 - 信仰の対象と芸術の源泉 -
厳島神社
姫路城
ル・コルビュジエの建築作品 - 近代建築運動への顕著な貢献 -
明治日本の産業革命遺産 製鉄・製鋼, 造船, 石炭産業
長崎と天草地方の潜伏キリシタン関連遺産
古都京都の文化財
古都奈良の文化財
原爆ドーム
百舌鳥・古市古墳群
法隆寺地域の仏教建造物
紀伊山地の霊場と参詣道
琉球王国のグスク及び関連資産群

こちらもCHECK!! （世界遺産の多い国［2020年現在］【　】は登録数）

1位　イタリア	ローマ、フィレンツェ、ポンペイなどの遺跡、歴史地区はもちろん、世界一美しいといわれるアマルフィ海岸など、まさに名所の宝庫。【55】
2位　中国	著名な万里の長城、秦の始皇帝陵などの史跡や黄山、峨眉山などの名勝等の他、「四川ジャイアントパンダ保護区群」なども登録されている。【55】
3位　スペイン	古都トレド、アルハンブラなどの歴史地区や建築家ガウディの作品群（サグラダ・ファミリアなど）、アルタミラ洞窟の古代壁画などが人気。【48】

オリンピック

カンタン CHECK!!

● 32回を数える夏季オリンピック

近代オリンピックは、1896年に第1回ギリシャ・アテネで開かれた。2020年の東京はコロナウイルスの流行があり、初の延期。以降は2024年にパリ、2028年にロサンゼルスでの開催が決まっている。

オリンピック開催地

夏季五輪開催地		
第1回	1896年	アテネ（ギリシャ）
第2回	1900年	パリ（フランス）
第3回	1904年	セントルイス（アメリカ）
第4回	1908年	ロンドン（イギリス）
第5回	1912年	ストックホルム（スウェーデン）
第6回	1916年	ベルリン（ドイツ）-中止
第7回	1920年	アントワープ（ベルギー）
第8回	1924年	パリ（フランス）
第9回	1928年	アムステルダム（オランダ）
第10回	1932年	ロサンゼルス（アメリカ）
第11回	1936年	ベルリン（ドイツ）
第12回	1940年	東京-返上、ヘルシンキ（フィンランド）-中止
第13回	1944年	ロンドン（イギリス）-中止
第14回	1948年	ロンドン（イギリス）
第15回	1952年	ヘルシンキ（フィンランド）
第16回	1956年	メルボルン（オーストラリア）
第17回	1960年	ローマ（イタリア）
第18回	1964年	東京
第19回	1968年	メキシコシティー（メキシコ）
第20回	1972年	ミュンヘン（西ドイツ）
第21回	1976年	モントリオール（カナダ）
第22回	1980年	モスクワ（ソ連）
第23回	1984年	ロサンゼルス（アメリカ）
第24回	1988年	ソウル（韓国）
第25回	1992年	バルセロナ（スペイン）
第26回	1996年	アトランタ（アメリカ）
第27回	2000年	シドニー（オーストラリア）
第28回	2004年	アテネ（ギリシャ）
第29回	2008年	北京（中国）
第30回	2012年	ロンドン（イギリス）
第31回	2016年	リオデジャネイロ（ブラジル）
第32回	2020年	東京-延期

冬季五輪開催地		
第1回	1924年	シャモニー・モンブラン（フランス）
第2回	1928年	サン・モリッツ（スイス）
第3回	1932年	レークプラシッド（アメリカ）
第4回	1936年	ガルミッシュ・パルテンキルヘン（ドイツ）
第5回	1948年	サン・モリッツ（スイス）
第6回	1952年	オスロ（ノルウェー）
第7回	1956年	コルチナ・ダンペッツオ（イタリア）
第8回	1960年	スコーバレー（アメリカ）
第9回	1964年	インスブルック（オーストリア）
第10回	1968年	グルノーブル（フランス）
第11回	1972年	札幌（日本）
第12回	1976年	インスブルック（オーストリア）
第13回	1980年	レークプラシッド（アメリカ）
第14回	1984年	サラエボ（ユーゴスラビア）
第15回	1988年	カルガリー（カナダ）
第16回	1992年	アルベールビル（フランス）
第17回	1994年	リレハンメル（ノルウェー）
第18回	1998年	長野（日本）
第19回	2002年	ソルトレークシティ（アメリカ）
第20回	2006年	トリノ（イタリア）
第21回	2010年	バンクーバー（カナダ）
第22回	2014年	ソチ（ロシア）
第23回	2018年	平昌（韓国）
第24回	2022年	北京（中国）

こちらもCHECK!!　（東京オリンピックで行われる予定の新競技野球、ソフトボールは復活）

野球／ソフトボール	（種目数 2）野球（男子）／ソフトボール（女子）
空手	（種目数 8）形（男女）／組手（男女）×3階級
スケードボード	（種目数 4）ストリート（男女）／パーク（男女）
スポーツクライミング	（種目数 2）ボルダリング・リード・スピード複合（男女）
サーフィン	（種目数 2）ショートボード（男女）

（計：5競技 18種目）

政治・政府関連

☐	**1**	Japanese era name	元号
☐	**2**	government	政府
☐	**3**	bailout	財政支援
☐	**4**	fiscal deficit	財政赤字
☐	**5**	impeachment court	弾劾裁判所
☐	**6**	multilateral talks	多国間協議
☐	**7**	economy recovery plan	景気改善策
☐	**8**	parliamentary cabinet system	議院内閣制
☐	**9**	refugee camp	難民キャンプ
☐	**10**	austerity policy	緊縮策
☐	**11**	cabinet decision	閣議決定

経済・経営関連

☐	**1**	stock market	株式市場
☐	**2**	global market	世界市場
☐	**3**	consumption tax	消費税
☐	**4**	commodity futures	商品先物取引
☐	**5**	corporate restructuring	企業再建
☐	**6**	president	社長
☐	**7**	CEO (chief excutive officer)	最高経営責任者
☐	**8**	currency crisis	通貨危機
☐	**9**	exchange rate	為替レート
☐	**10**	advertising expenses	広告宣伝費

社会・環境関連

☐	**1**	aging society	高齢化社会
☐	**2**	declining birth rate	少子化
☐	**3**	unemployment rate	失業率
☐	**4**	birth rate	出生率
☐	**5**	rare earth elements	レアアース
☐	**6**	air pollutant	大気汚染物質
☐	**7**	abnormal weather	異常気象
☐	**8**	radioactive waste	放射性廃棄物
☐	**9**	extinct animal	絶滅動物
☐	**10**	acid rain	酸性雨
☐	**11**	global warming	地球温暖化

情報・科学技術・医学関連

☐	**1**	IoT (Internet of Things)	モノのインターネット
☐	**2**	pandemic	感染症の世界的大流行
☐	**3**	social media	ソーシャルメディア
☐	**4**	clinical research	臨床研究
☐	**5**	brain death	脳死
☐	**6**	human genome	ヒトゲノム
☐	**7**	gene therapy	遺伝子治療
☐	**8**	organ transplant	臓器移植
☐	**9**	induced pluripotent stem cell	iPS細胞
☐	**10**	solar power	太陽光発電
☐	**11**	nuclear power plant	原子力発電所

日本の地理

一問一答 P178へ

P178へ

カンタンCHECK!! 日本を取り巻く状況

●海洋権益の基準

　各国の領海は、国連海洋法条約によって沿岸から12カイリ（約22km）と定められている。その外側24カイリ（約44km）内の海洋は接続水域とされ、公海ではあるが通関、財政、出入国管理等について一定の権限を行使できるものとされている。さらにその外側、200カイリ（約370km）までの水域を排他的経済水域（EEZ）といい、公海であるため航行の自由はすべての国に認められるが、天然資源の利用・管理等に関しては沿岸国の権利が及ぶとされている。

●火山国・地震国　日本

　日本は太平洋プレート・フィリピン海プレートが、ユーラシアプレート・北アメリカプレートにもぐりこむ位置にあるため、世界有数の地震国でもある。過去の震災の教訓を活かした防災対策が必要な地域だといえよう。

日本を取り巻く状況

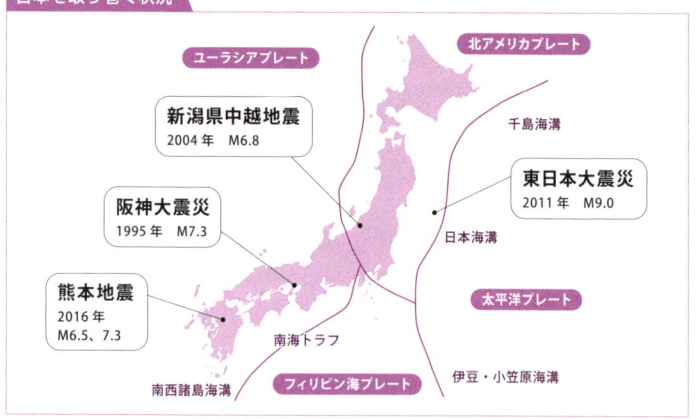

こちらもCHECK!! （日本の主要輸入品目と輸入先[2019年・単位%]）

食料品	小麦：米45.9、カナダ34.8、豪17.7　大豆：米70.6、ブラジル14.0、カナダ13.7　とうもろこし：米69.3、ブラジル28.2、アルゼンチン1.4　野菜：中国48.8、米15.8、韓国5.8
原料・資源等	サウジアラビア35.6、アラブ首長国29.9、カタール8.7　LNG：豪40.4、カタール11.7、マレーシア11.3　木材：カナダ24.0、米17.5、露14.2
工業製品	石油製品：韓国27.5、アラブ首長国連邦13.8、カタール12.7　衣類：中国55.9、ベトナム15.1、バングラデシュ4.0　非鉄金属鉱：チリ28.5、豪16.4、ペルー11.0

一問一答 P182へ

カンタン CHECK!! 世界の気候区分

●世界を5つに分けたケッペン

　世界の気候に関しては、ケッペンの気候区分が有名である。世界の気候を熱帯、乾燥、温帯、冷帯、寒帯の5気候帯に分け、それをさらに細かく11〜14の気候区に区分している。日本の大部分やニューヨークなど北米の多くは、比較的温暖でやや降水量の多い温暖湿潤気候に属している。しかし、同じ国内でも、札幌やシカゴは冷帯（亜寒帯）に属しているし、アメリカ西海岸のサンフランシスコなどは夏乾燥し、冬の降水量が多い地中海性気候を示している。

●温暖化の進展が気候区分を変えていく？

　しかし、これらの気候区分は永遠のものではない。温暖化による砂漠化の進展、海面水位の上昇等により大きな変動を遂げる可能性も指摘されている。

世界の気候区分

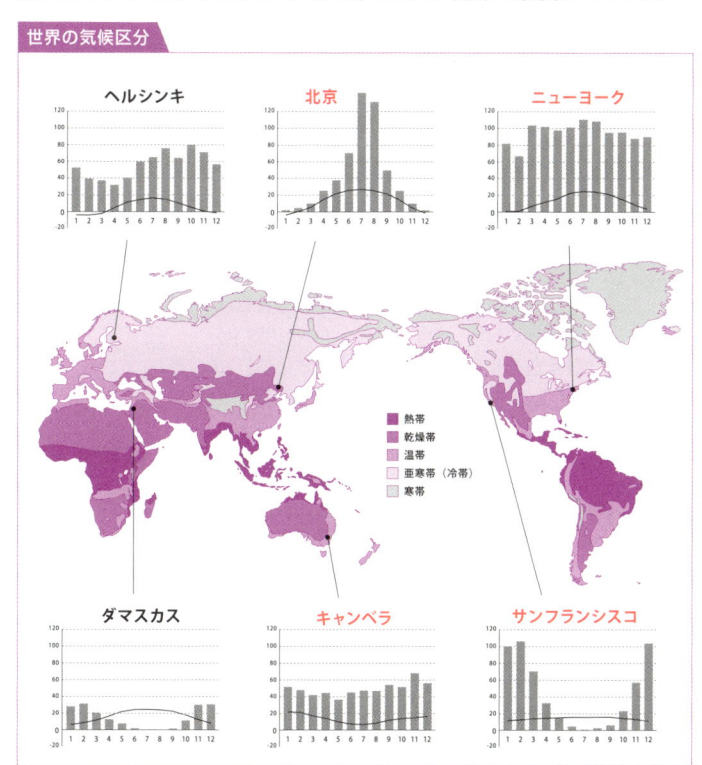

凡例：
- 熱帯
- 乾燥帯
- 温帯
- 亜寒帯（冷帯）
- 寒帯

時代	年代	主な出来事
縄文・弥生	~前1000	貝塚、縄文土器、竪穴式住居、土偶が作られる
	57	後漢の光武帝が倭の奴国王に金印を授ける（漢委奴国王印）
	239	邪馬台国の卑弥呼が魏に使いを送る
古墳	538	百済から仏教が伝来
飛鳥	604	聖徳太子が十七条の憲法を定める
	607	小野妹子を隋に送る（遣隋使）
	630	遣唐使の派遣
	645	中大兄皇子・中臣鎌足らにより蘇我氏滅亡（大化の改新）
奈良	710	元明天皇が平城京に都を移す
	723	三世一身の法を発布し、土地の開墾を進める
	743	聖武天皇が墾田永年私財法を制定
平安	794	遷都し、平安京とする（桓武天皇）
	1016	藤原道長が摂政になる
	1167	平清盛が太政大臣になる
	1185	屋島の戦い、壇ノ浦の戦いにより平家滅亡
鎌倉	1192	源頼朝が征夷大将軍となる
	1221	後鳥羽上皇が幕府を追討するが敗れる（承久の乱）
	1232	北条泰時が御成敗式目を公布（執権政治）
	1274	1回目の元寇（文永の役）、1281年に2回目の元寇（弘安の役）
	1297	北条貞時が永仁の徳政令を発令
室町	1336	足利尊氏が「建武式目」を制定、室町幕府が成立
	1467	応仁の乱（～ 1477）
	1543	ポルトガル人が種子島に漂着、鉄砲伝来
	1549	フランシスコ・ザビエルが鹿児島に上陸、キリスト教伝来
安土桃山	1573	織田信長が足利義昭を追放、室町幕府滅亡
	1582	本能寺の変で織田信長が明智光秀に討たれる
	1590	豊臣秀吉の天下統一
	1592	朝鮮半島へ出兵（文禄の役）
	1600	関ヶ原の戦い

時代	年代	主な出来事
江戸	1603	徳川家康が征夷大将軍となり江戸幕府を開府
	1639	ポルトガル船の来航禁止、鎖国の完成
	1716	徳川吉宗が第8代将軍になり、享保の改革を始める
	1774	杉田玄白らがオランダ語の『解体新書』を翻訳・刊行
	1787	老中・松平定信が寛政の改革を行う
	1853	アメリカ東インド艦隊司令長官ペリーが浦賀に来航
	1854	幕府、日米和親条約に調印
	1858	井伊直弼が日米修好通商条約を無勅許調印、安政の大獄
	1867	第15代将軍・徳川慶喜が朝廷に大政奉還を提出
明治	1868	五箇条の御誓文発布、戊辰戦争
	1871	廃藩置県、岩倉使節団が日本出航
	1889	大日本帝国憲法の発布、日本初の経済恐慌
	1904	日露戦争（1905年にポーツマス条約で講和）
大正	1914	第1次世界大戦勃発、日英同盟によりドイツに宣戦布告
	1925	日ソ基本条約調印、普通選挙法の成立
昭和	1931	関東軍が満鉄線路を爆破、満洲事変が起こる
	1932	満洲国建国宣言、犬養毅首相が射殺される
	1936	皇道派の青年将校らが首相官邸を襲撃（二・二六事件）
	1937	盧溝橋事件をきっかけに、日中戦争が勃発
	1939	第2次世界大戦が勃発
	1940	日独伊三国同盟をベルリンで締結
	1941	真珠湾攻撃を皮切りに太平洋戦争が勃発
	1945	広島・長崎に原爆投下、ポツダム宣言受諾
	1946	日本国憲法公布、吉田茂内閣が成立
	1951	サンフランシスコ平和条約、日米安全保障条約に調印
	1956	鳩山一郎内閣による日ソ共同宣言、国際連合への加入
	1972	沖縄返還、第1次田中角栄内閣が成立、日中共同声明に調印
	1978	日中平和友好条約締結
平成	1989	新元号を平成とする、消費税法の施行（3%）
	1995	阪神・淡路大震災発生、PL（製造物責任）法の施行
	2009	裁判員制度の施行、初公判が東京地方裁判所で行われる
	2011	東日本大震災発生、福島第一原発事故
令和	2019	新元号を令和とする
	2020	新型コロナウイルス感染拡大防止のため緊急事態宣言発令

年代	主な出来事
前776	ギリシアで第1回オリンピア競技
前490	アテネのミルティアデスがペルシア軍を撃破(マラトンの戦い)
前334	アレクサンドロスの東征開始
前264	第1ポエニ戦争が勃発(〜前241)
前27	ローマが帝政へ移行、アウグストゥスが初代ローマ皇帝となる
375	ゲルマン民族の大移動が始まる
392	ローマ帝国の国教をキリスト教とする
395	ローマ帝国が東西に分裂
476	西ローマ帝国滅亡
486	フランク王国建国
610	ムハンマドによりイスラム教成立
661	ウマイア朝(イスラム帝国)成立
962	神聖ローマ帝国、オットー即位
1066	ノルマンディ公ウィリアムによりイギリスが征服される
1077	カノッサの屈辱(廃位したハインリヒがローマ法王に屈伏)
1096	第1回十字軍
1215	イギリスで大憲章(マグナ・カルタ)制定
1265	モンフォールがイギリス議会制度の基礎を築く
1309	ローマ教皇のアビニョン幽囚
1337	英仏間で百年戦争が始まる(〜1453)
1381	イギリスで農民一揆(ワット・タイラーの乱)
1453	オスマン・トルコが東ローマ帝国を滅ぼす
1455	イギリスでばら戦争(〜1485)
1488	バルトロメウ・ディアスが喜望峰を発見
1492	コロンブスが西インド諸島を発見
1498	バスコ・ダ・ガマがインド航路を発見
1517	ルターの宗教改革
1519	マゼラン艦隊が世界一周の航海に出発(〜1522)
1534	ヘンリ8世が首長令を発布し、イギリス国教会を創設
1562	フランスでユグノー戦争(〜1598)
1588	アルマダ海戦でイギリス艦隊がスペインの無敵艦隊を破る
1598	フランス国王アンリ4世がナント勅令を発布
1600	イギリスが東インド会社を設立
1602	オランダが東インド会社を設立
1618	ドイツで三十年戦争が始まる(〜1648)

年代	主な出来事
1642	イギリスで清教徒(ピューリタン)革命が始まる(〜 1649)
1648	ウェストファリア条約締結、神聖ローマ帝国が事実上の解体
1689	英仏間で植民地戦争が勃発(〜 1697)
1701	スペイン継承戦争(〜 1714)
1707	グレートブリテン王国成立
1740	オーストリア継承戦争(〜 1748)
1776	ボストン茶会事件(1773)をきっかけにアメリカの13州独立宣言
1789	フランス革命、ワシントンがアメリカ初代大統領に就任
1804	ナポレオンがフランスで皇帝に即位、ナポレオン法典制定
1823	アメリカ大統領モンローによるモンロー宣言
1840	英清間でアヘン戦争が勃発(〜 1842)
1852	フランスでナポレオン3世が第2帝政を開始(〜 1870)
1861	アメリカで南北戦争が勃発(〜 1865)
1870	普仏戦争(プロイセンとフランス)
1871	ドイツ帝国が成立、ビスマルクが初代宰相になる
1871	普仏戦争敗退後のパリでパリ・コミューンが樹立
1914	第1次世界大戦(〜 1918)
1917	ロシア2月革命
1919	ドイツがワイマール憲法制定(ワイマール共和国)
1920	国際連盟成立、連合国・ドイツ間でヴェルサイユ条約締結
1929	ウォール街の株価大暴落、アメリカから世界恐慌が起こる
1933	ドイツでヒトラー内閣成立
1939	第2次世界大戦(〜 1945)
1945	ドイツ降伏、第2次世界大戦の終結
1950	朝鮮戦争が勃発(〜 1953)
1962	キューバ危機
1968	ソ連軍がチェコ侵攻
1975	ベトナム戦争が終結
1979	エジプト、イスラエルが中東平和条約調印
1980	イラン・イラク戦争(〜 1988)
1986	ソ連のチェルノブイリ原発事故
1990	東西ドイツが統合
1991	湾岸戦争の開始、ソ連解体
2001	アメリカで同時多発テロ
2003	イラク戦争
2008	リーマン・ショックが世界経済を襲う
2010	中東諸国・北アフリカで民主化運動が起こる(アラブの春)

中国史の主な出来事

時代	年代	主な出来事
殷・周・春秋戦国・秦・漢	前1600	夏の滅亡、殷王朝の成立
	前1027	武王が殷を滅ぼし、周を建国
	前770	周の幽王が殺され、春秋時代になる
	前403	晋が韓、魏、趙の3国に分裂し、戦国時代が始まる
	前221	秦が中国を統一して秦王が始皇帝になる（郡県制度）
	前202	劉邦が項羽を破り、中国を統一して高祖となる
新・後漢	8	王莽が漢を滅ぼし、新を建国
	23	劉秀が王莽を破り、漢を復興させる
	184	黄巾の乱が起こる
魏・晋・南北朝	220	曹丕が後漢を滅ぼし、魏を建国
	221	劉備が蜀を建国
	222	孫権が呉を建国
	265	司馬炎が晋を建国
	280	晋が呉を滅ぼし、中国を統一
隋・唐	589	隋が中国を統一
	618	隋が滅び、唐が建国
五代十国	907	後梁が建国され、五代十国時代になる
	951	郭威により、後周が建国される（〜960）
宋・金・元・明	960	後周の近衛軍の将校だった趙匡胤が宋を建国
	1115	阿骨打が金を建国
	1271	フビライ・ハンが国号を元とする
	1368	朱元璋が明を建国
清	1636	ヌルハチが国号を清とする
	1662	呉三桂が永明王を倒し、明が全滅
	1894	日清戦争が勃発（〜1895）
中華民国・中国	1912	中華民国が建国、清の宣統帝（溥儀）は退位
	1937	日中戦争が勃発（〜1945）
	1949	中華人民共和国が成立し、毛沢東が主席になる
	1989	天安門事件
	1997	香港が中国に返還される

一般常識総まとめ 政治体制

一問一答 P194へ

カンタンCHECK!! 日本の政治体制

●三権分立の政治システム

　日本は、国家権力を立法・司法・行政に分散する「三権分立」と呼ばれる政治体制をとっている。これにより唯一の立法機関である「国会」、行政権を持つ「内閣」、法をつかさどる「裁判所」の3つの機関が、下図のように互いに監視、抑制し合う。中心にあるのは「国民主権」であり、国政選挙、国民審査、国民投票などにより、三権の機関を審査し、動かしている。

●選挙と国民（住民）投票

　2016年、公職選挙法等が改正され、選挙権年齢が20歳から18歳に引き下げられ、国政ならびに地方選挙の選挙権と被選挙権は下表のようになった。

　また、国民が直接的に自分の意思を表明するものとして国民投票がある。日本国憲法では、憲法改正の際には、議員の3分の2以上の賛成で国会が発議したのち、国民投票が実施される。

　その他、地方自治体においては、住民投票で市区町村の合併、原発や産業廃棄物処理場の建設などの是非を問うこともある。

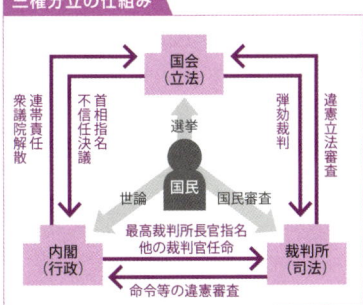

三権分立の仕組み

国会（立法）／内閣（行政）／裁判所（司法）／国民
連帯責任・衆議院解散／不信任決議／首相指名／選挙／世論／国民審査／弾劾裁判／違憲立法審査／最高裁判所長官指名　他の裁判官任命／命令等の違憲審査

選挙権と被選挙権

	選挙権	被選挙権
衆議院議員	満18歳以上の日本国民	満25歳以上の日本国民
参議院議員	満18歳以上の日本国民	満30歳以上の日本国民
都道府県知事	満18歳以上の日本国民	満30歳以上の日本国民
市長村長	満18歳以上の日本国民	満25歳以上の日本国民
地方議員	満18歳以上の日本国民	当該議会議員の選挙権を持っている満25歳以上の日本国民

こちらもCHECK!! （各国の政治体制）

アメリカ	大統領制。大統領は法案拒否権等の強い権限を持つ。大統領行政府や各省が行政、二院制の連邦議会が立法、連邦と州の裁判所が司法を担当。
中国	民主集中制（民主主義と中央集権主義の原則とを統合した制度）。権力は一元化され、国家最高機関は全国人民代表大会（全人代）である。
イギリス	国王の下、内閣（行政）、二院制議会（立法）、裁判所（司法）が存する議院内閣制。憲法典はなく、慣習や法律が憲法の役割を担う不文憲法国。

年代	主な出来事	首相
1947	第1回参議院選挙、第1回国会召集	片山哲
1951	マッカーサー最高司令官を解任	吉田茂
1953	池田・ロバートソン会談	吉田茂
1954	防衛庁設置法、保安隊を陸・海・空に拡大	吉田茂
1955	自民党結成、55年体制成立	鳩山一郎
1957	国際連合安全保障理事会の非常任理事国に初当選	岸信介
1960	日米新安全保障条約の締結	岸信介
1964	OECDに加盟、東京オリンピック開催	池田勇人
1964	佐藤栄作内閣成立、公明党の結成	佐藤栄作
1966	黒い霧事件により衆議院解散	佐藤栄作
1968	小笠原諸島の返還、学生運動が激化	佐藤栄作
1970	日本航空よど号ハイジャック事件	佐藤栄作
1972	沖縄県の返還、第1次田中角栄内閣成立	田中角栄
1973	金大中拉致事件	田中角栄
1974	佐藤栄作元首相がノーベル平和賞を受賞	三木武夫
1976	田中角栄元首相逮捕（ロッキード事件）	三木武夫
1978	日中平和友好条約調印	福田赳夫
1980	大平正芳首相の急死、鈴木善幸内閣が成立	鈴木善幸
1985	専売公社・電電公社の民営化	中曽根康弘
1986	男女雇用機会均等法の施行	中曽根康弘
1987	国鉄の民営化	中曽根康弘
1988	リクルート事件の発覚で政界が揺れる	竹下登
1989	昭和天皇崩御、新元号を「平成」に	竹下登
1989	第15回参議院選挙で社会党が大勝	宇野宗佑
1991	海上自衛隊のペルシャ湾派遣	海部俊樹
1992	国際平和協力法（PKO法）成立	宮澤喜一
1993	細川護熙内閣成立、55年体制の崩壊	細川護熙
1994	小選挙区比例代表並立制の導入が決定	細川護熙
1994	羽田孜内閣が成立するも64日で内閣総辞職となる	羽田孜
1995	阪神・淡路大震災、地下鉄サリン事件	村山富市
1998	特定非営利活動促進法（NPO法）施行	小渕恵三
2001	1府22省庁から1府12省庁に再編	森喜朗
2005	京都議定書の発効	小泉純一郎
2011	東日本大震災復興基本法の公布・施行	野田佳彦
2016	伊勢志摩サミット開催	安倍晋三

戦後日本経済史

一般常識総まとめ　年表

時期	年代	主な出来事
復興期	1945	GHQが財閥解体、農地改革を指令
	1946	経済団体連合会（経団連）が設立
	1947	独占禁止法、労働基準法、地方自治法の公布
	1948	昭電疑獄事件で芦田均前首相が逮捕
	1949	経済安定9原則（ドッジ・ライン）、1ドル=360円に設定
	1952	国際通貨基金（IMF）と世界銀行に加盟
	1953	NHKのテレビ放送が開始
高度成長期	1955	GATTに加盟（貿易自由化）、輸出増大による神武景気
	1956	水俣病の確認、経済白書「もはや戦後ではない」と記載
	1958	岩戸景気（～1961）、日本銀行が1万円札を発行
	1960	関税導入、池田勇人内閣が「所得倍増計画」を発表
	1964	OECDに加盟、IMF8条国に移行
	1965	いざなぎ景気（～1970）
	1966	アジア開発銀行設立
	1967	資本自由化措置の実施、公害対策基本法公布
	1968	GNPが世界第2位になる
	1969	イタイイタイ病など公害病が問題化
	1970	日本万国博覧会が大阪で開催される
	1971	ニクソン・ショック、スミソニアン合意
	1972	田中角栄首相が「日本列島改造論」を発表
安定成長期	1973	第1次オイルショック、原油価格引き上げにより物価高騰
	1974	戦後初のマイナス成長、大インフレの発生（狂乱物価）
	1979	第2次オイルショック
	1980	「財政再建元年」宣言
	1985	プラザ合意、日本銀行による市場調節政策（高目放置）
	1989	消費税3%の実施
	1990	地価・株価共に急上昇、バブル経済の頂点
	1991	バブル経済崩壊、長期のデフレ経済へ
	1997	北海道拓殖銀行と山一証券の破綻、消費税5%へ
現在	2001	量的緩和政策の導入（～2006）
	2003	日本郵政公社発足、産業再生機構発足
	2008	リーマン・ショックで輸出急落、再びデフレ状態に
	2013	金融緩和政策により2009年以降5年ぶりの円安・株高となる
	2014	消費税増税法の成立（2012）、4月から消費税8%へ
	2015	日本郵政が株式上場
	2016	日本で初めてのマイナス金利政策を開始

一般常識 総まとめ 国際社会

一問一答 P214へ

カンタン CHECK!! 国際機関・会議

●国際連合は最大の国際機関

多くの国々が集まって、国際的な課題の解決等に取り組む機関、会議等が現在までに多数成立している。代表的なものは国連（国際連合）で、現在、加盟国は 193 カ国を数える。また、日本と北米とヨーロッパの主要国首脳が集まる G7 サミット（主要国首脳会議）や、G7 に中国、韓国、オーストラリアなど 13 カ国が加わった G20 サミットも世界中の注目を集める国際会議となっている。

●数ある国際機関・会議

その他、地域や目的を限定したものに ASEAN（東南アジア諸国連合）、APEC（アジア太平洋経済協力［会議］）、AU（アフリカ連合）、OPEC（石油輸出国機構）、WTO（世界貿易機関）などがある。EU（ヨーロッパ連合）もまた、これら国際機関の発展したものと言えるかもしれない。

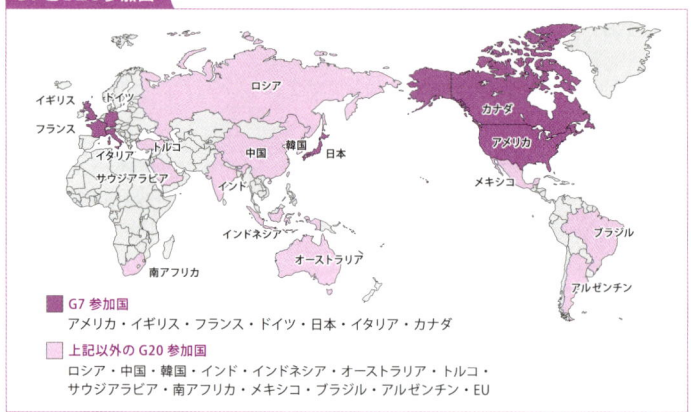

G7とG20参加国

■ G7 参加国
アメリカ・イギリス・フランス・ドイツ・日本・イタリア・カナダ

□ 上記以外の G20 参加国
ロシア・中国・韓国・インド・インドネシア・オーストラリア・トルコ・サウジアラビア・南アフリカ・メキシコ・ブラジル・アルゼンチン・EU

こちらもCHECK!! （世界のベスト5）

人口の多い国	①中国 13億9772万 ②インド 13億6642万 ③アメリカ 3億2824万 ④インドネシア 2億7063万 ⑤パキスタン 2億1657万
話されている言語（母語人口）	①中国語 13億 ②スペイン語 4億3千万 ③英語 3億4千万 ④アラビア語 2億7千万 ⑤ヒンディー語 2億6千万
GDPの多い国（名目）	①アメリカ 21兆4332億 ②中国 14兆3429億 ③日本 5兆825億 ④ドイツ 3兆8611億 ⑤インド 2兆8916億（単位ドル）

<出典>人口・GDP：世界銀行調べ 2019年のデータ
母語：Ethnologue, Languages of the world, Summary by language size (19) より

戦後日本外交史

年代	主な出来事
1946	昭和天皇による「人間宣言」、極東国際軍事裁判の開始
1948	大韓民国(韓国)成立、GHQが経済安定9原則を発表
1949	中華人民共和国(中国)成立、NATO設立
1950	中国とソ連が友好条約締結、朝鮮戦争が勃発
1950	警察予備隊(現・自衛隊)の創設
1951	米軍の日本残留を定める日米安全保障条約調印
1952	韓国大統領が竹島領有権を宣言、第1次日韓会談
1953	ソ連スターリン首相死去、朝鮮戦争休戦
1954	日本国際貿易促進協会の創設
1955	GATTに加盟、ロンドンで日ソ国交正常化の交渉開始
1956	国際連合加盟、日ソ共同宣言調印
1958	長崎国旗事件で日中貿易の停止
1964	OECDに正式加盟、IMF8条国へ移行
1965	日韓基本条約調印、日米首脳会談で核武装を否定
1967	ASEAN設立、佐藤栄作首相が非核三原則表明
1969	佐藤・ニクソン共同声明で沖縄返還について言及
1972	日中共同声明調印、中国との国交正常化
1973	ベトナム和平協定、第4次中東戦争が勃発
1975	第1回先進国首脳会議(サミット)
1977	ベトナム戦争が終結、福田ドクトリン発表
1978	日中平和友好条約調印、鄧小平副主席の来日
1979	東京サミット開催、国際人権規約の批准
1981	日米自動車協議、対米輸出自主規制へ
1985	G5開催、プラザ合意
1989	日米貿易不均衡の是正を目的とした日米構造協議が開催
1989	ベルリンの壁崩壊、冷戦終結、天安門事件
1990	東西ドイツ統一
1992	国際平和協力法(PKO法)の施行
1995	世界貿易機関(WTO)発足
2001	アメリカで同時多発テロ、テロ対策特別措置法の成立
2002	日朝平壌宣言署名、北朝鮮が拉致問題を認める
2004	自衛隊をイラクに派遣
2005	第1回東アジアサミット開催
2008	ASEANと包括的経済連携協定の発効
2012	尖閣諸島の国有化により、中国で反日デモ多発
2018	「TPP(環太平洋パートナーシップ)11」協定が発効

一問一答 P224へ

カンタンCHECK!! ▶ **少子高齢化**

●いまや4人に1人が高齢者の時代

　日本の社会では急速な少子高齢化が進み、各方面に大きな影響を起こしている。下表のように65歳以上の高齢者人口は確実に増えており、2020年には3617万人となった。全人口に見る高齢者の比率（高齢化率）は、28.7%で世界最高、2位はイタリアの23.3%。4人に1人以上が高齢者である。75歳以上の高齢者の割合は14.9%で、人口の8分の1を超えている。

●出生率が低下し、少子化にますます拍車がかかる

　少子化の尺度とされる合計特殊出生率（1人の女性が生涯に産む子どもの数）は、2019年には1.36となった。出生数も86万5,239人と過去最少である。未婚化、晩婚化などの影響も大きいとされている。現在の人口を維持するためには2.07程度の出生率が必要といわれており、今後も少子高齢化が進むだろう。

年齢別人口推移と将来予測

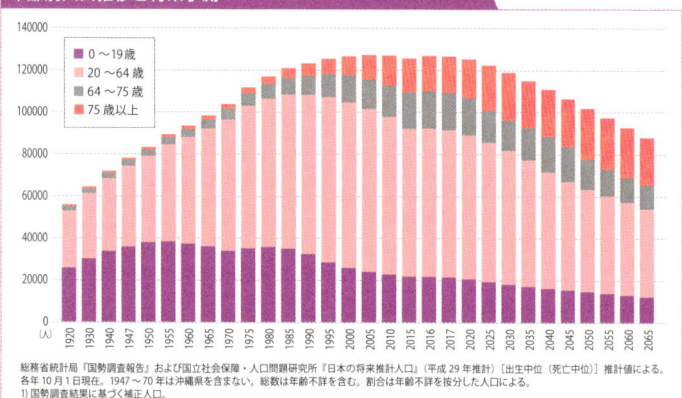

　　　■ 0～19歳
　　　■ 20～64歳
　　　■ 64～75歳
　　　■ 75歳以上

総務省統計局『国勢調査報告』および国立社会保障・人口問題研究所『日本の将来推計人口』（平成29年推計）［出生中位（死亡中位）］推計値による。各年10月1日現在。1947～70年は沖縄県を含まない。総数は年齢不詳を含む。割合は年齢不詳を按分した人口による。
1) 国勢調査結果に基づく補正人口。

〈出典〉国立社会保障・人口問題研究所「人口統計資料集（2019）」より

こちらもCHECK!!（社会保障の4本柱）

①社会保険	負傷、疾病、失業、高齢化、家族の死去などで生活困難な状況に陥った時、その生活を保障するために一定基準の給付を行う公的保険制度。
②社会福祉	児童、老人、障害者、母子家庭などの社会的弱者に対し、さまざまな公的サービスを提供することで、生活を支援し、自立を援助する制度。
③公的扶助 **④公衆衛生**	③生活保護法に基づき生活困難者に公費を支給して支援する制度。④保健所が中心となり国民の健康維持・増進のための環境整備等を行う制度。

カンタン CHECK!! 働き方改革

●働き方改革関連法案が成立

　「働き方改革」とは就業機会の拡大や意欲・能力を存分に発揮できる労働環境の構築のために行われる抜本的な改革のこと。2018年、働き方改革関連法が成立し、企業規模等に応じ順次施行されている。具体的には「残業時間の罰則付き上限規定」が設けられ、原則として月45時間、年360時間を上限とし、繁忙期など特殊な場合でも月100時間、2～6カ月平均で80時間、年720時間を上限とすることが決められた。また、「同一労働同一賃金」の考え方に基づき不合理な待遇差が禁止とされたほか、「高度プロフェッショナル制度」の創設、「勤務間インターバル制度」導入の努力義務なども規定された。しかし、労働時間実態調査に不備があったことなどから、裁量労働制の拡大は見送られた。

　他にも政府はテレワークを推進し、厚生労働省は企業雇用者向けの「雇用型テレワーク」と請負により在宅で働く「自営型テレワーク」のガイドラインを改定。テレワークは、コロナ禍においてますます注目を集めている。

働き方改革実現のため諸制度

同一労働同一賃金

正規、非正規などの差別をなくし、同じ仕事に対しては、同じ賃金を支払うという考え方→不合理な待遇差の禁止

残業時間の上限規制

原則	月45時間　年360時間まで
特例	月100時間　2～6カ月平均80時間、年720時間まで

勤務間インターバル

勤務が終わってから、次の勤務開始までに一定の休息時間を設ける制度。

●休息時間を11時間とすると

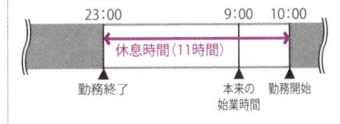

23:00		9:00	10:00
休息時間（11時間）			
勤務終了		本来の始業時間	勤務開始

高度プロフェッショナル制度

働いた時間ではなく、成果で給料が決まる制度。

対象	高度な専門知識を持ち、職務の範囲が明確で一定の年収がある労働者
特徴	残業代、深夜・休日の割増賃金は支払わなくても可
課題	長時間労働の増加が懸念される。

こちらもCHECK!!

待機児童問題	申請しても認可保育所等に入所できない待機児童が多数存在する問題。若い世代の社会進出を阻む要因となるなどの問題点が指摘されている。
2025問題	人口の多い「団塊の世代」が75歳に達する2025年以降、高齢化が一層深刻化し医療、介護、年金など他分野で起こるさまざまな問題のこと。
老老介護	高齢者がより高齢の親などの生活の世話や看護などを行うこと。高齢化や核家族化の進展により近年ますます増加している。

カンタン
CHECK!! **図形の面積、長さ、体積**

※半径 r、中心角 a、表面積 S、底面積 S'、高さ h

円

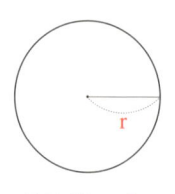

円の面積 $= \pi r^2$
円周の長さ $= 2\pi r$

おうぎ形

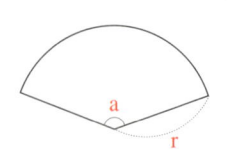

おうぎ形の面積 $= \pi r^2 \times a / 360$
おうぎ形の弧の長さ $= 2\pi r \times a / 360$

球

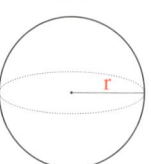

体積 $V = \frac{4}{3}\pi r^3$
表面積 $S = 4\pi r^2$

円すい

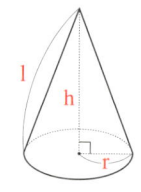

母線の長さを l とする。
体積 $V = \frac{1}{3}\pi r^2 h$ ($S' = \pi r^2$)
表面積 $S = \pi r^2 + \pi r l$ (側面積は $\pi r l$)
$\theta = 360° \times \frac{r}{l}$

円柱

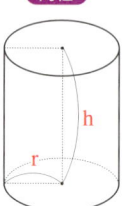

体積 $V = \pi r^2 h$ ($S' = \pi r^2$)
表面積 $S = 2\pi r^2 + 2\pi r h$
(側面積は $2\pi r h$)

直方体

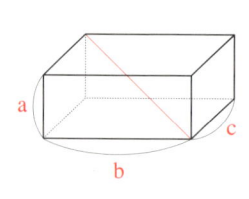

体積 $V = abc$
表面積 $S = 2(ab+bc+ca)$
対角線の長さ $= \sqrt{a^2+b^2+c^2}$

角柱

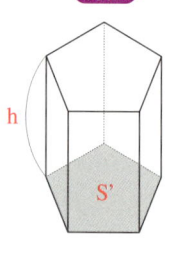

底面の周囲の長さを l' とする。
体積 $V = S'h$
表面積 $S = 2S' + l'h$

角すい

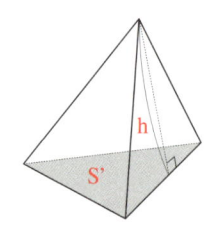

体積 $V = \frac{1}{3}S'h$
表面積 $S = S' +$ (側面積)

一般常識
総まとめ 物理

一問一答
P256へ

最新時事総まとめ

一般常識総まとめ

カンタン CHECK!! 物理の法則

アルキメデスの原理

流体中で静止している物体は、重力と逆向きの浮力を受ける。
その浮力の大きさは、物体と同じ体積の流体部分に働く重力（＝重さ）と等しい。流体の密度をρ、物体の体積をV、重力加速度をgと するとき、$F=\rho Vg$が成立する。

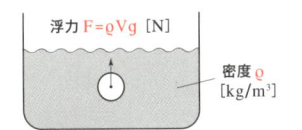

浮力 $F=\rho Vg$ [N]

密度 ρ [kg/m³]

右ねじの法則

電流の周囲に生じる磁場は、電流の方向に右ねじを進めるときにねじの回る方向に生じる。

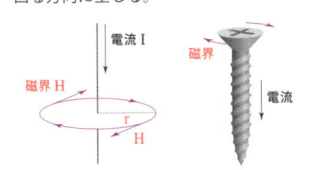

電流 I

磁界 H

磁界 H

電流

r

フレミング左手の法則

左手の中指を電流、人差し指を磁場の方向に向けたときには、それらに垂直に立てた親指の方向が力の向きとなる。

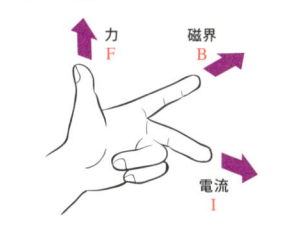

力 F

磁界 B

電流 I

反射の法則

光線が反射するとき、入射角と反射角の大きさは等しい。

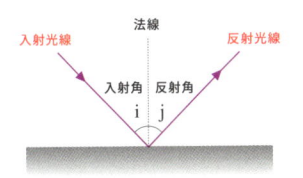

法線

入射光線

反射光線

入射角 反射角
i j

屈折の法則

媒質 A から媒質 B へと光が進行していくとき、入射角をi、屈折角をrとすると、$n=\sin i / \sin r$ が成り立ち、n は一定の値となる。この n を屈折率という。

ニュートンの運動の三法則

第一法則　他からの力を受けていない物体は、静止しているものは静止を、運動しているものは等速度運動を続ける。（慣性の法則）

第二法則　物体に力が働くと，力の向きに加速度が生じる。加速度は力の大きさに比例し、物体の質量に反比例する（運動方程式）

第三法則　2 つの物体 A と B において、A が B に力を及ぼす（作用）とき、B も A に力を及ぼす（反作用）。作用と反作用は、大きさが等しく、逆向きである。（作用反作用の法則）

オームの法則

導体を流れる電流は電圧に比例し、抵抗に反比例する。
すなわち電圧V、抵抗R、電流Iの間には$V=R \times I$の関係が成り立つ。

カンタン CHECK!!　周期表

●周期表の基本的な見方

　原子番号の順に並べると、よく似た性質の元素が周期的に現れる。この法則を周期律という。この周期律に従って、元素を原子番号順に並べたものが「周期表」であり、縦の配列は「族」、横の配列は「周期」と呼ばれている。

・同じ周期（横の列）…右に行くほど元素の最外殻の電子数が増える
・同じ族（縦の列）…最外殻の電子数が似ているので性質も似通う
・周期表の左下の元素ほど陽イオンになり（イオン化エネルギーが小）、右上ほど陰イオンになりやすい（電気陰性度が大。希ガス化元素除く）

周期表

周期／族	1	2	3	4	5	6	7	8	9	10	11	12	13	14	15	16	17	18
1	1 H 水素																	2 He ヘリウム
2	3 Li リチウム	4 Be ベリリウム											5 B ホウ素	6 C 炭素	7 N 窒素	8 O 酸素	9 F フッ素	10 Ne ネオン
3	11 Na ナトリウム	12 Mg マグネシウム											13 Al アルミニウム	14 Si ケイ素	15 P リン	16 S 硫黄	17 Cl 塩素	18 Ar アルゴン
4	19 K カリウム	20 Ca カルシウム	21 Sc スカンジウム	22 Ti チタン	23 V バナジウム	24 Cr クロム	25 Mn マンガン	26 Fe 鉄	27 Co コバルト	28 Ni ニッケル	29 Cu 銅	30 Zn 亜鉛	31 Ga ガリウム	32 Ge ゲルマニウム	33 As ヒ素	34 Se セレン	35 Br 臭素	36 Kr クリプトン
5	37 Rb ルビジウム	38 Sr ストロンチウム	39 Y イットリウム	40 Zr ジルコニウム	41 Nb ニオブ	42 Mo モリブデン	43 Tc テクネチウム	44 Ru ルテニウム	45 Rh ロジウム	46 Pd パラジウム	47 Ag 銀	48 Cd カドミウム	49 In インジウム	50 Sn スズ	51 Sb アンチモン	52 Te テルル	53 I ヨウ素	54 Xe キセノン
6	55 Cs セシウム	56 Ba バリウム	57〜71 ランタノイド	72 Hf ハフニウム	73 Ta タンタル	74 W タングステン	75 Re レニウム	76 Os オスミウム	77 Ir イリジウム	78 Pt 白金	79 Au 金	80 Hg 水銀	81 Tl タリウム	82 Pb 鉛	83 Bi ビスマス	84 Po ポロニウム	85 At アスタチン	86 Rn ラドン
7	87 Fr フランシウム	88 Ra ラジウム	89〜103 アクチノイド	104 Rf ラザホージウム	105 Db ドブニウム	106 Sg シーボーギウム	107 Bh ボーリウム	108 Hs ハッシウム	109 Mt マイトネリウム	110 Ds ダームスタチウム	111 Rg レントゲニウム	112 Cn コペルニシウム	113 Nh ニホニウム	114 Fl フレロビウム	115 Mc モスコビウム	116 Lv リバモリウム	117 Ts テネシン	118 Og オガネソン

ランタノイド (57〜71)	57 La ランタン	58 Ce セリウム	59 Pr プラセオジム	60 Nd ネオジム	61 Pm プロメチウム	62 Sm サマリウム	63 Eu ユウロピウム	64 Gd ガドリニウム	65 Tb テルビウム	66 Dy ジスプロシウム	67 Ho ホルミウム	68 Er エルビウム	69 Tm ツリウム	70 Yb イッテルビウム	71 Lu ルテチウム
アクチノイド (89〜103)	89 Ac アクチニウム	90 Th トリウム	91 Pa プロトアクチニウム	92 U ウラン	93 Np ネプツニウム	94 Pu プルトニウム	95 Am アメリシウム	96 Cm キュリウム	97 Bk バークリウム	98 Cf カリホルニウム	99 Es アインスタイニウム	100 Fm フェルミウム	101 Md メンデレビウム	102 No ノーベリウム	103 Lr ローレンシウム

こちらもCHECK!!　（化学の法則）

質量保存の法則	化学反応の前後において、化学反応に関係した物質の総量は変わらないという法則。1774年にラボアジエが確認、発見した。
ボイル・シャルルの法則	気体の体積は圧力に反比例し（ボイルの法則）、絶対温度に比例する（シャルルの法則）という法則。
ファラデーの法則	電気分解において、析出する物質の量は電気量に比例し、1グラム当量の物質を析出する電気量は物質の種類によらず一定であるという法則。

カンタン
CHECK!! ## 体のつくり

●体の最小単位である細胞

動植物の体は細胞からできており、人の体には数十兆個の細胞があるという。細胞の中には核があり、核の中には遺伝情報を伝える DNA（デオキシリボ核酸）が含まれている。また、エネルギーを作り出す場であるミトコンドリアも動物細胞と植物細胞の両方に含まれている。動物細胞か、植物細胞かは細胞壁の有無で簡単に見分けることができる。その他にも光合成の場である葉緑体や発達した液胞が見つかれば、その細胞が植物細胞であると理解できる。

●血液循環を理解しよう

生命を維持する血液の循環には、体循環と肺循環がある。体循環では、心臓の左心室から大動脈を通り、体の各部へと血液が巡っていく。その時、各組織で生じた二酸化炭素が血液中に蓄えられ、大静脈を通って心臓の右心房へと流れていく。この二酸化炭素等を含んだ血液は右心房から右心室へと移動し、今度は肺循環がはじまる。右心室から肺動脈を通り肺で酸素と二酸化炭素の交換（ガス交換）が行われ、酸素が蓄えられた血液が心臓の左心房へと入るのが肺循環で、左心房から左心室へ移った血液は再び体循環をはじめる。

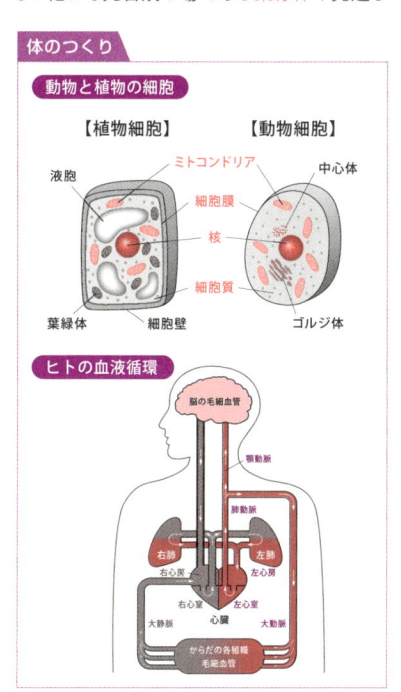

体のつくり

動物と植物の細胞

【植物細胞】 【動物細胞】

液胞　ミトコンドリア　中心体
細胞膜
核
細胞質
葉緑体　細胞壁　ゴルジ体

ヒトの血液循環

脳の毛細血管
頸動脈
肺動脈
右肺　左肺
右心房　左心房
右心室　左心室
大静脈　心臓　大動脈
からだの各組織
毛細血管

こちらもCHECK!! （体をつくる仕組み）

光合成	植物が根から水、空気中から二酸化炭素を取り込み、光によって葉緑体で有機物を合成し酸素を放出する仕組み。$6CO_2 + 12H_2O \rightarrow C_6H_{12}O_6 + 6O_2 + 6H_2O$
呼吸	呼吸のうち、体内で有機物を分解しエネルギーを得るものを内呼吸、そのうち酸素を必要とするものを好気呼吸という。$C_6H_{12}O_6 + 6O_2 + 6H_2O \rightarrow 6CO_2 + 12H_2O + 38ATP$

カンタン CHECK!! ▷ **地球のつくり**

●地球の内部構造

　地球の中心は鉄やニッケルを主成分とした固体で、内核と呼ばれている。その周りを同じく鉄やニッケル等で構成された液体の外核が取り巻く。その周りにあるマントルは、酸素、ケイ素、マグネシウムなどで構成されており、固体であるが、流動性があるとされる。このマントルが、地球の体積の約83パーセントを占めている。一番外側が地殻であり、海洋部で厚みが約5kmである。

　地球は赤道半径が約6378km、極半径が約6357kmの楕円形をしている。また、自転軸が公転面に対し約23.4°傾いているため、四季が生じる。

●大気圏の構造

　地表から約11kmまでを対流圏という。大気の動き（対流）があり、雲が発生し雨が降るなどの気象現象が起こる。対流圏を取り巻くのが成層圏で、ここにあるオゾン層が紫外線を吸収する役目を果たしている。その周りにあるのが中間圏で、安定して対流がなく、気温が最も低い。それより上の地表から約80～500km圏を熱圏という。高度が上がるにつれ高温となり、気圧は低く真空に近い。オーロラが発生するのが、この層である。

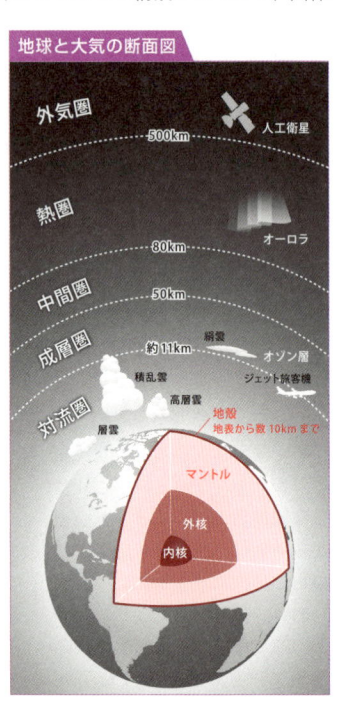

地球と大気の断面図

外気圏　500km　人工衛星
熱圏　80km　オーロラ
中間圏　50km
成層圏　約11km　絹雲　オゾン層　ジェット旅客機
対流圏　積乱雲　高層雲　地殻 地表から数10kmまで　層雲
マントル
外核
内核

地震波	P波；速く、振幅が小さい縦波　S波；振幅が大きい横波　表面波；最も遅く、振幅が大きく、長周期　初期微動；P波到着からS波到着までの揺れ。
マグニチュードと震度	マグニチュード；地震そのものの規模を表す。1大きくなるとエネルギーは約32倍となる　震度；ある地点での揺れの大きさを表す。10段階。
地震の種類	プレート境界地震；プレートのひずみが元に戻ろうとする時に発生　活断層型地震；断層運動により発生　火山性地震；マグマの活動により発生。

一般常識総まとめ 言葉遣いのマナー 一問一答 P106へ

言葉遣いは、ビジネスシーンで円滑にコミュニケーションをするための基本マナーだ。その中でも「敬語」「ビジネス言葉」「クッション言葉」は頻繁に使われるので、正しい表現をマスターして就活に生かせるようにしよう。

敬語の基礎知識

まずは敬語の種類を覚えよう。敬語は5種類あるが、基本的には下記の3種類を覚えておけばよい。

尊敬語 相手を高めることで、敬いの気持ちを表す。

謙譲語 自分を低めることで、相手に対して敬いの気持ちを表す。

丁寧語 丁寧な言い方をすることで、相手に敬いの気持ちを表す。

よく使われる敬語一覧

就職活動やビジネスシーンでよく使われる敬語を覚えておこう。

※具体的な敬語の使い方は106ページの「敬語」を参照。

通常	尊敬語	謙譲語	丁寧語
会う	お会いになる 会われる	お目にかかる	会います
あげる	くださる	差し上げる	あげます
言う	おっしゃる	申す	言います
いる	いらっしゃる おいでになる	おる	います
思う	思いになる	存ずる	思います
行く	いらっしゃる お見えになる お越しになる おいでになる	参る 伺う	行きます
来る			来ます
聞く	お聞きになる 聞かれる	伺う 拝聴する	聞きます
知る	ご存じ	存じ上げる	知っています
する	なさる	いたす	します
食べる	召し上がる	いただく	食べます
見る	ご覧になる	拝見する	見ます

ビジネス言葉

　面接や OB・OG 訪問の場面でついつい口にしてしまう「学生言葉」。日ごろから「ビジネス言葉」を意識して使えるようにしておこう。

すみません	→	申し訳ございません	わたし、おれ	→ わたくし
できません	→	できかねます	今日、あした	→ 本日、あす
わかりました	→	承知いたしました	あとで	→ 後ほど
そうです	→	さようでございます	お父さん	
すごく	→	とても	お母さん	→ 父、母、友人
			友達	

使えるクッション言葉

　用件の前に付け加えるだけでニュアンスがソフトになる、それが「クッション言葉」だ。お願いするとき、誤るとき、断るときなどクッション言葉があるかないかで印象は大きく変わる。

依　頼

誠に恐縮ですが	お手数ですが
ご多忙中とは存じますが	差し支えなければ
ご面倒をおかけいたしますが	恐れ入りますが

断　り

ありがたいお話ではございますが	申し訳ございませんが
誠に残念ですが	残念ながら
申し上げにくいのですが	せっかくですが

その他

お手数おかけいたしますが	もしよろしければ
お言葉を返すようで恐縮ですが	早速ではありますが
つかぬことをお尋ねいたしますが	大変失礼ながら

言葉遣いNG例

　下記例は一見正しいが、使い方を間違っている。なぜ違うのか考えてみよう。

採用担当者が指定した面接日に予定が入っていたため、

「**せっかくですが** その日は予定があるため……」と断った。

解説：「せっかくですが」は誘いに対して断るときのクッション言葉。この場合は採用担当者に謝罪しつつ再調整を依頼したいので、「申し訳ございませんが」「恐れ入りますが」といったクッション言葉の方がベター。状況や相手に合わせて適した表現が使えるよう気をつけよう。

第1章

旬な話題をくまなく振り返る！

最新時事

次の問いに答えなさい。

問題 / 解答と解説

重要 ☐ **1** 2015年に続き、2020年11月の住民投票でその可否が問われた、大阪市における行政機構改革構想を俗に何という。

大阪都構想
日本維新の会が主導。大阪市を解体して4特別区に再編成し、府と市の二重行政を解消することを目的としていたが、住民投票で否決された。

☐ **2** 2020年11月に行われた、秋篠宮文仁親王が皇位継承順位第1位であることを正式に宣明する行事とは。

立皇嗣(りっこうし)の礼
当初4月に開催予定だったが、新型コロナウイルスの影響で11月に延期された。中心儀式は「立皇嗣宣明の儀」でその後「朝見の儀」が行われた。

☐ **3** AIやビッグデータを活用した「まるごと未来都市」の実現を目指す構想とは。

スーパーシティ構想
自動運転、遠隔医療・教育などの先端技術の活用が想定されている。2020年5月にはスーパーシティ整備を促すための改正国家戦略特別区域法が成立した。

重要 ☐ **4** 行政手続きの電子化を進めるために2019年5月に成立した法律を俗に何という。

デジタル手続法
(デジタルファースト法)
行政手続きが原則デジタル化され、引っ越しや相続、法人設立などの手続きもネットでできるようになる。

☐ **5** 生まれ故郷や応援したい自治体に寄付をすることで返礼品や所得税等の控除が受けられる制度とは。

ふるさと納税
寄付を募るため高額な返礼品を準備する自治体が増え、「本来の趣旨とは離れている」との批判が起こり、返礼品は寄付金の3割以下の地場産品に限定された。

☐ **6** 議員・閣僚などの一定数を女性に割り当てる制度を何という。

クオータ制
北欧諸国などで法制化されており、一般企業の重役数などにも広がりつつある。自民党などでも導入の動きがあったが、実現してはいない。

☐ **7** 2020年に宇宙空間の安定的利用の確保に資するため、航空自衛隊に創設された組織とは。

宇宙作戦隊
2020年5月、府中基地に約20名で編成された。人工衛星や宇宙ごみ(スペースデブリ)などの監視、分析等を行っている。

☐ **8** 日本各地が活力ある持続可能な社会となるよう、人口減少等の克服を目指した政策とは。

地方創生
雇用創出、人口移動、結婚や子育ての希望実現、次代に即した地域づくりなどが目標。2019年には「第2期まち・ひと・しごと創生総合戦略」が閣議決定された。

☐ **9** 北方領土問題の解決ならびに平和条約締結を軸に行われている二国間交渉とは。

日露交渉
平和条約締結後、歯舞群島・色丹の2島を引き渡すとした「日ソ共同宣言」の内容も踏まえつつ、首脳会談を含めた交渉が続けられている。

問題 / 解答と解説

□ **10** 2018年7月に成立したカジノやホテル、会議場などが一体となった観光施設の整備に関する法律は。

統合型リゾート(IR)整備推進法
施設数は当面3カ所まで。ギャンブル依存症対策として日本人の入場制限等が決められた。汚職事件や新型コロナの影響で計画の遅れが目立っている。

□ **11** 2020年4月に制度改正された、虐待や経済的事情で実親が育てられない子どもに家庭的、永続的な養育環境を与える選択肢を広げる制度とは。

特別養子縁組
実親との法的な親子関係を解消し、新たに親子関係を結ぶ制度。6歳未満が対象だが民法を改正し、15歳未満まで対象を拡げた。

重要 □ **12** 小選挙区における有権者数の差から起こる問題で、最高裁でも「違憲状態」とされたものは何か。

一票の格差
2014年の衆議院選挙における一票の格差は2.13倍で、最高裁は格差是正を強く求めている。

□ **13** 2020年の国勢調査後に導入される選挙区の議席配分の方式を何というか。

アダムズ方式
議員配分の計算は切り上げで行われるため、各都道府県に最低1議席が配分されることが特徴。

□ **14** 女性が、職業生活において活躍できる環境を整備するために制定された法律を何という。

女性活躍推進法
2016年4月より施行。従業員301人以上の企業等に、女性の活躍推進に向けた行動計画の策定と公表が義務づけられた。罰則規定はない。

□ **15** 国家が武力攻撃を受けた時、直接に攻撃を受けていない第三国が協力して共同で防衛を行う国際法上の権利とは。

集団的自衛権
同盟国への攻撃を自国への脅威と見なし敵対する国を攻撃できる。憲法解釈の変更と安全保障関連法成立により認められることとなった。

□ **16** 国会議員数、選挙での得票数に応じて国から政党に支給される活動費とは。

政党交付金
2020年の交付金総額は約318億円。財源は税金で、国民一人当たりで計算すると、250円/年となる。

□ **17** 調査・研究などのために、議員報酬等とは別に地方議員に支給される公費を何という。

政務活動費
不正受給が発覚するケースも多いため、厳格な運用が期待されている。

重要 □ **18** 漁業や天然資源の採掘が優先的に認められる、自国沿岸から200海里までの海域を何という。

EEZ(排他的経済水域)
ただし、満潮時には海に沈む「低潮高地」や人工島などでは、EEZは認められない。

□ **19** 鉄道や道路、エネルギー関連など生活の基盤となる設備等を海外に輸出・展開していくことを何という。

インフラ輸出
政府はインフラ輸出を成長戦略の柱と位置付け、高速鉄道・原発・環境・防災対策など幅広い分野で官民一体となったトップセールスを展開している。

第1章 最新時事
第2章 国語
第3章 教養・スポーツ
第4章 英語
第5章 社会
第6章 数学
第7章 理科
第8章 仕事・業界

次の問いに答えなさい。

問題		解答と解説

□ **1** コロナ禍における観光、飲食、イベント、商店街などへの需要喚起策をまとめて何という。

GO TO キャンペーン
①GO TO トラベル、②GO TO イート、③GO TO イベント、④GO TO 商店街、の4種。恩恵が限定的、感染拡大につながるなどの批判も浴びた。

重要 □ **2** 外出自粛などにより、自宅で過ごす時間が増えたことに伴い増加した消費傾向を俗に何という。

巣ごもり消費
代表的なものとして、家庭用ゲーム機・ソフト、動画配信サービス、ネット通販、テイクアウト、食品デリバリーなどが挙げられる。

□ **3** 新型コロナウイルスの流行に伴い大幅に拡充された、休業手当の一部を国が補助する制度とは。

雇用調整助成金
上限金額は通常8,330円／日だが、コロナ禍で15,000円／日に引き上げられ、最大助成率も中小企業2／3→100%、大企業1／2→3／4とされた。

重要 □ **4** 2020年1月に発効した、日米間における農産品や工業品の関税等についての取り決めとは。

日米貿易協定
アメリカからの農産品輸入関税をTPPの範囲内で削減・撤廃する（コメは対象から除外）。日本から輸出する自動車・自動車部品への追加関税は課されない。

□ **5** 2020年1月に発効した、日米間におけるインターネットを利用した商取引等に関する取り決めとは。

日米デジタル貿易協定
日米間で電子的に送信されるデジタル製品に対しては、関税を課してはならないと定められた。

□ **6** 国内に供給される食料のうち、国内で生産されたもの（輸入飼料の使用は可）の割合を示す指標とは。

食料国産率
畜産飼料も国産に限定したものは「食品自給率」という。2019年の食品国産率（カロリーベース）は47%、2030年度までの引き上げ目標は53%である。

□ **7** 2020年7月に米株式市場でトヨタを抜き時価総額トップとなった自動車会社は。

テスラ社
2003年にイーロン・マスクが創業した電気自動車（EV）メーカー。電気自動車の販売台数は世界1位。

□ **8** コロナ禍の2020年4月に政府が打ち出した過去最大の緊急経済対策の事業規模はどのくらいか。

約108兆円（108.2兆円）
GDPの約2割に相当。減収・低所得世帯への支援、納税猶予、企業向け給付金、雇用調整助成金の引き上げなどのほかGO TOキャンペーンも対象となる。

□ **9** 新型コロナの影響などにより2020年5月に経営破たんした老舗アパレル企業は。

レナウン
2020年5月に民事再生法の適用を申請。その後、事業再建を断念し、同年11月より破産手続きを開始している。

問題	解答と解説

重要 □ **10** 2020年10月にわずか3か月の交渉で結ばれた、日本とあるヨーロッパの国とのEPA協定を何という。

日英包括的経済連携協定
イギリスのEU離脱に伴い締結され、2021年1月に発効した。工業品、農産品の関税は日欧EPAの内容をほぼ踏襲。デジタル分野はより高度な内容となった。

□ **11** 主にネット上で流通する、通貨のような働きをするデジタルデータの法律上の呼称とは。

暗号資産
国家による保証や紙幣のような形を持たない。従来は「仮想通貨」と呼ばれてきたが、法定通貨との誤解を避けるため、「暗号資産」と呼ばれるようになった。

□ **12** アメリカのFacebookが発行を計画している、新しい暗号資産を何という。

Libra(リブラ)
法定通貨と価格を連動させる「ステーブル(安定した)コイン」だとされる。ただし、マネーロンダリングへの懸念などから当初の発行計画が延期された。

□ **13** 2019年1月より、日本を出国する人から徴収することになったものは。

出国税(国際観光旅客税)
1人当たり1000円。税収は、案内板の多言語表記など観光基盤の拡充、強化に当てる。地価税制定以来27年ぶりとなる新しい国税である。

□ **14** 中央銀行が、将来の金融政策について事前に表明する指針・方針のことを何という。

フォワードガイダンス
政策金利の据え置き期間などを明示し、市場参加者の予想や期待に働きかけることで政策効果を高めることを狙いとする。金融政策の自由度は低下する。

重要 □ **15** 「税収・税外収入」から「国債返済分を除いた歳出」を差し引いて計算される財政収支とは。

プライマリーバランス
基礎的財政収支ともいう。国と地方のプライマリーバランスはコロナ禍で急激に悪化。2019年度はGDP比△2.6%だったが、2020年度は△12.8%となった。

□ **16** すべての国民に必要最低限の現金を定期的に支給する制度のことを何という。

ベーシックインカム
オランダやカナダ、フィンランドなどで試験的導入が試みられたほか、スイスでも導入の是非を問う国民投票が行われるなど世界的に関心が高まっている。

□ **17** 厚生年金と国民年金の積立金の管理運用を行う独立行政法人の略称は。

GPIF
正式名称は、年金積立金管理運用独立行政法人。英語名の「Government Pension Investment Fund」を略して「GPIF」と呼ばれる。

□ **18** 賃料収入を目的に、風呂、トイレなどを共有する賃貸住宅に対して出資をすることを何という。

シェアハウス投資
投資を促進するために、出資希望顧客に対し、預金額の水増し等による強引な不正融資を行っていたことなどからスルガ銀行が一部業務停止命令を受けた。

重要 □ **19** 消費税について、生活する上で必須となる食料品などを低く設定した税率を何という。

軽減税率
特定の商品の消費税率を一般的な消費税率より低く設定するルール。消費税率8%の商品と10%の商品が並ぶことになるため、複数税率とも呼ばれる。

☐ **20** 国連が定めた、国民経済計算（国民の経済活動に関する記録、統計方法）に関する新たな国際基準とは。

2008SNA

グローバル化への対応など、より現在の状況に即した基準であり、2016年末、日本も準拠する国際基準をこの2008SNAに変更した。16年ぶりの変更であった。

☐ **21** 特定の目的のために政府と民間企業が共同で資金を出し合う基金を何という。

官民ファンド

民業圧迫などの懸念に対応するため、政府は「官民ファンドの運営に係るガイドライン」を公表している。

重要 ☐ **22** 日本銀行など各国の中央銀行が定める政策金利を実質的にゼロ以下にする政策を何という。

マイナス金利政策

中央銀行にお金を預けると損をする形になるので、その資金を銀行が企業等への貸出しに向け、景気が刺激されることを期待した政策。

☐ **23** 法人税率等がゼロ、または著しく低い国や地域のことを何という。

タックスヘイブン

「租税回避地」ともいう。多国籍企業や富裕層の租税回避や不正の温床にもなっているとして非難を浴びている。

☐ **24** 法人所得に対する国および地方の合計税率で、損金算入分などを調整したものは。

法人実効税率

法人実効税率20%台という政府の目標は、2016年度に達成。2018年度は29.74%と、さらに改善された。

☐ **25** 120万円までの株式や投資信託への投資に対し、配当や売却益を非課税とする制度を何という。

NISA（ニーサ）

「小額投資非課税制度」ともいう。非課税期間は5年。未成年者を対象とし80万円までを非課税とした「ジュニアNISA」や20年間非課税の「つみたてNISA」もある。

☐ **26** 国際通貨基金（IMF）加盟国に配分され、国際収支悪化の際などに外貨と引き替えできる権利は。

SDR

「特別引き出し権」の略。準備通貨は、ドル、ユーロ、ポンド、円の他に、2016年より中国の人民元が加わった。

☐ **27** 経営不振に陥ったシャープを傘下に収めた、台湾の電子機器の受託製造企業は。

鴻海（ホンハイ）

正式には「鴻海精密工業」。電子機器受託製造サービス分野で世界最大手。郭台銘（テリー・ゴウ）氏が会長をつとめている。

重要 ☐ **28** 政府や中央銀行の定める物価上昇率、または、その目標達成のために金融政策を実施することを何という。

インフレターゲット

日銀は2013年、消費者物価指数（CPI）の上昇率目標を2%とし、これまで慎重だったインフレターゲットの導入に踏み切った。

□ **29** アメリカの中央銀行制度における最高意思決定機関は。

FRB（米連邦準備委員会）

政策金利の決定などが常に注目を集めている。現在の議長はジェローム・パウエルである。

□ **30** 国際会計基準審議会が策定した、国際的な財務・会計基準を何という。

IFRS（国際財務報告基準）

日本基準とは会計処理が異なる点があるが、年々増加を続けており、2020年10月時点で219社がIFRSを適用している。

□ **31** 国民所得に対する、租税負担額と社会保障負担額の合計の割合を何という。

国民負担率

2020年度は、前年度比0.7%増の44.6%になると推定されており、今後も少子高齢化等の影響で高くなると予想されている。

□ **32** 為替相場の安定を図るため、中央銀行同士が自国の通貨を預けあうことを定めた協定とは。

スワップ協定

為替相場が急激に変動した場合の市場介入の際などに利用される。

【重要】□ **33** TOPIXや日経平均などの主要な株価指数に連動するように運用される投資信託を何という。

ETF（上場投資信託）

リスク分散効果があり、わかりやすいため、初心者にも比較的適した投資信託とされている。

【重要】□ **34** インターネットを通じて不特定多数の人から事業資金を募る手法を何という。

クラウドファンディング

「寄付型」「購入型」「投資型」の3種がある。日本でもクラウドファンディングサイトがいくつか立ち上がり、徐々に一般化してきた。

□ **35** 安全保障の観点から、アメリカが製品の排除、輸出規制の対象とした中国の大手通信機器メーカーとは。

ファーウェイ（華為技術）

本社は中国深圳、日本法人もある。中国のスパイ活動に利用される恐れがあるとしてアメリカを中心に製品排除の動きがあり、2019年に輸出規制をかけた。

【重要】□ **36** 外国人旅行者など非国内居住者による、日本国内での消費のことを何という。

インバウンド消費

2012年以降急速に増え、2018年には4兆5千億円を突破し過去最高を記録した。逆に日本人による海外での消費を「アウトバウンド消費」という。

□ **37** 名目GDPを実質GDPで割って計算する、総合的な物価動向を示す指標とは。

GDPデフレーター

消費や設備投資などさまざまな活動における物価動向を付加価値ベースで表した指標であり、「インプリシット・デフレーター」ともいう。

第1章 最新時事
第2章 国語
第3章 教養・スポーツ
第4章 英語
第5章 社会
第6章 数学
第7章 理科
第8章 仕事・業界

次の問いに答えなさい。

問題	解答と解説

☐ **1** 対象地域を封鎖し、市民の外出や移動、店舗の営業などを制限することを何という。

ロックダウン（都市封鎖）
新型コロナウイルスの影響で、2020年3月までに世界各地で100以上の国が実施した。

重要 ☐ **2** 2021年2月に軍によるクーデターが起こった東南アジアの国とは。

ミャンマー
アウン・サン・スー・チー国家顧問らが拘束され、国軍最高司令官ミン・アウン・フライン将軍が全権を掌握。多くの国民が抗議デモを起こした。

☐ **3** ミャンマーの治安当局などから迫害を受けているイスラム系少数民族は。

ロヒンギャ
国民の9割が仏教徒であるミャンマーで差別を受けている。推定人口は200万人。うち70万人以上がバングラデシュへ逃れ、難民となっている。

☐ **4** 2020年にアメリカで成立した、ある少数民族弾圧に関与した中国当局者に制裁を科すことを定めた法律とは。

ウイグル人権法
ウイグル族は中国西部の新疆ウイグル自治区などに住むトルコ系民族でイスラム教徒。課される制裁は入国拒否、資産凍結など。

☐ **5** 2005年に女性として初めてドイツ首相となった人物は。

アンゲラ・メルケル
歴代最年少で首相となった。初の東独出身の首相でもある。2021年9月の総選挙後に引退する旨を表明している。

☐ **6** 2021年、アメリカ合衆国で初の女性副大統領となった人物は。

カマラ・ハリス
1964年カリフォルニア州オークランド生まれ。父は経済学者でジャマイカ人、母はがんの研究者でインド人。黒人・アジア系としても初の副大統領。

☐ **7** 2021年3月に世界貿易機構（WTO）の事務総長に就任した人物は。

ヌゴジ・オコンジョイウェアラ
元ナイジェリア財務相。女性初、アフリカ出身者としても初の事務総長就任となる。

☐ **8** 「分離」「切り離し」を意味する言葉で、近年、米中の経済的な分離を意味する際によく使われる言葉は。

デカップリング
トランプ政権となって激化し、関税などの通商分野から、華為らハイテク企業への制裁措置へと広がった。

☐ **9** 現役総理として初めて産休をとったことでも話題となったニュージーランドの首相は。

ジャシンダ・アーダーン
2017年に37歳の若さで首相となった。新型コロナウイルスへの対応でも高い評価を得ており、ノーベル平和賞の候補ともいわれている。

問題　解答と解説

重要 □ **10** 2015年のCOP21で採択された、温暖化対策における新たな国際的な枠組みを何という。

パリ協定
途上国を含む196の国・地域が参加。アメリカのトランプ政権が離脱を表明したが、バイデン新大統領は就任直後に復帰のための大統領令に署名した。

□ **11** 2019年6月に起きた香港大規模デモのきっかけとなった法令とは。

逃亡犯条例改正案
香港で逮捕された容疑者の中国本土への送還を可能にするもので、香港当局が議会に提出したが、反対運動の高まりを受けて2019年9月完全撤回された。

□ **12** アメリカやサウジアラビアとの対立を深めているイランの大統領は。

ハッサン・ローハニ
穏健派のラフサンジャニ元大統領の側近で、2013年より現職。同年、オバマ大統領と電話会談し、2019年、来日した。イラン大統領の来日は19年ぶりだった。

□ **13** 2019年7月テリーザ・メイ前首相の辞任を受け、イギリスの第77代首相に就任した人物は。

ボリス・ジョンソン
ロンドン五輪のロンドン市長として、またEU離脱強硬派として世界に知られている。報道では、英国のトランプとも呼ばれている。2019年7月24日から保守党党首=イギリス首相に就任した。

重要 □ **14** 中国の立法機関（国会に相当）であり、最高の国家権力機関と定められているものとは。

全国人民代表大会(全人代)
行政区と軍隊の代表約3000人によって構成され、年1回開催される。2020年は新型肺炎の影響で延期されるという異例の事態となった。

□ **15** 2018年に10年半ぶりに開かれた、北朝鮮と韓国のトップ同士で行われた会談を何という。

南北首脳会談
2018年4月に10年半ぶりに開催されたあと、5月と9月にも開催された。1年で3回も実施されたのは史上初である。

□ **16** 2000年の国連総会で採択された「国際的な組織犯罪の防止に関する国際連合条約」の略称とは。

TOC条約
Transnational Organized Crime(国際組織犯罪)の頭文字をとってTOC条約という。テロ等準備罪新設後の2017年7月、日本もこの条約を締結した。

□ **17** 朝鮮半島の非武装地帯（休戦ライン）にある地名で、南北首脳会談の舞台ともなった場所とは。

板門店
朝鮮半島のほぼ中央部にあり、1953年の朝鮮戦争軍事休戦協定の締結や10年半ぶりとなる2018年の南北首脳会談もここで行われた。

□ **18** 日本も配備している、弾道ミサイル迎撃用の地対空ミサイルシステムとは。

PAC-3
Patriot Advanced Capability-3の略。日本には計34基あり、首都圏や沖縄など全国17の部隊に配備されている。

重要 □ **19** 2017年より第9代国連事務総長に就任した人の名前は。

アントニオ・グテーレス
ポルトガル元首相で、前国連難民高等弁務官。任期は5年。

☐ **20** 2017年の選挙で勝利し、フランス史上最年少で大統領となった人物とは。

エマニュエル・マクロン

39歳の若さで国家元首となったのは、ナポレオンに次ぐ記録とされる。二大政党以外から大統領となったのも初めて。「小さな政府」を志向している。

☐ **21** 核ミサイル開発などで世界を緊張状態に陥れていた北朝鮮の最高指導者は。

金正恩（きむじょんうん）

前最高指導者金正日の三男で、北朝鮮創建時の最高指導者金日成の孫。2018年から2度にわたり米朝首脳会談を行うなど積極的な対話姿勢も見せた。

☐ **22** 2016年に第14代中華民国(台湾)総統に就任した、史上初の女性総統とは。

蔡英文（さいえいぶん）

民主進歩党主席。中国国民党以外の政党出身者としては2人目の総統となる。

☐ **23** 中国(中華人民共和国)の国家主席は誰。

習近平（しゅうきんぺい）

2013年、国家主席に就任。中国共産党総書記、中央軍事委員会主席でもある。

☐ **24** アジア・太平洋地域における貧困削減を目指す、日本が最大出資国の一つである国際開発金融機関は。

ADB（アジア開発銀行）

「Asian Development Bank」。歴代総裁は日本人で、日米が最大の出資比率(各15.6%)を占めている。

☐ **25** イスラム教徒の女性が頭部に着用するスカーフのことを何という。

ヒジャブ

各国で対応が異なり、着用が義務付けられている国もあれば、逆に公共の場での着用が禁止・制限されている国もある。

重要 ☐ **26** イスラム教の二大分派の一つで、信徒の数では少数派に属するのは。

シーア派

信徒数は全イスラム教徒の一割程度といわれるが、イランなどでは多数を占めている。一方の多数派は「スンニ派」。

☐ **27** 駆け付け警護の任務を付与された自衛隊が、国連平和維持活動（PKO）参加のために派遣された国は。

南スーダン

2011年、スーダンから分離独立して成立したアフリカ北東部にある国。

重要 ☐ **28** 南シナ海南東部にある島群で、中国やフィリピン等の周辺国が領有権を主張している地域は。

スプラトリー諸島（南沙諸島）

中国が人工島建設などで実効支配を強める中、2016年、ハーグ仲裁裁判所は中国の主張を認めない判決を示した。

☐ **29** 在韓米軍への配備に対し中国が反発している弾道ミサイル迎撃システムを何という。

THAAD（サード）

「Terminal High-Altitude Air Defense」の略。発射された弾道ミサイルを大気圏外で撃ち落とす。

問題　　　　　解答と解説

重要 □ **30** 中国が2013年に提唱した、陸路で
アジアとヨーロッパ、海路でアフリ
カを結ぶ経済圏構想の総称とは。

一帯一路
「シルクロード経済帯」(一帯)と「21世紀海
上シルクロード」(一路)を指す。

□ **31** パレスチナで、反イスラエルの闘争
を続けているイスラム原理主義組織
を何という。

ハマス
武力によりパレスチナのガザ地区を実効
支配している。

□ **32** 中間層の拡大により急成長が見込ま
れている12カ国の総称とは。

ベロシティー12
中国、インド、パキスタン、バングラデ
シュ、ミャンマー、ベトナム、フィリピン、
インドネシア、エジプト、ナイジェリア、メ
キシコ、ブラジルを指す。

□ **33** アフリカの開発支援のために、日本
が主導し国連や世界銀行等と共同で
開催している国際会議の略称は。

TICAD
アフリカ開発会議。「Tokyo International
Conference on African Development」
の略。1993年から開催されている。

重要 □ **34** 国際紛争の平和的な解決のために設
けられた裁判所で、常設のものでオ
ランダのハーグにあるのは。

常設(国際)仲裁裁判所
南シナ海問題で中国の主張を全面否定し
たことで注目を集めた。

□ **35** サウジアラビアが経済改革計画「ビ
ジョン2030」などを策定し、目指し
ているものとは。

脱石油依存
2017年、安倍首相とサルマン国王との会
談において「日・サウジ・ビジョン2030概
要」が合意され、脱石油依存などに協力す
ることを表明した。

□ **36** アメリカが5～10年にわたる核政
策、戦略、能力、戦力態勢についてま
とめた報告書を何という。

NPR(核態勢の見直し)
「Nuclear Posture Review」の略。1994年、
2002年、2010年、2017年に策定。2017
年版には、小型で、実際に使用可能と思わ
せる新型核兵器の開発などが盛り込まれ
た。

□ **37** 過激な発言で注目を集める、2016
年6月に就任したフィリピン大統領
の名は。

ロドリゴ・ドゥテルテ
「フィリピンのトランプ」とも呼ばれる。
徹底した麻薬犯罪の取り締まりでも名を
馳せた。

□ **38** 総額50億ドルの費用をかけた大規
模な拡張工事が2016年に終了した
運河の名前は。

パナマ運河
これにより、日米間の輸送日数がこれまで
のスエズ運河や喜望峰経由の場合と比べ、
3分の2以下となった。

第1章 最新時事
第2章 国語
第3章 教養・スポーツ
第4章 英語
第5章 社会
第6章 数学
第7章 理科
第8章 仕事・業界

次の問いに答えなさい。

| 問題 | | 解答と解説 |

□ **1** 民法の改正により2022年4月から、現行の20歳から18歳に引き下げられるのは。

成年年齢
親の同意なしに契約ができるようになる。結婚は男女とも18歳から。飲酒、喫煙、ギャンブルなどは20歳からのまま。

重要 □ **2** 新型コロナウイルス蔓延を防ぐために、避けるべきとされた「三密」とは、何と何と何。

密閉・密集・密接
「喚起の悪い密閉空間」「多数が集まる密集場所」「間近で会話や発声をする密接場面」を避けるべきとされた。

□ **3** 熱中症の危険性が特に高まる場合に気象庁と環境庁が共同で発表するものとは。

熱中症警戒アラート
①気温、②湿度、③日射・輻射などの熱環境の3つから計算した「暑さ指数」が33以上になると予測されるときに発表される。

重要 □ **4** 「多様性」の意で、ビジネスではさまざまな国籍、性別、価値観、働き方等が共存することを何という。

ダイバーシティ
経済産業省はダイバーシティ推進を経営成果に結びつけている企業の表彰も行っている。

□ **5** 1981～1996年に生まれた人たちの世代を俗に何という。

ミレニアル世代
アメリカのシンクタンクが命名。環境、平和、平等、などへの関心が高いとされる。その次の世代、特に2000年以降に生まれた世代を「Z世代」という。

□ **6** 高齢者のみならず、子ども、子育て世代、現役世代までを対象とした社会保障全般にわたる改革とは。

全世代型社会保障改革
安倍政権の看板政策の1つとしてスタート。2020年末には「少子化対策」と「医療」の2本を柱とした改革方針案がまとめられた。

□ **7** 2020年4月に施行され、屋内の原則禁煙が定められた法律とは。

改正健康増進法
住宅や旅館、ホテルの客室を除く全施設が対象。喫煙専用室の設置は可能。経過措置として客席面積100㎡以下の条件を満たす飲食店は喫煙可とされた。

□ **8** 2020年6月から政府が提供開始した、新型コロナ感染者との接触があったことを通知するアプリは。

COCOA
過去14日以内に、15分以上感染者のそば（1ｍ以内）にいた場合に通知が届く。ただし、2020年9月末から4カ月以上にわたる不具合も発生した。

□ **9** 観光地などで休暇をとりながら仕事をする働き方のスタイルを何という。

ワーケーション
「work（働く）」と「vacation（休暇）」からなる造語。通信環境の進化とテレワークの浸透から需要増加が見込まれるとして政府や産業界に推進する動きがある。

問題　　　　　　　　　　　　　　　解答と解説

□ **9** ネットを通じて単発の仕事を依頼ないし請け負う経済活動を何という。

ギグエコノミー
Uber Eatsのデリバリーや配車サービスなどが代表格。副業として取り組む人も多い。これらの仕事に従事する人を「ギグワーカー」という。

重要 □ **10** 中国出身のエリック・ユアンが創業した企業が提供する代表的なテレビ会議システムの名称は。

Zoom
テレワーク、オンライン飲み会の普及などで一躍注目を集めた。他のテレビ会議システムとしては「Google Meet」「Microsoft Teams」などがある。

□ **11** 2020年3月に開業したJR山手線・京浜東北線の新駅とは。

高輪ゲートウェイ
田町と品川の間にできた。山手線に新駅ができるのは1971年以来で30番目となる。清掃や警備、構内案内などをする自立移動型ロボットが導入されている。

重要 □ **12** 少年法の改正案により、新たに18歳、19歳の位置付けは、従来の「少年」から何に変わる。

特定少年
引き続き少年法の保護対象となる一方で、家裁から検察官に送致(逆送)されるケースが増加(事実上の厳罰化)。起訴された場合、実名報道が可能となる。

□ **13** 2019年から2021年にかけて流行している新型コロナウィルスによる感染症の正式名称は。

COVID-19
「corona(コロナ)」「virus(ウィルス)」「disease(病気)」「19(感染者の報告があった2019年)」からなる造語。病名であり、ウィルス名は「SARS-CoV-2」

重要 □ **14** 「50代のひきこもり中高年と80代の親との同居」に象徴される高齢化や貧困などの問題を何という。

8050問題
ひきこもりが長期化すると、高齢の親が中高年をわずかな年金等で支えることとなり、貧困、孤立、介護など多くの社会問題が発生すると考えられている。

□ **15** 企業にパワハラ相談窓口の設置などを求めた「改正労働施策総合推進法」のことを俗に何という。

パワハラ防止法
2019年5月成立。大企業に対し相談体制整備などのパワハラ防止措置を講じることを義務づけた。(中小企業は当面努力義務とされた。)

□ **16** 2020年度(2021年1月)から実施される、センター試験に代わる大学入学試験の名称は。

大学入学共通テスト
英語に民間試験を、国語と数学に記述式を導入する予定だったが、公平性の問題などが指摘され、ともに2020年度からの導入は延期となった。

□ **17** 登録された一般人が配達を行うことを特徴とするフードデリバリーサービスとは。

Uber Eats
配達員はアプリから得た情報に従ってデリバリーし、週単位で配送料を得る。アメリカの配車サービス大手「ウーバー・テクノロジーズ」が運営。

□ **18** 食事がとれなかったり、1人で食べたりする子どもに、無料か安価で食事を提供する場所を何という。

子ども食堂
2012年に東京都大田区ではじめられた試みで、2019年春には全国3700カ所以上に増えた。NPO法人などがバランスの良い食事を提供している。

第1章 最新時事

第2章 国語

第3章 教養・スポーツ

第4章 英語

第5章 社会

第6章 数学・

第7章 理科

第8章 仕事・業界

□ **19** 「手話・文字」と「音声」を使って、耳の聞こえない人と聞こえる人を即時双方向につなぐサービスとは。

電話リレーサービス
2020年6月に電話リレーサービス法が成立。電話提供事業者から負担金を徴収し、指定サービス提供事業機関に交付金が交付される公的制度が整備される。

□ **20** 次世代医療基盤法の施行により提供されることになる匿名化された大量の医療情報を俗に何という。

医療ビッグデータ
2018年春の法施行により、最適医療の提供、最先端診療支援ソフトの開発、医薬品等の安全対策の向上につながることが期待されている。

□ **21** 防犯・衛生上の対策として、空き家所有者に管理改善を命じるなどの規定を定めた条例とは俗に何。

空き家(対策)条例
約400の自治体が制定。国も「空き家等対策特別措置法」を施行し、自治体を後押ししている。

□ **22** 極端に車間距離を詰めるなどの前方走行車両に対する嫌がらせ行為を何という。

あおり運転
危険運転と見なされ、悪質な行為は道路交通法違反で処罰の対象となる。死傷事故につながった場合には、危険運転致死傷罪が適用されることもある。

□ **23** 1日の勤務が終わってから、翌日の勤務を開始するまでに一定の休息時間を置く制度を何という。

勤務間インターバル
EU加盟国では1993年より、11時間の休息を労働者に与えることが義務付けられている。日本でも実施している企業がすでにある。

□ **24** 原材料入荷から食品出荷までにいたる、食品の全製造工程における品質管理システムを何という。

HACCP(ハサップ)
「ハセップ」ともいう。2018年に改正された食品衛生法では、全食品等事業者にHACCPに沿った衛生管理の実施を要請している。

□ **25** 2016年に成立した民法改正法により、従来の6カ月から100日に短縮されたものは何。

女性の再婚禁止期間
離婚時に妊娠していないことが認められれば、100日以内であっても再婚を認められることになった。

□ **26** 日本に住民票を有するすべての個人に割り当てられた12桁の個人番号の通称とは。

マイナンバー
マイナンバー法に基づき、税、社会保障、災害対策の分野で個人情報を結び付けて管理されることとなった。

□ **27** 配偶者の所得が一定金額以下の場合に適用される所得控除を何という。

配偶者控除
配偶者控除は所得38万円以下と納税者の所得が1,000万円以下の条件がある。他に配偶者特別控除もある。

□ **28** 他人の犯罪を明らかにすることで、罪が軽減される仕組みを何という。

司法取引
複数国で用いられており、日本でも2018年6月1日から導入。

重要 □ **29** 仕事と私生活の調和を保ち、両立させるという考え方を何という。

ワークライフバランス
実現のための労働時間の短縮や在宅勤務、テレワーク等の導入などが広まりつつある。

問題　　　　　解答と解説

第1章　最新時事

第2章　国語

第3章　教養・スポーツ

第4章　英語

第5章　社会

第6章　数学

第7章　理科

第8章　仕事・業界

□ **30** メンタルヘルスの不調を予防するため、労働者の心理的な健康状態を検査することを何という。

ストレスチェック
2015年12月から従業員50人以上の事業所は、最低年1回は実施することが義務付けられることとなった。

□ **31** 大阪府が2025年の開催を目指し誘致活動を行い開催が決まった国際的イベントとは。

国際博覧会（万博／EXPO2025）
日本では愛知万博（愛・地球博）以来20年ぶり、大阪では1970年以来55年ぶり2度目の開催となる。

重要 □ **32** 商品・サービス等がイスラム教の戒律に合致していると認証機関に認定されて得られるものとは。

ハラール認証
「ハラール」とは、アラビア語で「許された」の意。日本ハラール協会、日本ムスリム協会などがハラール認証の窓口。

□ **33** 従業員に対し、本業による給与所得以外で収入を得ることを認める動きを何という。

副業解禁
「働き方改革」の一環として、安倍内閣や厚生労働省が積極的に推進してきたことから、多くの企業で休日等における副業を認める動きが出てきた。

□ **34** 政府が策定した、認知症の人にやさしい地域づくりに向けた認知症施策推進総合戦略の愛称とは。

新オレンジプラン
認知症サポーター・認知症サポート医の養成、認知症疾患医療センターの運営、BPSD（行動・心理症状）ガイドラインの作成等が盛り込まれている。

重要 □ **35** 「国際的な子の奪取の民事面に関する条約」のことを通称で何と呼ぶ。

ハーグ条約
100カ国近くの国々が参加しており、日本も2014年に締約国になった。

□ **36** 日本人女性の年齢階級別労働力率の実情のことを、そのグラフの形態から何と呼ぶ。

M字カーブ
女性の就業率をグラフに示すと、出産・育児期に当たる30歳代で落ち込み、子育てが一段落する40歳代で再上昇することから、M字型の曲線となる。

□ **37** 男女が、社会の対等な構成員として、均等に利益を享受でき、共に責任を担うべき社会のことを何という。

男女共同参画社会
1999年に男女共同参画社会基本法が制定され、男女共同参画基本計画も策定されている。

□ **38** 「特定複合観光施設区域の整備の推進に関する法律（統合型リゾート整備推進法）」の通称は。

IR法
2016年に成立した、カジノ、ホテル、会議場などが一体となった統合型リゾート（IR＝Integrated Resort）の整備を促す法律。

□ **39** 2015年の国勢調査で確認された、1920年の調査開始以来、初めての現象とは。

総人口の減少
大都市圏でも人口減少の傾向が見られるはじめた一方、高齢者の割合は過去最高を更新した。

最新時事 5 科学技術・IT・環境

次の問いに答えなさい。

問題　**解答と解説**

重要 □ **1** デジタル技術を活用して、製品やサービス、働き方やビジネスモデルなどを変革することを何という。

DX（デジタルトランスフォーメーション）
経済産業省も「DXレポート」などをまとめ、企業のとるべきアクションと政府の対応策の検討を行い、DXの加速を推進している。

□ **2** 日本企業所有の貨物船が座礁し、重油が大量に流出したことで注目を集めた島国は。

モーリシャス
アフリカの南東にある。2020年7月貨物船「わかしお」が座礁し約1000 tの重油が流出。深刻な環境汚染が発生し、回復への取り組みが続いている。

重要 □ **3** 大手IT企業と出店者との取引の公正性、透明性を高めるため2020年5月に成立した法律を俗に何という。

巨大IT規制法
「特定デジタルプラットフォームの透明性及び公正性の向上に関する法律」。契約解除の判断基準や契約内容変更の事前通知などを義務付けた。

□ **4** 1985年に提案されて以来誰も解けなかったが、この度京大教授によって証明された、数学の超難問とは。

ABC予想
京都大数理解析研究所の望月新一教授が証明。2021年論文が専門誌に掲載された。内容が高度過ぎて、正しいと認められるまでに7年半もかかった。

□ **5** 静岡から九州沖まで伸びる海底のくぼみを震源として、近々起きると想定されている巨大地震とは。

南海トラフ地震
「トラフ」とは海底の深い溝のこと。2013年に公表された推定ではM8〜9の地震が50年以内に発生する確率は90％以上、10年以内なら20％程度。

□ **6** 2時間の映画を3秒でダウンロードできるという、2020年にも実用化される移動通信システムの略称は。

5G
「第5世代（5th Generation）」の意。米英中などで先行し、日本は2020年に開始された。また、5Gの10〜100倍の通信速度を誇る6Gの開発も進んでいる。

重要 □ **7** 感染症が、世界的規模で同時に大流行することで、「世界的流行」「感染爆発」などと訳される用語は。

パンデミック
世界保健機関（WHO）は、流行の規模を「エンデミック」→「エピデミック」→「パンデミック」と使い分けている。パンデミックは最大警戒レベルである。

□ **8** 量子力学の原理を応用した、スパコンの数億倍ともいわれる高速計算ができるというコンピュータとは。

量子コンピュータ
0と1の両方の状態が重ね合わされた量子状態（量子力学でいう重ね合わせの状態）を利用することで、複数の計算が同時に実行できるようになるという。

□ **9** 「情報処理や通信に関する技術」を意味する、国際的に広く定着している略語とは。

ICT
Information and Communication Technology（情報通信技術）。「IT」とほぼ同義だが、国際的にはこちらのほうが広く使われている。

問題　　　　　　　　　　　　　　　　解答と解説

重要 □ **10** 2020年より小学校でも必修となる
コンピュータ関連の授業とは。

プログラミング授業

コンピューターに意図した処理を行うよう指示することができるということを体験させながら、「プログラミング的思考」の定着を図ることが目的とされる。

□ **11** 人間の脳をモデルにした技術を使い、コンピュータが自ら学んでいく方法を何という。

ディープラーニング

「深層学習」ともいう。ディープラーニングを使い、プロ棋士に勝利したアルファ碁などが話題に。AIの開発と可能性を飛躍的に高めたといわれている。

□ **12** ガソリンやディーゼル車から電気自動車に需要や生産が移行していくことを何という。

EVシフト

ヨーロッパ諸国がガソリンやディーゼル車を2025～50年に全廃する方針を表明するなど、世界的な動きとなっている。

□ **13** 2017年2月に薬価が50％引き下げられたがんの免疫薬(抗がん剤)の名称は。

オプジーボ

一般名称は「ニボルマブ」。ヒトがあらかじめ持っている免疫システムを再活性化させることでがん細胞を攻撃するという、新しいタイプのがん治療薬である。

重要 □ **14** 自動車、家電、住宅などさまざまなモノがインターネットにつながるという考え方を俗に何という。

IoT

「Internet of Things」の頭文字で、「モノのインターネット」と訳される。ネットを介して情報をやり取りすることで、機器の遠隔操作などが可能になる。

□ **15** 水銀による環境汚染や健康被害の防止のために策定された国際条約とは。

水俣条約

有機水銀中毒により発生した水俣病事件を教訓にしようというメッセージが込められた名称である。

□ **16** 日本が建設した、国際宇宙ステーション(ISS)の一部をなす有人実験棟の名称は。

きぼう

実験室内は地球上とほぼ同じ1気圧に保たれており、宇宙服なしで生活できる。4名までの宇宙飛行士が長期間滞在可能。

□ **17** 科学的・文化的に重要とされる地層・地形などの地質遺産を含む自然公園を何という。

ジオパーク

国内に40を超えるジオパークがあり、洞爺湖有珠山、アポイ岳、糸魚川、隠岐、山陰海岸、室戸、島原半島、阿蘇、伊豆半島の9地域が世界ジオパークに認定されている。

□ **18** 廃棄木材、食品廃棄物、家畜排せつ物などの有機物資源を原・燃料とした発電方法とは。

バイオマス発電

廃棄物の減少や再利用が促進され、循環型社会の構築に寄与するとされ、2009年には「バイオマス活用推進基本法」も制定。

□ **19** パラジウム・ニッケル・コバルト・チタンなど産出量や流通量が少ない金属の総称とは。

レアメタル(希少金属)

電子機器など高付加価値・高機能製品の製造に必須の素材とされており、安定的な供給が望まれている。

□ **20** レアメタルの一種で、モーターや研磨剤、レーザーなどの生産に不可欠な17元素の総称とは。

レアアース(希土類元素)

大半を中国からの輸入に依存しているため、調達先の多様化が急がれている。

第1章 最新時事

第2章 国語

第3章 教養・スポーツ

第4章 英語

第5章 社会

第6章 数学

第7章 理科

第8章 仕事・業界

次の問いに答えなさい。

問題	解答と解説

☐ **1** 2020年に3000万本以上売れた、Nintendo Switch用のソフトとは。

あつまれ どうぶつの森
アバターを操作して無人島生活を楽しむ。巣ごもり需要もあって、世界的に大ヒットを記録した。

☐ **2** 劇場版「鬼滅の刃」無限列車編の主題歌「炎」で2020年レコード大賞を受賞した歌手は。

LiSA
TVアニメ「鬼滅の刃」のオープニングテーマ「紅蓮華」なども大ヒット。

☐ **3** 2020年の第77回ベネチア国際映画祭で銀獅子賞を受賞した作品とは。

スパイの妻
監督黒沢清、出演蒼井優、高橋一生ら。同賞受賞は2003年の北野武監督「座頭市」以来。

☐ **4** サッカーで主審の判定を映像で補助する制度を俗に何という。

VAR
ビデオアシスタントレフェリーの略。W杯では2018年のロシア大会から採用された。選手や監督から使用要請することはできない。

☐ **5** TWICE、NiziUらを世に出した韓国のプロデューサーとは。

J.Y.Park
JYP Entertainment 設立者で、シンガーソングライター。NiziUを生んだオーディション番組「Nizi Project(虹プロ)」で審査を務め、話題に。

☐ **6** テント設営などの手間いらずでキャンプを楽しむことを何という。

グランピング
「glamourous(グラマラス・魅力的な)」+「camping(キャンピング)」の造語。宿泊施設や食材などが準備されており、手軽に自然を楽しむことができる。

重要 ☐ **7** 2020年にユネスコの無形文化遺産に登録されることが決定した木造建築に関わる技術を何という。

工匠の技
「茅採取(かやさいしゅ)」「縁付金箔製造」「左官」など17の伝統建築技術が対象となった。日本の無形文化遺産登録は「能楽」や「歌舞伎」、「和食」などに続き22件目。

☐ **8** 2020年に大関に昇進した力士は、誰と誰。

朝之山と正代
朝乃山英樹は富山県出身、高砂部屋。富山県出身力士の大関昇進は111年ぶり。正代直也は熊本県出身、時津風部屋。東京農大出身。

☐ **9** アイヌの文化復興等に関するナショナルセンター「民族共生象徴空間」の愛称は。

ウポポイ
2020年、北海道白老町に開業。国立アイヌ民族博物館、国立民族共生公園、慰霊施設の3つで構成されている。

最新時事6 文化・スポーツ

	問題	解答と解説

□ **10** クールジャパンの拠点として出版大手のKADOKAWAと所沢市が共同開発したコンテンツモールとは。

ところざわサクラタウン
2020年埼玉県所沢市にオープン。約4万㎡の敷地内に角川武蔵野ミュージアムほかイベント・オフィススペース、ホテル、レストラン、書店、神社などがある。

重要 □ **11** 一定料金を支払えば、期間中、何度でも商品やサービスを利用できるビジネスモデルを俗に何という。

サブスクリプション
「サブスク」「定額制(サービス)」などともいう。音楽配信やソフトウェアの利用などで注目され、現在、衣料品や自動車など他分野で導入されている。

□ **12** 小説を原作とした1stシングル「夜に駆ける」が大ヒットした2人組の音楽ユニットは。

YOASOBI(ヨアソビ)
Ayaseとikuraの2人組。「夜に駆ける」は2020年「Billboard Japan Hot 100」年間総合首位を獲得した。YouTubeでは2億回再生を超える。

□ **13** アメリカのプロバスケットボールリーグ(NBA)の2019年ドラフト会議で1巡目指名された日本人選手は。

八村塁
1巡目指名は日本人初。ドラフト後、ワシントン・ウィザーズと契約し、3人目の日本人NBAプレーヤーとなった。ベナン人の父と日本人の母を持つ。

□ **14** 2020年の大相撲春場所で38場所ぶりに登場した、大関が1人以下の時にだけ使われる番付とは。

横綱大関
明治までは大関が最高位だったため、東西の大関が揃わない時も番付上は空位にせず、横綱が大関を兼ねるという意味で「横綱大関」の表記が使われる。

□ **15** 2020年5月に、歌舞伎役者・市川海老蔵が襲名した大名跡とは。

(13代目)市川團十郎(白猿)
江戸、元禄時代から続く大名跡。「白猿」は、5代目も名乗ったもので、「父や祖父の足元にも及ばぬ」という気持ちが込められているという。

重要 □ **16** 大正時代を舞台に鬼と鬼狩りをする人々の姿を描いた、マンガやアニメで人気の作品とは。

鬼滅の刃
吾峠呼世晴原作。マンガは2016年2月から「週刊少年ジャンプ」で連載され、アニメは2019年にテレビ放送、2020年10月には映画が公開され歴代興行収入1位を獲得した。

□ **17** 永世七冠を達成し、国民栄誉賞も受賞した将棋界の第一人者の名前は。

羽生善治(はぶよしはる)
中学生でプロ棋士となり、1989年、当時の最年少記録となる19歳2カ月で初タイトルを取得。1996年、7冠を独占。2017年にはすべての永世称号を制覇した。

第1章 最新時事 / 第2章 国語 / 第3章 教養・スポーツ / 第4章 英語 / 第5章 社会 / 第6章 数学 / 第7章 理科 / 第8章 仕事・業界

☐ **18** 2014年のソチ、2018年の平昌と、2大会連続で金メダルをとった日本のフィギュアスケート選手は。

**羽生結弦
（はにゅうゆづる）**

宮城県出身。冬季オリンピックの個人種目での連覇は日本人初。その栄誉を称え、2018年、国民栄誉賞が贈られている。

☐ **19** 2018年に開幕した、プロを含む日本の卓球リーグの名称とは。

Tリーグ

プレミアリーグは男女各4チームで、各チームは世界トップクラスの選手との契約が義務付けられている。

☐ **20** 世界的にドーピングを防止するために設立された「世界ドーピング防止機構」の略称は。

WADA

「World Anti-Doping Agency」の略。リオ五輪で、ロシアの選手が多数出場禁止となり話題となった。

☐ **21** ユネスコが創設した、後世に伝えるべき文書、絵画、映画などを登録・保護する事業を何という。

**世界記憶遺産
（世界の記憶）**

日本では山本作兵衛の炭鉱記録画・記録文書、藤原道長の「御堂関白記」、シベリア抑留からの引き揚げ記録「舞鶴への生還」などが登録されている。

☐ **22** 「3年ごとの」という意味のイタリア語で、各地で3年に1度催される国際的芸術祭の総称とは。

トリエンナーレ

ミラノの国際美術展が著名で、日本では「さいたまトリエンナーレ」「せとうち国際芸術祭」等がある。ちなみに2年の一度の場合は「ビエンナーレ」という。

☐ **23** その作品群が世界遺産として登録された、スイス出身のフランスの建築家とは。

ル・コルビュジエ

東京上野の「国立西洋美術館」も彼の作品の一つとして、世界遺産に登録されることとなった。

重要☐ **24** リオ五輪で日本テニス界に96年ぶりとなるメダルをもたらした選手とは。

錦織圭（にしこりけい）

数々の大会で優勝、上位入賞を果たしている、世界のトップテニスプレーヤー。

☐ **25** 2020年10月にリリースされ、社会への怒りを込めた衝撃的な歌詞、フレーズが話題となった曲は。

うっせぇわ

女子高生シンガー Adoが注目を集めた。作詞作曲はsyudou。2021年3月にはBillboard Japan Hot 100で総合1位を獲得しYouTubeでの再生数は1億回以上。

重要☐ **26** 他人に対し影響力を持つ人、特に購買行動において強い影響を与える人を何という。

インフルエンサー

近年、企業がインフルエンサーにアプローチして商品の普及を図るインフルエンサー・マーケティングという手法も拡大。やらせやステマにつながるとの批判も。

第2章

難読漢字、漢字の書き取り、四字熟語
定番の知識をチェックしよう

国語

国語 1
難読漢字の読み

次の漢字の読みを答えなさい。

	問題	解答と意味	
□ **1**	泰斗	たいと	その道の大家として、高く評価されている人。大御所。
重要 □ **2**	功徳	くどく	現世・来世に幸福をもたらす善行。
□ **3**	三和土	たたき	玄関、台所などの土間。
□ **4**	欠伸	あくび	口を大きく開いて息を深く吸い込み、吐き出す呼吸運動。
重要 □ **5**	忖度	そんたく	他人の心を推し量ること。
重要 □ **6**	灰汁	あく	植物を焼いた灰を水に浸して得る上澄み液。
□ **7**	杜撰	ずさん	いいかげんで誤りが多いこと。
□ **8**	悪寒	おかん	発熱によって不快な寒気を感じること。
重要 □ **9**	更迭	こうてつ	懲罰のため、ある地位・役目にある人をほかの人と代えること。
□ **10**	転嫁	てんか	自分の罪・責任などをほかになすりつけること。
□ **11**	咄嗟	とっさ	ごくわずかな時間。
重要 □ **12**	言質	げんち	後の証拠となる言葉。
□ **13**	乖離	かいり	背き離れていること。
□ **14**	軋轢	あつれき	仲が悪くなること。
□ **15**	久遠	くおん	永遠。ある事柄がいつまでも続くこと。
□ **16**	冤罪	えんざい	ぬれぎぬ。無実であるのに犯罪者として扱われてしまうこと。
重要 □ **17**	案山子	かかし	田畑などに設置して鳥獣を脅し、その害を防ぐ人形などの仕掛け。
□ **18**	阿吽	あうん	一般に吐く息と吸う息を表す言葉。「阿吽の呼吸」は二人以上の気持ちの一致を指す。
□ **19**	時化	しけ	強風などの悪天候のために海上が荒れること。
□ **20**	凪	なぎ	風が収まって波の穏やかな状態。
□ **21**	耳朶	じだ	耳の下に垂れ下がった柔らかな部分。みみたぶ。
重要 □ **22**	忸怩	じくじ	深く恥じ入ること。
□ **23**	造詣	ぞうけい	その分野についての広く深い知識や理解、優れた技量。

	問題	解答と意味	
	□ **24** 訥弁	とつべん	話し方が滑らかでなく、言いたいことを表現できないこと。
重要	□ **25** 漸次	ぜんじ	次第に。だんだん。徐々に。「暫時」との誤用に注意。
	□ **26** 暫時	ざんじ	少しの間。しばらく。「漸次」との誤用に注意。
重要	□ **27** 辟易	へきえき	ひどく迷惑して、うんざりすること。嫌気がさすこと。
	□ **28** 脆弱	ぜいじゃく	もろくて弱いこと。また、そのさま。
	□ **29** 逼迫	ひっぱく	行き詰まって余裕のなくなること。事態が差し迫ること。
重要	□ **30** 払拭	ふっしょく	すっかり取り除くこと。
	□ **31** 紛糾	ふんきゅう	意見や主張などが対立してもつれること。ごたごた。
重要	□ **32** 市井	しせい	人が多く集まり住む所。まち。
	□ **33** 松明	たいまつ	照明として使うために、手で持つ火のついた木切れなど。
	□ **34** 放蕩	ほうとう	思うままに振る舞うこと。特に、酒や女遊びにふけること。
重要	□ **35** 罹災	りさい	地震・火事などの災害に遭うこと。被災。
	□ **36** 就中	なかんずく	その中でも。とりわけ。
	□ **37** 姑息	こそく	一時の間に合わせにすること。一時逃れ。その場しのぎ。
	□ **38** 犇めく	ひし(めく)	大勢の人が隙間なく集まる。押し合って騒ぎ立てる。
重要	□ **39** 熨斗	のし	慶事における進物(しんもつ)や贈答品に添える飾り。
	□ **40** 黄昏	たそがれ	日暮れ時。夕方の薄暗い時。
	□ **41** 野点	のだて	屋外で茶または抹茶をいれて楽しむ茶会のこと。
	□ **42** 虫酸	むしず	むかついたときなどに胃から口に出てくる酸っぱい液。「虫酸が走る」は、胸がむかむかするほど不快である。
	□ **43** 相殺	そうさい	貸し借り、損得など、相反するものが互いに差し引きして帳消しになること。
	□ **44** 誰何	すいか	相手が何者か分からないときに、呼び止めて問いただすこと。
	□ **45** 胡座	あぐら	両足を組んで座ること。また、その座り方。
	□ **46** 涎	よだれ	無意識に口の外に流れ出た唾液。
	□ **47** 帷子	かたびら	裏を付けない衣服の総称。夏に着るひとえの着物。
	□ **48** 迂闊	うかつ	うっかりして心の行き届かないこと。

第1章　最新時事
第2章　国語
第3章　教養・スポーツ
第4章　英語
第5章　社会
第6章　数学
第7章　理科
第8章　仕事・業界

次の漢字の読みを答えなさい。

	問題	解答と意味	
□ 49	卓袱台	ちゃぶだい	和室などで床に座って用いる足の短い木製の食卓。
□ 50	提灯	ちょうちん	照明器具。内部に明かりを灯し、紙などの風防を通して周囲を照らす。
□ 51	許嫁	いいなずけ	結婚の約束をした相手。婚約者。
重要 □ 52	蚊帳	かや	蚊などの害虫を防ぐため寝床を覆う網。
□ 53	木偶	でく	木彫りの人形。また、人形。役に立たない人。「木偶の坊」。
□ 54	洒落	しゃれ	垢抜けていること、気の利いていること。
重要 □ 55	塩梅	あんばい	料理の味加減。物事や身体の具合、様子。
□ 56	木乃伊	みいら	人為的加工や自然条件によって乾燥することで、長期間原形をとどめている死体。
□ 57	老舗	しにせ	長い歴史を持ち、伝統的に事業を行っている店や企業。
□ 58	形相	ぎょうそう	顔つき。特に怒りなど激しい感情の表れた顔つき。
□ 59	辛辣	しんらつ	発言や批評の手厳しいこと。「辛辣な風刺」。
重要 □ 60	瓦解	がかい	一部の乱れなどによって全体が壊れること。
□ 61	蘊蓄	うんちく	蓄えた深い学問や知識。「蘊蓄を傾ける」。
□ 62	長閑	のどか	静かでのんびりとして、落ちついている様子。
□ 63	捏造	ねつぞう	事実でないことを事実のようにでっち上げること。
重要 □ 64	曖昧	あいまい	物事や態度がはっきりしないこと。
□ 65	胡散	うさん	怪しいさま。不審な様子。
□ 66	回向	えこう	善根の功徳をほかにも差し向け、自他ともに悟りを得るための助けとすること。
□ 67	固唾	かたず	緊張したときなどに口にたまる唾。「固唾をのむ」。
□ 68	凋落	ちょうらく	花や葉がしぼんで落ちること。おちぶれること。
□ 69	寡聞	かぶん	見聞が狭く浅いことを謙遜して言うときに使う。「寡聞にして存じません」。
□ 70	快哉	かいさい	大いに愉快だと思うこと。「快哉を叫ぶ」。
□ 71	灰燼	かいじん	灰や燃え殻。建物などが燃えて跡形もないこと。「建物が灰燼に帰した」。
□ 72	采配	さいはい	戦場で軍勢を率いる際に用いた指揮具。「采配を取る」「采配を振る」。
□ 73	教唆	きょうさ	ある事柄を起こすようにそそのかすこと。

	問題	解答と意味	
	□ 74 粗忽	そこつ	軽はずみなこと。そそっかしいこと。軽率。
重要	□ 75 境内	けいだい	神社・寺院などの宗教施設が占有している土地。
	□ 76 梃子	てこ	大きなものを少ない力で動かすことができる固い棒状のもの。「梃子の原理」。
	□ 77 拿捕	だほ	軍艦などが他国の船舶などを捕らえて支配下におくこと。
	□ 78 名刹	めいさつ	有名な寺。「京都の名刹」。
重要	□ 79 間隙	かんげき	物と物の間。人間関係の隔たり。
	□ 80 奢侈	しゃし	度を過ぎてぜいたくなこと。「奢侈に流れる」。
	□ 81 数珠	じゅず	数多くの玉を糸で貫いて輪形にした仏具。
	□ 82 行脚	あんぎゃ	仏道修行のため僧侶が諸国を歩き回ること。
	□ 83 斟酌	しんしゃく	相手の事情や心情をくみ取り、手加減すること。「採点に斟酌を加える」。
	□ 84 仄聞	そくぶん	少し耳に入ること。噂などで聞くこと。「仄聞したところでは」。
	□ 85 鳩尾	みぞおち	人間の腹の上方中央にあるくぼんだ部位。
	□ 86 捗る	はかど(る)	仕事などが順調に進む。「勉強が捗る」。
重要	□ 87 従容	しょうよう	ゆったりと落ち着いているさま。悠然としていること。
重要	□ 88 好事家	こうずか	変わったことに興味を持つ物好きな人。風流を好む人。
	□ 89 絢爛	けんらん	華やかで美しくきらびやかなさま。
重要	□ 90 領袖	りょうしゅう	ある組織を率いるリーダー。「派閥の領袖」。
	□ 91 流布	るふ	世に広まること。「妙な噂が流布している」。
重要	□ 92 侮る	あなど(る)	ばかにする。人を軽くみて見下す。
	□ 93 法被	はっぴ	和服の上着の一種で、現代でも祭りなどで着用される。
	□ 94 綻ぶ	ほころ(ぶ)	縫い目がほどける。蕾が少し開く。笑顔になる。
	□ 95 兵糧	ひょうろう	軍隊が戦っているときの食糧。「兵糧が尽きる」「兵糧攻め」。
	□ 96 閉塞	へいそく	通路や出入り口が閉じてふさがれること。「腸閉塞」。
	□ 97 躍起	やっき	焦ること、むきになること。「躍起になって」。
	□ 98 含蓄	がんちく	深い意味を持っていること。「含蓄に富んでいる」。

第1章　最新時事
第2章　国語
第3章　教養・スポーツ
第4章　英語
第5章　社会
第6章　数学
第7章　理科
第8章　仕事・業界

難読漢字の読み［動物編］ 次の動物を表す漢字の読みを答えなさい。

問題		解答	問題		解答
□ 1	海月	くらげ	□ 25	椋鳥	むくどり
□ 2	海星	ひとで	□ 26	雲雀	ひばり
□ 3	海豚	いるか	□ 27	百舌	もず
重要 □ 4	海豹	あざらし	□ 28	金糸雀	かなりあ
□ 5	海象	せいうち	□ 29	翡翠	かわせみ
□ 6	海鼠	なまこ	□ 30	啄木鳥	きつつき
重要 □ 7	烏賊	いか	□ 31	不如帰	ほととぎす
□ 8	蛸	たこ	□ 32	鷗	かもめ
□ 9	栄螺	さざえ	□ 33	信天翁	あほうどり
□ 10	牡蠣	かき	□ 34	鸚鵡	おうむ
重要 □ 11	秋刀魚	さんま	□ 35	梟	ふくろう
□ 12	柳葉魚	ししゃも	重要 □ 36	朱鷺	とき
重要 □ 13	鱈	たら	□ 37	鴛鴦	おしどり
重要 □ 14	河豚	ふぐ	□ 38	鵞鳥	がちょう
□ 15	岩魚	いわな	□ 39	家鴨	あひる
□ 16	泥鰌	どじょう	重要 □ 40	軍鶏	しゃも
□ 17	田螺	たにし	□ 41	蝙蝠	こうもり
□ 18	蝸牛	かたつむり	□ 42	栗鼠	りす
□ 19	蝦蟇	がま	□ 43	土竜	もぐら
□ 20	蜥蜴	とかげ	□ 44	貂	てん
□ 21	蟷螂	かまきり	□ 45	狢	むじな
□ 22	蜘蛛	くも	□ 46	駱駝	らくだ
□ 23	蝗	いなご	□ 47	氈鹿	かもしか
□ 24	虱	しらみ	□ 48	河馬	かば

難読漢字の読み［植物編］ 次の植物を表す漢字の読みを答えなさい。

問題		解答	問題		解答
□ 1	山茶花	さざんか	□ 12	万年青	おもと
□ 2	百日紅	さるすべり	□ 13	浜木綿	はまゆう
□ 3	合歓木	ねむのき	□ 14	石榴	ざくろ
□ 4	躑躅	つつじ	□ 15	無花果	いちじく
□ 5	沈丁花	じんちょうげ	□ 16	銀杏	ぎんなん
□ 6	梔子	くちなし	重要 □ 17	小豆	あずき
重要 □ 7	紫陽花	あじさい	□ 18	玉蜀黍	とうもろこし
□ 8	向日葵	ひまわり	□ 19	大蒜	にんにく
重要 □ 9	蒲公英	たんぽぽ	重要 □ 20	牛蒡	ごぼう
□ 10	土筆	つくし	□ 21	蒟蒻	こんにゃく
□ 11	羊歯	しだ	□ 22	鹿尾菜	ひじき

難読漢字の読み［国名・地名編］ 次の地名や国名を表す漢字の読みを答えなさい。

問題		解答	問題		解答
□ 1	欧羅巴	ヨーロッパ	□ 12	比律賓	フィリピン
□ 2	亜細亜	アジア	□ 13	倫敦	ロンドン
□ 3	露西亜	ロシア	□ 14	巴里	パリ
□ 4	蒙古	モンゴル	□ 15	羅馬	ローマ
□ 5	伊蘭	イラン	□ 16	維納	ウィーン
□ 6	土耳古	トルコ	□ 17	布哇	ハワイ
□ 7	伊太利	イタリア	□ 18	聖林	ハリウッド
□ 8	仏蘭西	フランス	□ 19	弘前	ひろさき
□ 9	西班牙	スペイン	□ 20	八戸	はちのへ
□ 10	瑞西	スイス	□ 21	太秦	うずまさ
□ 11	加奈陀	カナダ	重要 □ 22	小豆島	しょうどしま

第1章 最新時事／第2章 国語／第3章 教養・スポーツ／第4章 英語／第5章 社会／第6章 数学／第7章 理科／第8章 仕事・業界

次の漢字の読みを答えなさい。

問題		解答
□ 1	希有	けう
重要 □ 2	斡旋	あっせん
□ 3	趣	おもむき
□ 4	深紅	しんく
□ 5	次第	しだい
□ 6	成就	じょうじゅ
□ 7	捺印	なついん
□ 8	安直	あんちょく
□ 9	類似	るいじ
□ 10	拾得	しゅうとく
□ 11	遊説	ゆうぜい
重要 □ 12	追随	ついずい
□ 13	危惧	きぐ
□ 14	絶滅	ぜつめつ
重要 □ 15	遂行	すいこう
□ 16	反応	はんのう
□ 17	強情	ごうじょう
□ 18	知己	ちき
□ 19	解毒	げどく
□ 20	工面	くめん
□ 21	戯曲	ぎきょく
□ 22	収穫	しゅうかく
□ 23	嫌悪	けんお

問題		解答
□ 24	興亡	こうぼう
□ 25	詭弁	きべん
□ 26	重宝	ちょうほう
□ 27	口調	くちょう
□ 28	安穏	あんのん
□ 29	機嫌	きげん
□ 30	残滓	ざんし
重要 □ 31	応酬	おうしゅう
□ 32	土産	みやげ
□ 33	繁殖	はんしょく
重要 □ 34	捻出	ねんしゅつ
□ 35	斬新	ざんしん
□ 36	漏洩	ろうえい
□ 37	息吹	いぶき
□ 38	合点	がてん
□ 39	完遂	かんすい
□ 40	歪曲	わいきょく
重要 □ 41	虚構	きょこう
□ 42	警鐘	けいしょう
□ 43	破綻	はたん
□ 44	熾烈	しれつ
□ 45	無聊	ぶりょう
□ 46	矍鑠	かくしゃく

漢字の読み [食べ物編] 次の食べ物を表す漢字の読みを答えなさい。

問題	解答	問題	解答
□ 1 胡瓜	きゅうり	□ 13 檸檬	れもん
□ 2 羊羹	ようかん	□ 14 葡萄	ぶどう
重要 □ 3 山葵	わさび	□ 15 桜桃	さくらんぼ
□ 4 南瓜	かぼちゃ	□ 16 棗	なつめ
□ 5 西瓜	すいか	□ 17 柚子	ゆず
□ 6 玉葱	たまねぎ	□ 18 椎茸	しいたけ
□ 7 蕪	かぶ	□ 19 蕎麦	そば
□ 8 生姜	しょうが	□ 20 蒲鉾	かまぼこ
□ 9 馬鈴薯	ばれいしょ	□ 21 心太	ところてん
□ 10 胡桃	くるみ	□ 22 焼売	しゅうまい
□ 11 蜜柑	みかん	□ 23 餡	あん
□ 12 木耳	きくらげ	□ 24 茄子	なす

漢字の読み [地名編] 次の地名を表す漢字の読みを答えなさい。

問題	解答	問題	解答
□ 1 犬吠埼	いぬぼうさき	□ 11 石神井	しゃくじい
重要 □ 2 安曇野	あずみの	□ 12 酒々井	しすい
□ 3 留萌	るもい	□ 13 十三	じゅうそう
□ 4 長万部	おしゃまんべ	□ 14 我孫子	あびこ
□ 5 東雲	しののめ	□ 15 日暮里	にっぽり
□ 6 吹田	すいた	□ 16 等々力	とどろき
□ 7 壬生	みぶ	□ 17 放出	はなてん
□ 8 木挽町	こびきちょう	□ 18 八街	やちまた
□ 9 狸穴	まみあな	□ 19 常滑	とこなめ
□ 10 御徒町	おかちまち	□ 20 福生	ふっさ

第1章 最新時事

第2章 国語

第3章 教養・スポーツ

第4章 英語

第5章 社会

第6章 数学

第7章 理科

第8章 仕事・業界

漢字の読み［季節編］ 次の季節を表す漢字の読みを答えなさい。

問題		解答		問題		解答
重要 □ 1	雪崩	なだれ		□ 12	野分	のわき
□ 2	五月雨	さみだれ		□ 13	厳冬	げんとう
□ 3	梅雨寒	つゆざむ	重要	□ 14	時雨	しぐれ
□ 4	鰯雲	いわしぐも		□ 15	朧月	おぼろづき
□ 5	陽炎	かげろう		□ 16	大寒波	だいかんぱ
□ 6	閏年	うるうどし		□ 17	千秋楽	せんしゅうらく
□ 7	空蝉	うつせみ		□ 18	東風	こち
□ 8	氷柱	つらら		□ 19	霜降	そうこう
□ 9	秋霖	しゅうりん		□ 20	稲妻	いなずま
□ 10	蜃気楼	しんきろう		□ 21	牽牛	けんぎゅう
□ 11	入梅	にゅうばい		□ 22	織女	しょくじょ

漢字の読み［覚えておきたい漢字］ 次の漢字の読みを答えなさい。

問題		解答		問題		解答
□ 1	遍く	あまねく		□ 12	生粋	きっすい
□ 2	予め	あらかじめ		□ 13	暖簾	のれん
□ 3	須く	すべからく		□ 14	辛酸	しんさん
□ 4	燻る	くすぶる		□ 15	山車	だし
□ 5	疎い	うとい		□ 16	祝詞	のりと
□ 6	傾ぐ	かしぐ		□ 17	挨拶	あいさつ
□ 7	罵る	ののしる	重要	□ 18	抗う	あらがう
□ 8	育む	はぐくむ		□ 19	横柄	おうへい
重要 □ 9	拙い	つたない		□ 20	折半	せっぱん
□ 10	芳しい	かんばしい		□ 21	妥当	だとう
□ 11	渦中	かちゅう		□ 22	麓	ふもと

難読漢字の読み［地酒編］ 次のお酒の名称を答えなさい。

問題		解答	問題		解答
□ 1	墨廼江	すみのえ	□ 12	弥久	びきゅう
□ 2	乾坤一	けんこんいち	□ 13	醴泉	れいせん
□ 3	磐梯山	ばんだいさん	□ 14	八咫烏	やたがらす
□ 4	惣邑	そうむら	□ 15	猩々	しょうじょう
□ 5	轍	わだち	□ 16	坤滴	こんてき
□ 6	鴻山	こうざん	□ 17	奥播磨	おくはりま
□ 7	仙禽	せんきん	□ 18	澪標	みおつくし
□ 8	初戎	はつえびす	□ 19	箙	えびら
□ 9	高麗王	こまおう	□ 20	隠岐誉	おきほまれ
□ 10	屋守	おくのかみ	□ 21	獺祭	だっさい
□ 11	巌	いわお	□ 22	独楽蔵	こまぐら

難読漢字の読み［料理編］ 次の料理を表す漢字の読みを答えなさい。

問題		解答	問題		解答
□ 1	醪酢	もろみす	□ 12	雲呑	わんたん
□ 2	半平	はんぺん	□ 13	麪包	パン
□ 3	沈菜	きむち	□ 14	粽	ちまき
□ 4	切蒲英	きりたんぽ	□ 15	凍豆腐	こうやどうふ
□ 5	雪花菜	おから	□ 16	糟糠汁	そうこじる
□ 6	葱鮪	ねぎま	□ 17	飫肥天	おびてん
□ 7	鱓	ごまめ	□ 18	豆腐餻	とうふよう
□ 8	雁擬	がんもどき	□ 19	含多湯	がたたん
□ 9	海鼠腸	このわた	□ 20	温麺	うーめん
□ 10	鱲	からすみ	□ 21	鮟鱇鍋	あんこうなべ
□ 11	燻牛肉	コンビーフ	□ 22	餺飥	ほうとう

第1章 最新時事
第2章 国語
第3章 教養・スポーツ
第4章 英語
第5章 社会
第6章 数学
第7章 理科
第8章 仕事・業界

漢字の読み [訓読み] 次の太字の読みを答えなさい。

問題		解答
重要 □ 1	雨の日は出掛けるのが**煩わしい**。	わずらわしい
□ 2	傾斜は**緩やか**だった。	ゆるやか
□ 3	自分の信念を**貫く**。	つらぬく
□ 4	電車に乗り遅れそうで**慌てる**。	あわてる
□ 5	展望台から景色を**眺める**。	ながめる
□ 6	シルクのように**滑らか**な肌。	なめらかな
□ 7	巧みな言葉で人を**操る**。	あやつる
□ 8	電話口で他人を**装う**。	よそおう
□ 9	霧が視界を**遮る**。	さえぎる
重要 □ 10	先手を打って敵を**欺く**。	あざむく
□ 11	二度の失敗で**懲りた**。	こりた
□ 12	天と地を**隔てる**水平線。	へだてる
□ 13	**瞬く**間の出来事だった。	またたく
□ 14	反逆者は**葬り**去られた。	ほうむり
□ 15	一生をかけて罪を**償う**。	つぐなう
□ 16	語学力を**培う**ために留学する。	つちかう
□ 17	過去の思い出に**浸る**。	ひたる
□ 18	**怪しい**男が潜んでいる。	あやしい
□ 19	**麗しい**女性に出会う。	うるわしい
□ 20	**甚だしい**勘違い。	はなはだしい
□ 21	一芸に**秀でる**。	ひいでる
重要 □ 22	失意のどん底に**陥る**。	おちいる
□ 23	議長が発言を**促す**。	うながす
□ 24	ほころびた服を**繕う**。	つくろう

漢字の読み［選択］太字の読みが正しい方を選びなさい。

	問題		解答
□ 1	身を**粉**にする。	A.身を**こ**にする。 B.身を**こな**にする。	A こ
□ 2	職人**気質**らしい。	A.職人**かたぎ**らしい。 B.職人**きしつ**らしい。	A かたぎ
□ 3	**金**細工が美しい。	A.**かね**細工が美しい。 B.**きん**細工が美しい。	B きん
□ 4	**背筋**を伸ばす。	A.**はいきん**を伸ばす。 B.**せすじ**を伸ばす。	B せすじ
重要 □ 5	**入魂**の仲になる。	A.**じっこん**の仲になる。 B.**にゅうこん**の仲になる。	A じっこん
□ 6	**大人気**がない行為。	A.**だいにんき**がない行為。 B.**おとなげ**がない行為。	B おとなげ
□ 7	**生物**は傷みやすい。	A.**せいぶつ**は傷みやすい。 B.**なまもの**は傷みやすい。	B なまもの
□ 8	自動車の**自重**。	A.自動車の**じちょう**。 B.自動車の**じじゅう**。	B じじゅう
重要 □ 9	僧が貧民に**施行**する。	A.僧が貧民に**せぎょう**する。 B.僧が貧民に**しこう**する。	A せぎょう
□ 10	**裸身**の刀剣。	A.**らしん**の刀剣。 B.**はだかみ**の刀剣。	B はだかみ
□ 11	**有為**な若者だ。	A.**ゆうい**な若者だ。 B.**うい**な若者だ。	A ゆうい
□ 12	**気骨**が折れる仕事。	A.**きこつ**が折れる仕事。 B.**きぼね**が折れる仕事。	B きぼね
□ 13	見たままを**直筆**する。	A.見たままを**ちょくひつ**する。 B.見たままを**じきひつ**する。	A ちょくひつ

漢字の書き取り

次の文章のカタカナ(太字)部分を漢字に直しなさい。

問題		解答
□ 1	球場は満員の**カンシュウ**でいっぱいだった。	観衆
□ 2	**コウセイ**に名を残す。	後世
□ 3	被災地への**キュウエン**物資が届いた。	救援
□ 4	企業は優秀な人材を**カツボウ**している。	渇望
□ 5	事件の**シンソウ**を解明する。	真相
□ 6	**キビ**しい表情で話している。	厳
□ 7	彼女の**シセン**を気にする。	視線
□ 8	問題を解くのは**ヨウイ**だ。	容易
□ 9	新入社員の企画書を読む**キカイ**がある。	機会
□ 10	車で日本列島を**ジュウダン**する。	縦断
□ 11	試合結果を**ヨソク**する。	予測
□ 12	明日の日本を**ニナ**う若者たち。	担
□ 13	船は横浜港に**キコウ**する予定だ。	寄港
□ 14	旅の**キコウ**文を書く。	紀行
□ 15	予防ワクチンを**チュウシャ**された。	注射
□ 16	彼はいつも**ヒニク**な物言いをする。	皮肉
□ 17	彼女はいつも**ヨウキ**だ。	陽気
□ 18	**シュノウ**会談が行われた。	首脳
重要 □ 19	**サイシン**の注意を払う。	細心
□ 20	**カイダン**を上って屋上に行く。	階段
重要 □ 21	**サゲス**むような目つきで見る。	蔑
□ 22	家族と**ドウキョ**している。	同居
□ 23	危険な場所から**タイサン**する。	退散

問題		解答
□ 24	彼女は手先が**キヨウ**だ。	器用
□ 25	仕事の**イッサイ**を取り仕切る。	一切
□ 26	それは私の**ゴカイ**かもしれない。	誤解
□ 27	彼は**テンケイ**的なエリートだ。	典型
□ 28	面接官の質問に思わず**ゼック**した。	絶句
□ 29	自動車産業は日本の**キカン**産業だ。	基幹
□ 30	**セキネン**の願いがかなった。	積年
重要 □ 31	彼は**オンコウ**な性格で知られている。	温厚
□ 32	**ジュヨウ**と供給のバランスが取れている。	需要
□ 33	真理を**ツイキュウ**する。	追究
□ 34	**コクモツ**の国内自給率が高い。	穀物
□ 35	結果も大事だが、**カテイ**はもっと重要だ。	過程
□ 36	彼は多くの**コウセキ**を残した。	功績
□ 37	いつも**シセイ**に気を付けなさい。	姿勢
□ 38	**ナットク**できるまで質問を繰り返す。	納得
□ 39	液体が**ジョウハツ**する。	蒸発
□ 40	**シンコク**な事態が続いている。	深刻
重要 □ 41	兄弟なのに二人は**タイショウ**的な性格だ。	対照
□ 42	文章は**カンケツ**に書くべきだ。	簡潔
□ 43	**ドクトク**の色使いで有名な画家。	独特
□ 44	患者を**カンビョウ**する。	看病
□ 45	この書類に**ショメイ**してください。	署名
□ 46	春になってから体の**グアイ**がいい。	具合
□ 47	車にガソリンを**ホキュウ**する。	補給
□ 48	彼のわがままには**ヘイコウ**している。	閉口

第1章 最新時事
第2章 国語
第3章 教養・スポーツ
第4章 英語
第5章 社会
第6章 数学
第7章 理科
第8章 仕事・業界

次の文章のカタカナ（太字）部分を漢字に直しなさい。

問題		解答
□ 49	**メンミツ**な計画を立てる。	綿密
□ 50	出題者の**イト**を読み取る。	意図
重要 □ 51	これが彼の**カイシン**の作だ。	会心
□ 52	**カイテキ**な暮らし。	快適
□ 53	被災地の**フッキュウ**工事は順調に進んでいる。	復旧
重要 □ 54	目上の人に**エシャク**する。	会釈
□ 55	家電製品の**ホショウ**書を見る。	保証
□ 56	後輩に**テキカク**な助言をする。	的確
□ 57	命令が出るまで**タイキ**する。	待機
□ 58	頼みを**ムゾウサ**に引き受ける。	無造作
□ 59	民族**コユウ**の文化に興味がある。	固有
重要 □ 60	ありがたいお話を**ウケタマワ**る。	承
□ 61	心臓の**イショク**手術をした。	移植
□ 62	教師の**シメイ**を果たす。	使命
□ 63	勝利を**カクシン**する。	確信
□ 64	父の**カタミ**の万年筆を使う。	形見
□ 65	**ホケツ**の選手から練習を始める。	補欠
□ 66	相手の**イコウ**を確かめる。	意向
重要 □ 67	**カンペキ**に覚えた。	完璧
□ 68	計画を**ケッコウ**する。	決行
□ 69	大統領は経済の混乱を**シュウシュウ**した。	収拾
□ 70	彼には**ドキョウ**がある。	度胸
□ 71	宇宙は**シンピ**的だ。	神秘
□ 72	**キンセイ**の取れた肉体美に憧れる。	均整
□ 73	選挙の敗北は**ヒッシ**だ。	必至

問題　　　　　　　　　　　　　　　　　　　　　解答

重要 □ **74** 自然の恵みを**キョウジュ**する。　　享受

□ **75** お**ヒガン**に墓参りをする。　　彼岸

□ **76** あなたの目は**フシアナ**か。　　節穴

重要 □ **77** **テイサイ**を整える。　　体裁

□ **78** ウイルスに**カンセン**する。　　感染

□ **79** **ムフンベツ**な振る舞いを叱る。　　無分別

□ **80** 暴君の**ハクガイ**に耐える。　　迫害

□ **81** 石油を**セイセイ**する。　　精製

□ **82** 生地を**サイダン**する。　　裁断

□ **83** 正直に**コクハク**する。　　告白

□ **84** **ソザイ**の品質が製品の性能を決める。　　素材

□ **85** 神社に**サンパイ**する。　　参拝

重要 □ **86** この国の**イシズエ**を築く。　　礎

□ **87** 彼女は遅刻の**ジョウシュウ**者だ。　　常習

□ **88** 先輩の意見に**キョウメイ**する。　　共鳴

□ **89** **ゴンゴ**道断な振る舞い。　　言語

□ **90** 副社長が社内を**ギュウジ**っている。　　牛耳

□ **91** 勉強しない人間は**タイセイ**しない。　　大成

□ **92** 寺社を**ハイカン**する。　　拝観

□ **93** 陶器の破片が**ヒサン**した。　　飛散

重要 □ **94** けんかを**チュウサイ**する。　　仲裁

□ **95** **キテン**を利かせて対処する。　　機転

重要 □ **96** 保守よりも**カクシン**を支持する。　　革新

□ **97** 立ち入らないように**カンコク**された。　　勧告

□ **98** その規格が世界**ヒョウジュン**だ。　　標準

第1章　最新時事
第2章　国語
第3章　教養・スポーツ
第4章　英語
第5章　社会
第6章　数学
第7章　理科
第8章　仕事・業界

□にあてはまる漢字を入れて四字熟語を完成させなさい。

	問題	解答と意味	

重要 □ **1** 虚心□懐　坦 きょしんたんかい　なんのわだかまりも持たず、気持ちがさっぱりしていること。

□ **2** 無病□災　息 むびょうそくさい　病気がなく、健康なこと。

□ **3** 文人墨□　客 ぶんじんぼっかく　詩文など、風流の道に親しむ人。

□ **4** 付和雷□　同 ふわらいどう　自分に主張がなく、むやみに他人の意見に同調すること。

□ **5** 不撓不□　屈 ふとうふくつ　どんな困難にもたじろがないこと。

□ **6** 不□要領　得 ふとくようりょう　あいまいで、要領を得ないこと。

□ **7** 白砂□松　青 はくしゃせいしょう　白い砂浜と青い松林のある美しい海岸風景。

□ **8** 怒髪衝□　天 どはつしょうてん　怒り狂って髪が逆立ったすさまじい形相。

□ **9** 独断専□　行 どくだんせんこう　自分だけの判断で勝手に行動すること。

重要 □ **10** 八面六□　臂 はちめんろっぴ　あらゆる方面で目覚ましい活躍をするさま。

□ **11** 東奔□走　西 とうほんせいそう　目的を遂げるために、忙しく動き回ること。

□ **12** 同□異夢　床 どうしょういむ　同じ立場の仲間同士でも考え方や目標が違うこと。

□ **13** □意即妙　当 とういそくみょう　その場に合った素早い機転。

□ **14** 電□石火　光 でんこうせっか　とても素早い動作、出来事。

重要 □ **15** 一騎□千　当 いっきとうせん　人並み外れた能力があること。

□ **16** □衣無縫　天 てんいむほう　飾り気がなく無邪気なこと。

□ **17** 沈□黙考　思 ちんしもっこう　黙り、落ち着いて深く考えること。

□ **18** 痛快無□　比 つうかいむひ　胸がすかっとして愉快なこと。

□ **19** □令暮改　朝 ちょうれいぼかい　方針などが一貫せずしょっちゅう変わること。

□ **20** 遅疑逡□　巡 ちぎしゅんじゅん　疑い迷ってためらい、尻込みすること。

□ **21** 単□直入　刀 たんとうちょくにゅう　直ちに本題に入ること。

□ **22** 他□本願　力 たりきほんがん　他人の力に頼って物事をなすこと。

重要 □ **23** 阿□叫喚　鼻 あびきょうかん　たくさんの人が悲惨な状況に泣き叫び救いを求めること。

問題	解答と意味	
□ 24	泰然□若	**自** たいぜんじじゃく	少しも動じず、慌てず、落ち着いているさま。
□ 25	大胆□敵	**不** だいたんふてき	度胸が据わっていて、恐れ動じないこと。
□ 26	大所□所	**高** たいしょこうしょ	小さなことにこだわらない、大きな視野。
□ 27	大□晩成	**器** たいきばんせい	大人物は、普通の人より遅くに大成する。
□ 28	率□垂範	**先** そっせんすいはん	人に先立って実行し、模範を示すこと。
重要 □ 29	□顔無恥	**厚** こうがんむち	あつかましくて恥知らずなこと。
□ 30	□歯扼腕	**切** せっしゃくわん	激しく憤ったり、残念がったりするさま。
□ 31	先見之□	**明** せんけんのめい	将来どうなるかを見抜く眼力・見識。
□ 32	□磋琢磨	**切** せっさたくま	仲間同士が互いに励まし合って磨き合うこと。
重要 □ 33	□載一遇	**千** せんざいいちぐう	千年に一度巡り合うほどの、またとない機会。
□ 34	清廉潔□	**白** せいれんけっぱく	清らかで、私欲、不正がないこと。
重要 □ 35	青天□日	**白** せいてんはくじつ	青空に太陽が輝くこと。疑いが晴れて無罪になること。
□ 36	酔□夢死	**生** すいせいむし	有意義なことをしないで、無意味に一生を終えること。
□ 37	□眼朦朧	**酔** すいがんもうろう	酒に酔って、物がはっきりと見えないこと。
□ 38	森羅□象	**万** しんらばんしょう	宇宙に存在する、ありとあらゆる事物や現象。
□ 39	□体髪膚	**身** しんたいはっぷ	身体や髪や皮膚、人間の体全体のこと。
重要 □ 40	□心伝心	**以** いしんでんしん	言わなくても心と心が通じ合うこと。
□ 41	人跡□踏	**未** じんせきみとう	今までに人間が足を踏み入れた形跡がない土地のこと。
□ 42	針□棒大	**小** しんしょうぼうだい	物事を大げさに言うこと。
□ 43	質□剛健	**実** しつじつごうけん	飾り気や派手さがなく、心身ともに壮健でたくましいこと。
□ 44	事実無□	**根** じじつむこん	根も葉もないこと。
□ 45	斎戒沐□	**浴** さいかいもくよく	神聖な行事の前に、飲食などを断ち、身体を洗い心身を清めること。
□ 46	才気煥□	**発** さいきかんぱつ	驚くほど頭の回転が速く、才知が輝いていること。
重要 □ 47	五里□中	**霧** ごりむちゅう	状況が分からず、判断や方針が立たないこと。
□ 48	渾然一□	**体** こんぜんいったい	異質のものが一つに溶け合い、区別がつかないこと。

次のひらがなを漢字に直し四字熟語を完成させなさい。

		問題	解答と意味	
□	1	あくせんくとう	悪戦苦闘	困難な状況の中で、死に物狂いの努力をし、闘うこと。
□	2	あんちゅうもさく	暗中模索	手掛かりのない状態で、いろいろと考え、探ってみること。
□	3	いっちはんかい	一知半解	十分に理解できていないこと。なまかじりの知識。
□	4	いきしょうちん	意気消沈	意気込みを失ってしょげ返ること。
□	5	いきとうごう	意気投合	お互いの気持ちや考えが通じ合い、仲間になること。
□	6	いちばつひゃっかい	一罰百戒	一人を罰し、ほかの人が同じ過ちを犯さないための戒めとする。
□	7	いちびょうそくさい	一病息災	一つの病気を持つ人は健康に気をつかい、長生きするということ。
□	8	うよきょくせつ	紆余曲折	物事が順調に運ばず、複雑な道をたどること。
重要 □	9	かいとうらんま	快刀乱麻	もつれた問題や難事件を素早く解決すること。
□	10	いっきょりょうとく	一挙両得	一つの行動によって、二つの利益を得ること。
□	11	いんがおうほう	因果応報	過去の行いによって、報い・結果の善悪が決まる。
□	12	いんにんじちょう	隠忍自重	苦しみを我慢して、軽々しく行動しないこと。
□	13	うんさんむしょう	雲散霧消	急に跡形もなく消えうせること。
重要 □	14	おんこちしん	温故知新	昔のことを学んで、新しい知識・見解・価値を得ること。
□	15	かじんはくめい	佳人薄命	美人は短命であることが多いという言い習わし。
□	16	かちょうふうげつ	花鳥風月	美しい景色や風物。
□	17	かろとうせん	夏炉冬扇	時季外れの無用なもの、役に立たないもの。
□	18	かんがいむりょう	感慨無量	身に染みて、深く感じ入ること。
□	19	かんきゅうじざい	緩急自在	自由自在に操ること。
重要 □	20	しちてんばっとう	七転八倒	転んでは起き、起きては転び、苦しむさま。
□	21	ききゅうそんぼう	危急存亡	危険が迫り、生き残れるか滅びるかという瀬戸際。
□	22	きしょうてんけつ	起承転結	文章の構成や物事の組み立て。
□	23	きしょくまんめん	喜色満面	喜びを隠し切れない表情。
□	24	きどあいらく	喜怒哀楽	喜び、怒り、悲しみ、楽しみなどの感情。
重要 □	25	ききいっぱつ	危機一髪	わずかな差で、危険にさらされる瀬戸際。

四字熟語[数字編] □にあてはまる漢数字を入れて四字熟語を完成させなさい。

	問題	解答と意味	
□ 1	首尾□貫	一 しゅびいっかん	方針や態度が最初から最後まで変わらないこと。
重要 □ 2	三寒□温	四 さんかんしおん	冬から春に変わる時期の寒暖の周期。
□ 3	□客万来	千 せんきゃくばんらい	多くの客が来てにぎやかなこと。
□ 4	□気呵成	一 いっきかせい	ひといきに仕事を成し遂げること。
重要 □ 5	朝三暮□	四 ちょうさんぼし	目先の違いに惑わされ、結果が同じになることに気が付かないさま。
□ 6	言行□致	一 げんこういっち	口にしたことと行動が同じであること。
□ 7	□者択一	二 にしゃたくいつ	二つのうち一つを選ぶこと。
□ 8	悪事□里	千 あくじせんり	悪いことは千里の彼方まで知れ渡るということ。
□ 9	□方美人	八 はっぽうびじん	誰に対しても愛想良くふるまう人。
重要 □ 10	□面楚歌	四 しめんそか	周囲が敵対者ばかりで助けがないこと。
□ 11	□陽来復	一 いちようらいふく	凶事が去って吉事が戻ってくること。

四字熟語[動物編] □にあてはまる動物を入れて四字熟語を完成させなさい。

	問題	解答と意味	
重要 □ 1	□耳東風	馬 ばじとうふう	他人の忠告や評判を聞かず知らぬ顔をすること。
□ 2	牛飲□食	馬 ぎゅういんばしょく	牛や馬のようにやたらにたくさん飲み食いすること。
□ 3	君子□変	豹 くんしひょうへん	徳の高い人は、悪いことを直ちに改めること。
重要 □ 4	画□点睛	竜 がりょうてんせい	物事を完璧なものにするための最後の仕上げ。
□ 5	有□無□	象 うぞうむぞう	数は多いが、取るに足らない種々雑多なくだらない人や物。
□ 6	千軍万□	馬 せんぐんばんば	多くの兵士と軍馬。
□ 7	□突猛進	猪 ちょとつもうしん	一つのことに向かって、猛烈な勢いで突き進むこと。
□ 8	□視眈々	虎 こしたんたん	虎が獲物を狙うように、強者が機会を狙っているさま。
□ 9	□頭狗肉	羊 ようとうくにく	見かけは立派でも実質の伴っていないこと。
□ 10	□頭蛇尾	竜 りゅうとうだび	最初は勢いが良いが、終わりは振るわないこと。
□ 11	□疑逡巡	狐 こぎしゅんじゅん	疑い深く、決断をためらうこと。

第1章 最新時事
第2章 国語
第3章 教養・スポーツ
第4章 英語
第5章 社会
第6章 数学
第7章 理科
第8章 仕事・業界

ことわざ・慣用句

□にあてはまる言葉を入れてことわざ・慣用句を完成させなさい。

	問題	解答と意味	
□	**1** □□は寝て待て	**果報**	焦らずに時機を待つのが良い。
□	**2** □□を押す	**横車**	道理に合わないことを押し通そうとする。
□	**3** □□見ぬ間の桜	**三日**	短期間に目まぐるしく変化すること。
□	**4** 雄弁は銀、□□は金	**沈黙**	雄弁(冗舌)よりも沈黙(寡黙)が優れている。
□	**5** □□の下に弱卒無し	**勇将**	上に立つ者が優れていれば部下も優れた働きをする。
重要 □	**6** 寸□を惜しむ	**暇**	わずかな時間も惜しむ。
□	**7** □□買いの銭失い	**安物**	安物は品質が悪いので、買っても損をする。
□	**8** 門前の□□習わぬ経を読む	**小僧**	普段から接していると、いつの間にか学んでいる。
□	**9** 孟母□遷の教え	**三**	子供の教育には環境が大切であることの教え。
重要 □	**10** 李下に□を正さず	**冠**	他人の疑惑を受けやすい行動はするものではない。
□	**11** 水清ければ□棲まず	**魚**	清廉潔白すぎると、人が周囲に寄ってこない。
重要 □	**12** 流れに□をさす	**棹**	時流に乗る。物事が思い通りに進む。
□	**13** 身に過ぎた果報は□の元	**禍**	身分不相応の幸福は将来災難を招くものだ。
□	**14** 三つ子の□百まで	**魂**	幼いころの性格は、年を取っても変わらない。
□	**15** □は方円の器に従う	**水**	水が容器に従うように、人も環境に影響される。
□	**16** □□が通れば道理が引っ込む	**無理**	無理が通ると、正しいことが行われなくなること。
重要 □	**17** 待てば□□の日和あり	**海路**	うまく行かなくても待っていれば幸運はやってくる。
□	**18** □□にも衣装	**馬子**	誰でも身なりを整えれば立派に見える。
□	**19** 骨折り□のくたびれ儲け	**損**	苦労だけでなんの利益にもならない。
□	**20** □□憎けりゃ袈裟まで憎い	**坊主**	相手を憎むとその関係するものすべてが憎くなる。
□	**21** □に見込まれた蛙	**蛇**	怖いものの前ですくんで動けないさま。
□	**22** 刎頸の□わり	**交**	生死を共にするような親しい間柄。
□	**23** 青菜に□	**塩**	青菜に塩を振ると折れるように、元気がないさま。

ことわざ・慣用句［動物編］ □に動物を入れてことわざ・慣用句を完成させなさい。

	問題	解答と意味	
□ 1	藪をつついて□を出す	蛇	余計なことをして困った事態になること。
□ 2	□に論語	犬	良い教えでも分からない者には無駄である。
重要 □ 3	□心あれば水心	魚	相手を思う気持ちがあれば、相手も思ってくれる。
□ 4	鵜の目□の目	鷹	熱心に探し出そうとするさま。
□ 5	□の涙	雀	とても少ないこと。
重要 □ 6	二□を追う者は一□をも得ず	兎	同時に二つを望んでも、どちらも得られない。
□ 7	井の中の□大海を知らず	蛙	自分の周りの狭い経験しかない者は広い世界を知らない。
重要 □ 8	□の耳に念仏	馬	無知な人は、高尚なことを聞いても理解できない。
□ 9	まな板の□	鯉	逃げ場のない状態。
□ 10	□の頭も信心から	鰯	つまらないものでも信じる者にはありがたく見える。
□ 11	鶏口となるも□後となるなかれ	牛	大組織の下にいるより小組織のトップの方がよい。

ことわざ・慣用句［植物編］ □に植物を入れてことわざ・慣用句を完成させなさい。

	問題	解答と意味	
重要 □ 1	濡れ手で□	粟	苦労せずに多くの利益を得る。
□ 2	鴨が□を背負って来る	葱	願ってもないこと。好都合である。
□ 3	□□に針を包む	真綿	表面は優しいが、心の中には底意地の悪さを持っている。
□ 4	□□から駒が出る	瓢箪	思いもかけないことや道理上あり得ないことが起こる。
□ 5	破□の勢い	竹	勢いが激しくてとどめがたい。
□ 6	まかぬ□は生えぬ	種	何もしなければ何も得られない。
□ 7	泥中の□	蓮	世の中の汚れに染まらないで清く生きる。
重要 □ 8	□で鼻をくくる	木	ひどく冷たくあしらう。無愛想な対応。
□ 9	両手に□	花	二つの良いもの（女性を指すことが多い）を同時に得る。
□ 10	□□にトゲあり	薔薇	薔薇にトゲがあるように、しとやかな人も人を傷つける。
□ 11	□□の大木	独活	身体ばかり大きくて役に立たない人。

第1章 最新時事
第2章 国語
第3章 教養・スポーツ
第4章 英語
第5章 社会
第6章 数学
第7章 理科
第8章 仕事・業界

ことわざ・慣用句 [選択]（　）から正しい方を選びなさい。

	問題		解答
重要	□ 1	取り付く（**島も**／**ひまも**）ない	島も
	□ 2	恨み骨髄に（**徹する**／**達する**）	徹する
	□ 3	（**愛想**／**愛嬌**）を振りまく	愛嬌
	□ 4	呆気に（**取られる**／**取らせる**）	取られる
	□ 5	合いの手を（**打つ**／**入れる**）	入れる
	□ 6	念頭に（**入れる**／**置く**）	置く
重要	□ 7	二の句が（**出ない**／**継げない**）	継げない
	□ 8	二の舞を（**演ずる**／**踏む**）	演ずる
	□ 9	（**顔色**／**顔**）をうかがう	顔色
	□ 10	風の（**便り**／**噂**）	便り
	□ 11	縁は（**奇**／**異**）なもの味なもの	異
	□ 12	（**大盤**／**大番**）振る舞い	大盤
	□ 13	（**一堂**／**一同**）に会する	一堂
	□ 14	疑心暗鬼を（**生ずる**／**抱く**）	生ずる
	□ 15	絆が（**強い**／**深い**）	強い
	□ 16	櫛の歯が（**欠ける**／**抜ける**）	欠ける
	□ 17	（**首**／**頭**）を傾げる	首
	□ 18	（**言葉**／**口**）を濁す	言葉
	□ 19	下手（**の**／**な**）考え休むに似たり	の
	□ 20	血で血を（**洗う**／**争う**）	洗う
重要	□ 21	怒り心頭に（**発する**／**達する**）	発する
	□ 22	（**度量**／**器量**）が大きい	度量
	□ 23	（**勝る**／**負ける**）とも劣らない	勝る
	□ 24	的を（**射る**／**得る**）	射る

ことわざ・慣用句 [使い方] 使い方の正しい方を選びなさい。

問題	解答と解説

重要 □ **1**
A.**気が置けない**仲間と飲むのは楽しい。
B.彼は**気が置けない**から用心しよう。

A 「気が置けない」は、遠慮したり気をつかったりする必要がないこと。

□ **2**
A.政治家が演説で聴衆に**檄を飛ばした**。
B.監督がベンチから選手に**檄を飛ばした**。

A 「檄を飛ばす」は、自分の考えや主張を述べて広く大衆の行動を促すこと。

重要 □ **3**
A.急報を聞き、彼は**おっとり刀**で駆けつけた。
B.山頂からの風景を**おっとり刀**で楽しんだ。

A 「おっとり刀で」は、「ゆっくり」ではなく、急ぐさまを指している。

□ **4**
A.**痛い腹を探られて**不快だった。
B.**痛くもない腹を探られて**不快だった。

B やましいことがないのに疑われること。

□ **5**
A.それは**苦渋**をなめる経験だった。
B.それは**苦汁**をなめる経験だった。

B 読みは両方「くじゅう」。苦渋は苦しみ悩むこと、苦汁はつらい経験。

□ **6**
A.そのときは**藁にもすがる**思いだった。
B.そのときは**藁をもすがる**思いだった。

A せっぱつまったときには、頼りにならないものまでも頼りにすることのたとえ。

□ **7**
A.あの少年は**手が負えない**。
B.あの少年は**手に負えない**。

B 自分の力でどうにもならないこと。

□ **8**
A.彼は**目鼻が利く**青年だ。
B.彼は**目端が利く**青年だ。

B 「目端(めはし)が利く」とは抜け目がないこと。

□ **9**
A.その人物は**脚光を浴びた**。
B.その人物は**脚光を集めた**。

A 「注目を集める」という表現は同義。

□ **10**
A.彼女は**情に深い**女性だ。
B.彼女は**情に厚い**女性だ。

B 同じ意味で「情け深い」という表現がある。

□ **11**
A.そのプランは**時期尚早**だ。
B.そのプランは**時期早尚**だ。

A 実行するには時期がまだ早すぎるという意味。

□ **12**
A.申し訳ないことをした。**面目が立たない**。
B.申し訳ないことをした。**面目ない**。

B 「面目ない」は恥ずかしくて合わせる顔がないという意味。

□ **13**
A.彼は**息咳切って**駆けつけた。
B.彼は**息急き切って**駆けつけた。

B 「息急(いきせ)き切って」とは、息を弾ませて急ぐこと。

第1章 最新時事
第2章 国語
第3章 教養・スポーツ
第4章 英語
第5章 社会
第6章 数学
第7章 理科
第8章 仕事・業界

次のカタカナ(太字)にあてはまる漢字を答えなさい。

問題	解答と解説

□ 1 **イシ**が薄弱な男。
イシの疎通を欠く。

意志 「意志」は積極的な志。
意思 「意思」は何かをしようとする考え。

□ 2 本社営業部に**イドウ**した。
広場に**イドウ**する。

異動 「異動」は所属部署の変更。「移動」は別の場所
移動 に動くこと。

□ 3 **ジキ**を逸する。
入試の**ジキ**が近づく。

時機 「時機」は良い頃合い。
時期 「時期」は何かを行う期日や季節。

重要 □ 4 乗り越しの運賃を**セイサン**する。
過去を**セイサン**する。
勝利の**セイサン**がある。

精算 「精算」は細かく計算す
清算 る。「清算」は貸し借りに決着をつける。「成
成算 算」は成功する見込みがあること。

□ 5 芸術家の**サクイ**が読み取れる。
驚かせようという**サクイ**が見え見えだ。

作意 「作意」は工夫や趣向。
作為 「作為」は故意に作り出すこと。

重要 □ 6 その意見には**イギ**がある。
その業績は**イギ**あるものだ。
その言葉の**イギ**を調べなさい。

異議 「異議」は異なった意
意義 見、反対の意見。「意義」は意味や価値のあるも
異義 の。「異義」は異なった意味。

□ 7 ビルの建設を**シコウ**する。
新しい法律が**シコウ**された。

施工 「施工」は工事を行うこ
施行 と。「施行」は法令を実行すること。

□ 8 怒りの感情を**ジセイ**する。
青春時代の過ちを**ジセイ**する。

自制 「自制」は感情や欲望を
自省 抑えること。「自省」は反省すること。

□ 9 **ジセイ**が変わる。
便利なご**ジセイ**になったものだ。

時勢 「時勢」は時代ごとの世
時世 の成り行き。「時世」は時代のありよう。

□ 10 **シュウチ**を集めて提案する。
趣旨を社会に**シュウチ**させる。

衆知 「衆知」は人々の知恵と
周知 知識。「周知」は人々に知られること。

□ 11 中国の国家**シュセキ**。
シュセキで大学を卒業する。

主席 「主席」は国などの第一
首席 の地位。「首席」は第一位の席次。

□ 12 友人を父に**ショウカイ**する。
身元を**ショウカイ**する。

紹介 「紹介」は人を引き合わ
照会 せること。「照会」は問い合わせること。

問題		解答と解説

□ 13 ゼッタイ絶命の危機。
ゼッタイに嫌だ。

絶体
絶対

「絶体」は身の終わり。「絶対」はほかに比較するものがないこと。

□ 14 古典文学タイケイ。
理論をタイケイ的にまとめる。

大系
体系

「大系」は特定の書物を集めたもの。「体系」は統一された知識。

□ 15 テキカクな判断。
テキカク条件を欠いている。

的確
適格

「的確」は間違いないこと。「適格」は資格にかなうこと。

重要 □ 16 利潤をツイキュウする。
真理をツイキュウする。
責任をツイキュウする。

追求
追究
追及

「追求」は目的のものを追い求めること。「追究」は真相を明らかにすること。「追及」は追い詰めること。

重要 □ 17 新製品のトクチョウ。
犯人のトクチョウ。

特長
特徴

「特長」は優れた長所。「特徴」は目立つ点。

重要 □ 18 国家の安全ホショウ。
ホショウ人になる。
津波被害のホショウ金。

保障
保証
補償

「保障」は心配のないようにすること。「保証」は確かだと請け合うこと。「補償」は補い償うこと。

□ 19 先生の言葉を心にメイキする。
要旨は論文冒頭にメイキされている。

銘記
明記

「銘記」は心に刻みつけること。「明記」ははっきりと書くこと。

□ 20 ホソク資料を提出する。
犯人をホソクした。

補足
捕捉

「補足」は付け足すこと。「捕捉」はつかまえること。

□ 21 資源は特定地域にヘンザイしている。
神はヘンザイする。

偏在
遍在

「偏在」は偏って存在すること。「遍在」はどこにでもあること。

□ 22 ヒジョウ手段を取る。
ヒジョウな仕打ちを受ける。

非常
非情

「非常」は普通と違うこと。「非情」は人間らしさを欠くこと。

□ 23 カイホウ的な性格。
人質をカイホウする。

開放
解放

「開放」は出入りが自由なこと。「解放」は束縛から放つこと。

□ 24 不正侵入のキョウイから守る。
キョウイの瞬発力を持つ。

脅威
驚異

「脅威」はおびやかすこと。「驚異」は驚くべきこと。

□ 25 先輩のイコウに沿う。
新体制にイコウする。

意向
移行

「意向」は思想や考え。「移行」はほかの状態に移ること。

第1章　最新時事
第2章　国語
第3章　教養・スポーツ
第4章　英語
第5章　社会
第6章　数学
第7章　理科
第8章　仕事・業界

同音・同訓異義語［訓］ 次のカタカナ（太字）にあてはまる漢字を答えなさい。

| 問題 | | 解答と解説 |

□ **1**　駅までの道を**タズ**ねる。
　　　引っ越しした友達を**タズ**ねる。

尋ねる
訪ねる

「尋ねる」は質問する。「訪ねる」は行く、おとずれる。

□ **2**　会議の途中で席を**タ**つ。
　　　近所に家が**タ**つ。
　　　型紙どおりに布を**タ**つ。

立つ
建つ
裁つ

「立つ」は立ち上がること。「建つ」は建築物が出来上がること。「裁つ」は布などを切ること。

重要 □ **3**　完成するように**ツト**める。
　　　会社に**ツト**める。
　　　議長を**ツト**める。

努める
勤める
務める

「努める」は努力すること。「勤める」は勤務すること。「務める」はある役割を果たすこと。

□ **4**　道具を**ツカ**う。
　　　先輩に気を**ツカ**う。

使う
遣う

「使う」は物や人に対して用いる。「遣う」は心や時間に用いる。

□ **5**　絵の具を**ト**く。
　　　問題を**ト**く。
　　　正しい生き方を**ト**く。

溶く
解く
説く

「溶く」は液状にすること。「解く」は答えを出すこと。「説く」は人を説得すること。

□ **6**　泥がズボンに**ツ**く。
　　　最寄りの駅に**ツ**く。
　　　職に**ツ**く。

付く
着く
就く

「付く」は付着すること。「着く」はある地点に到着すること。「就く」はある役割に携わること。

□ **7**　自動車が**ト**まる。
　　　絵が目に**ト**まる。
　　　ホテルに**ト**まる。

止まる
留まる
泊まる

「止まる」は停止すること。「留まる」は物が視覚などに入った状態。「泊まる」は宿泊。

□ **8**　平和を**ノゾ**む。
　　　海に**ノゾ**む灯台。

望む
臨む

「望む」は願うこと。「臨む」は面していること。

□ **9**　鳥が空を**ト**ぶ。
　　　水たまりを**ト**ぶ。

飛ぶ
跳ぶ

「飛ぶ」は空中を動くこと。「跳ぶ」は空間に跳び上がること。

□ **10**　背が**ノ**びる。
　　　寿命が**ノ**びる。

伸びる
延びる

「伸びる」は物の長さ・高さが、「延びる」は時間的に増える場合に用いる。

□ **11**　坂を**ノボ**る。
　　　山に**ノボ**る。
　　　日が**ノボ**る。

上る
登る
昇る

「上る」は下から上への移動。「登る」は山などに行くことを指す。「昇る」は天体の上昇を指す。

問題		解答と解説	
□ 12	仏像を**ホ**る。 畑でイモを**ホ**る。	彫る 掘る	「彫る」は形を刻み込むこと。 「掘る」は地面に穴を開けること。
□ 13	墓にお菓子を**ソナ**える。 地震に**ソナ**える。	供える 備える	「供える」は神仏に物を捧げること。「備える」は準備すること。
□ 14	今から電車に**ノ**る。 写真が雑誌に**ノ**る。	乗る 載る	「乗る」は物に上がること。「載る」は出版物に掲載されること。
重要 □ 15	時間を**ハカ**る。 距離を**ハカ**る。 体重を**ハカ**る。	計る 測る 量る	「計る」は時間を調べるときに、「測る」は長さを調べるとき、「量る」は重さを調べるときに用いる。
重要 □ 16	解決を**ハカ**る。 会議に**ハカ**る。 悪事を**ハカ**る。	図る 諮る 謀る	「図る」は試みること。「諮る」は相談すること。「謀る」はたくらむこと。
□ 17	**ヤワ**らかい毛布。 **ヤワ**らかいご飯。	柔らか 軟らか	「柔らか」はふんわり、しなやか、「軟らか」はぐにゃぐにゃ、歯ごたえがない。
□ 18	**ヤサ**しい問題を解く。 彼女は**ヤサ**しい性格だ。	易しい 優しい	「易しい」は容易であること。「優しい」は思いやりがあること。
重要 □ 19	飲んだ薬が**キ**く。 彼は気が**キ**く。	効く 利く	「効く」は良い効果が得られること。「利く」は能力が発揮されること。
重要 □ 20	彼の本音を**キ**く。 音楽を**キ**く。 話し声を**キ**く。	訊く 聴く 聞く	「訊く」は質問すること。「聴く」は注意深く耳を傾けること。「聞く」は耳で声や音を感じること。
重要 □ 21	家でピアノを**ヒ**く。 陣地から後方に**ヒ**く。	弾く 退く	「弾く」は演奏すること。「退く」は撤退すること。
重要 □ 22	彼女の気を**ヒ**く。 舟を**ヒ**く。 蕎麦の実を**ヒ**く。	惹く 曳く 挽く	「惹く」は魅せられること。「曳く」は引っ張って動かすこと。「挽く」は道具を手で回して物を細かく砕くこと。
□ 23	職員を**ト**る。 指揮を**ト**る。	採る 執る	「採る」は採用すること。「執る」はなんらかの仕事をすること。

第1章　最新時事

第2章　国語

第3章　教養・スポーツ

第4章　英語

第5章　社会

第6章　数学

第7章　理科

第8章　仕事・業界

同音・同訓異義語［選択］　次のカタカナ(太字)にあてはまる漢字を選びなさい。

問題　　　　　　　　　　　　　　　　　　　　　　解答と解説

□ **1** 菊の展覧会を**カンショウ**する。
A.鑑賞　B.観賞

B
観賞

「観賞」は動植物などの芸術作品ではないものを、「鑑賞」は芸術作品などを見て楽しむこと。

□ **2** **トクイ**な才能が開花した。
A.特異　B.得意

A
特異

「特異」は尋常ではない、異質、特殊という強い意味であり、「得意」は自分が上手にできること。

□ **3** 動物の**シュウセイ**を研究する。
A.修正　B.習性

B
習性

「習性」は同種の動物に見られる行動特性で、「修正」は間違いを訂正すること。

重要 □ **4** 手を洗い**エイセイ**に気を付ける。
A.衛星　B.衛生

B
衛生

「衛生」は健康を増進すること、「衛星」は天体を回るもの。

□ **5** **ソウゾウ**するだけでわくわくする。
A.想像　B.創造

A
想像

「想像」は目の前にないものを思い描くこと。「創造」は存在しなかったものをつくり出すこと。

□ **6** 歌手の**コウエン**会に入った。
A.講演　B.後援

B
後援

「講演」は聴衆の前で題目に従って話すこと。「後援」は仕事などの後ろ盾になって援助すること。

□ **7** 3社が**キョウドウ**で事業を始める。
A.共同　B.協同

A
共同

「共同」は二人以上で一緒にすること。「協同」は力を合わせること。

重要 □ **8** **ショウガイ**事件に巻き込まれる。
A.障害　B.傷害

B
傷害

「傷害」は傷つけること。「障害」は行く手を阻む邪魔なもの。

□ **9** 父の**サイゴ**に立ち合った。
A.最期　B.最後

A
最期

「最期」は命の終わるとき、死にぎわ。「最後」は一番後ろ。

□ **10** 日本は**イジョウ**な寒波に襲われた。
A.異状　B.異常

B
異常

「異常」は常ではないこと、はなはだしいこと。「異状」は怪しいこと、不審なことを意味する。

□ **11** **センコウ**のチームが得点した。
A.先行　B.先攻

B
先攻

「先攻」は試合で攻撃順が先であること。「先行」はほかより先に行くこと。

□ **12** 横綱はいい**タイセイ**に持ち込んだ。
A.体制　B.体勢

B
体勢

「体勢」は身体の構え・姿勢を表す。「体制」は持続的・統一的な組織や制度を指す。

□ **13** 先生の**シジ**を待つ。
A.指示　B.支持

A
指示

「指示」は上位の者が下位の者に出す命令、指図。「支持」はある人や組織の主張に同意し、支援すること。

問題　解答と解説

□ **14** **キカイ**体操を見るのが好きだ。
A.機械　B.器械

B
器械
「器械」は動力を持たない小さな装置、あるいは道具。「機械」は動力を持ち、自動的に動く装置を指す。

□ **15** 教職**カテイ**をとって教師になる。
A.過程　B.課程

B
課程
「課程」は修得しなければならない一定範囲の学習内容。「過程」は物事が変化・発展していくプロセス。

□ **16** 財布を**シュウトク**物として届ける。
A.拾得　B.収得

A
拾得
「拾得」は他人が落としたものを拾うこと。「収得」は自分のものにすることで、拾う意味を含まない。

□ **17** 単位を**シュウトク**して卒業する。
A.修得　B.習得

A
修得
「修得」は履修して単位を取ること。「習得」は学問や技芸を習い身につけることで、学課とは関係がない。

□ **18** 辞書が**カイテイ**された。
A.改定　B.改訂

B
改訂
「改訂」は書物の内容を改めること。「改定」は定められていたものを改めて定めること。

□ **19** 職場で**ソガイ**されている。
A.疎外　B.阻害

A
疎外
「疎外」はよそよそしくされ、のけ者にされること。「阻害」は邪魔をして前に進ませないこと。

重要 □ **20** 健康**ホケン**に入る。
A.保険　B.保健

A
保険
「保険」とは将来の安全を保証する制度。「保健」は健康を守り保つこと。

□ **21** 故人の**イシ**を尊重する。
A.意思　B.遺志

B
遺志
「遺志」は故人が生前に残した意向。「意思」は本人の思いや気持ち。意欲を示す「意志」にも注意。

□ **22** **ドウシ**を裏切る。
A.同志　B.同士

A
同志
「同志」は主義・主張が同じで共に行動する仲間。「同士」はお互いに共通点を持ち、立場が同じ者。

□ **23** 左右**タイショウ**の図形。
A.対照　B.対称

B
対称
「対称」は数学でよく使われ、図形が完全に向き合うこと。「対照」はほかのものと比べ合わせること。

同音・同訓異義語 [選択] 次の□にあてはまる漢字を選びなさい。

問題　解答

□ **1** 門／問　**問**
家庭訪□をする。

□ **2** 低／底　**低**
今日の最□気温。

重要 □ **3** 歓／関　**歓**
□心を買う。

□ **4** 侵／浸　**浸**
海水が□入する。

□ **5** 性／正　**性**
適□検査を受ける。

□ **6** 解／回　**回**
アンケートの□答。

二字・三字熟語

□にあてはまる漢字を入れて、次の意味を表す熟語を完成させなさい。

問題		意味	解答
□ 1	□帰	一巡りして元の所に帰ること。	回帰 かいき
□ 2	威□	相手を圧倒し、恐れさせること。	威圧 いあつ
重要 □ 3	□沌	入り交じって区別がつかないさま。	混沌 こんとん
□ 4	逸□	突出して優れた人物。	逸材 いつざい
□ 5	萎□	しなびて元気がないこと。	萎縮 いしゅく
重要 □ 6	□陰	時間の流れ。	光陰 こういん
□ 7	故□	わざとすること。	故意 こい
□ 8	□惑	どうしていいか分からないこと。	困惑 こんわく
□ 9	□媛	高い能力と教養のある女性。	才媛 さいえん
□ 10	裁□	第三者的な視点で判断すること。	裁定 さいてい
□ 11	消□	人や物事の動静、事情、状況。	消息 しょうそく
重要 □ 12	□狽	うろたえ、慌てふためくこと。	狼狽 ろうばい
□ 13	整□	部屋などにあるものを片付けること。	整頓 せいとん
□ 14	対□	向かい合って動かないこと。	対峙 たいじ
□ 15	□詞	舞台や映画で話す言葉。	台詞 せりふ
重要 □ 16	□見	優れた意見や、ものの見方。	卓見 たっけん
重要 □ 17	葛□	互いに譲らず、いがみあうこと。	葛藤 かっとう
□ 18	□慄	恐れおののくこと。	戦慄 せんりつ
□ 19	□書	手書き原稿をきれいに書き写す。	清書 せいしょ
□ 20	□法	正しい振る舞い方。	作法 さほう
□ 21	克□	細かい部分まで落ち度がないこと。	克明 こくめい
重要 □ 22	潔□	汚いものを極端に嫌うこと。	潔癖 けっぺき
□ 23	謙□	控えめでつつましいこと。	謙虚 けんきょ

問題		意味	解答	
□ 24	契□	きっかけ。	契機	けいき
□ 25	青□□	年が若く未熟な者。	青二才	あおにさい
□ 26	□丈□	尊大で威張っていること。	居丈高	いたけだか
□ 27	依□地	かたくなで意地を張ること。	依怙地	いこじ
□ 28	一目□	脇目もふらず走っていくさま。	一目散	いちもくさん
□ 29	一張□	とっておきの一枚の晴れ着。	一張羅	いっちょうら
□ 30	氏□□	家柄。家筋。	氏素性	うじすじょう
□ 31	□弁慶	家の中で威張ること。	内弁慶	うちべんけい
□ 32	□空事	現実からかけはなれたデタラメ。	絵空事	えそらごと
□ 33	大□□	実際より誇張していること。	大袈裟	おおげさ
重要 □ 34	感□□	感慨で何も言えない状態。	感無量	かんむりょう
重要 □ 35	几□□	細かいところまできちんとすること。	几帳面	きちょうめん
□ 36	□字□	後世まで残る優れた業績。	金字塔	きんじとう

二字・三字熟語［書き取り］次のひらがなを漢字に直しなさい。

問題		解答と解説	
□ 1	こういってん	紅一点	多くのものの中で、ただ一つ異彩を放つもの。多くの男性の中に一人いる女性。
□ 2	さはんじ	茶飯事	毎日経験するようなありふれたこと。「日常茶飯事」という用例が多い。
重要 □ 3	そうへき	双璧	二つが同じくらい優れていること。「壁（かべ）」ではないので注意。完璧の「璧」と同じ漢字を使う。
□ 4	いしょう	意匠	工夫をめぐらすこと。趣向。「意匠を凝らす」という用例が多い。
□ 5	いつだつ	逸脱	本来の役割や、決められた枠組みから外れること。
□ 6	うけおい	請負	日限と報酬を決めた上で仕事を引き受けること。保証するという意味もある。
□ 7	げばひょう	下馬評	世間でさまざまな評判が飛び交うこと。選挙や試合の結果予想が多い。
□ 8	こんりゅう	建立	寺院や堂、塔などを建てること。転じて心の中である物事を作り上げること。
□ 9	こしつ	固執	自分の意見や態度を主張して譲らないこと。「こしゅう」ともいう。
□ 10	ほんやく	翻訳	ある言語や文章を同じ意味のほかの言語や文章に置き換えること。難しい言葉を一般的な言葉に直すこと。

第1章 最新時事
第2章 国語
第3章 教養・スポーツ
第4章 英語
第5章 社会
第6章 数学
第7章 理科
第8章 仕事・業界

国　語

国語 8

短歌・俳句・詩

次の短歌・俳句の作者を答えなさい。

問題		解答と解説
□ 1	やは肌の　あつき血汐（ち しほ）に　ふれもみで さびしからずや　道を説く君	**与謝野晶子** よさのあきこ 「みだれ髪」所収。女性の恋愛感情を詠んだ与謝野晶子の処女歌集。
重要 □ 2	あかねさす　紫（むらさき）野行き　標（しめ）野行き 野守（の もり）は見ずや　君が袖振る	**額田王** ぬかたのおおきみ 「万葉集」所収。日本最古の和歌集。「あかねさす」は「紫」の枕詞。
□ 3	荒海や　佐渡によこたふ 天河（あまのがわ）	**松尾芭蕉** まつおばしょう 「奥の細道」所収。日本の古典における紀行文集の代表的作品。
□ 4	梅一輪　一輪ほどの あたたかさ	**服部嵐雪** はっとりらんせつ 「玄峰集・庭の巻」所収。江戸時代前期の俳諧師で松尾芭蕉の高弟。
□ 5	願はくは　花の下にて　春死なむ そのきさらぎの　望月（もちづき）のころ	**西行** さいぎょう 「山家集」所収。「新古今和歌集」には最多の94首が入選。
重要 □ 6	柿くへば　鐘が鳴るなり 法隆寺	**正岡子規** まさおかしき 初出は「海南新聞」1895年。「獺祭書屋俳句帖抄・上巻」所収。
□ 7	幾山河（いくやまかは）　こえさりゆかば　さびしさの はてなむ国ぞ　きょうも旅ゆく	**若山牧水** わかやまぼくすい 「海の声」所収。人間や自然へのあふれる想いを歌った国民的歌人。
重要 □ 8	はたらけど　はたらけどなほ　わが生活（せいかつ） 楽にならざり　ぢっと手を見る	**石川啄木** いしかわたくぼく 「一握の砂」所収。口語体三行書きで生活感情を歌った歌人。

短歌・俳句・詩 [短歌] □に言葉（ひらがな）を入れて短歌を完成させなさい。

問題		解答と訳
□ 1	秋きぬと 目にはさやかに　見えねども □□の音にぞ　おどろかれぬる	**かぜ（風）** 藤原敏行作。「古今和歌集」所収。目には見えないけれど、吹く風の音で、もう秋なのだと気付かされる。
重要 □ 2	□□の原 ふりさけ見れば　春日（かすが）なる 三笠（み かさ）の山に　出でし月かも（い）	**あま（天）** 阿倍仲麻呂の歌。大空をふり仰ぐと、春日の三笠の山に出ていた月と同じ月が見える。
□ 3	霞（かすみ）立つ 長き□□□を　子供らと 手まりつきつつ　この日暮らしつ	**はるひ（春日）** 良寛作。春霞の立つのどかな春の一日を子供らと手まりをつきながら、今日も過ごした。

102

問題	解答と訳

□ 4
死に近き
母にそい寝の　しんしんと
遠田の□□□　天に聞ゆる

かわず(蛙)
斎藤茂吉作。死期が近い母の横で添寝をしていると夜が更けて、遠田の蛙の声が天からの声のように聞こえる。

□ 5
たはむれに
母を背負ひて　そのあまり
軽きに泣きて　□□□あゆまず

さんぽ(三歩)
石川啄木作。いたずら心で母を背負ったら、年老いた母のあまりの軽さに悲しくなり、3歩も進めなかった。

重要 □ 6
花の色は
うつりにけりな　いたづらに
我が身世にふる　□□□せしまに

ながめ(長雨と眺めの掛詞)
小野小町作。長雨に桜花が色あせたように、物思いにふける間に私の美しさも衰えてしまった。

重要 □ 7
春過ぎて
夏来にけらし　白妙の
衣ほすてふ　天の□□□□

かぐやま(香具山)
持統天皇作。春が過ぎて、もう夏が来たようだ。香具山のあたりには夏に干すという白い衣が干してあるのだから。

重要 □ 8
□□□咲く
小草がなかに　君まてば
野末にほほて　虹あらはれぬ

さゆり(小百合)
与謝野晶子作。小百合が咲く野原の中であなたを待っていたら、野原の向こうに美しい虹が出ていた。

□ 9
昼ながら
□□□□光る　蛍一つ
孟宗の藪を　出でて消えたり

かすかに(幽かに)
北原白秋作。昼間でも薄暗い孟宗竹の藪の中で、かすかに光っていた一匹の蛍が藪からすっと消えていった。

短歌・俳句・詩 [俳句] □に言葉(ひらがな)を入れて俳句を完成させなさい。

問題	解答と解説

重要 □ 1
秋深き　□□□は何を
する人ぞ

となり(隣) 松尾芭蕉作。
季語は秋深き(秋)。秋が深まると人恋しくなり、隣の生活が気になる。

□ 2
やれ打つな　□□が手をすり
足をする

はへ(え)(蠅) 小林一茶作。
季語は蠅(夏)。たたかないで。蠅が手足をすり合わせ命乞いをしているではないか。

重要 □ 3
古池や　□□□飛びこむ
水の音

かわず(蛙) 松尾芭蕉作。
季語は蛙(春)。静寂を破り古池に蛙が飛び込んだが、すぐ元の静けさに戻った。

重要 □ 4
春の□□　ひねもすのたり
のたりかな

うみ(海) 与謝蕪村作。
季語は春の海(春)。春の海は一日中ゆったりとうねっていて、まことにのどかだ。

□ 5
初時雨　□□も小蓑を
欲しげなり

さる(猿) 松尾芭蕉作。
季語は初時雨(冬)。山中で雨が降って寒さの中、猿も小蓑を欲しがっているようだ。

第1章 最新時事
第2章 国語
第3章 教養・スポーツ
第4章 英語
第5章 社会
第6章 数学
第7章 理科
第8章 仕事・業界

□に言葉(ひらがな)を入れて俳句を完成させなさい。

問題	解答と解説

□ 6 □□今年　貫く棒の如きもの

こぞ(去年) 高浜虚子作。
季語は去年今年(冬)。去年今年と変わっても、心は真っすぐな棒のように変わらない。

□ 7 分け入つても　分け入つても青い□□

やま(山) 種田山頭火作。
自由律俳句。季語は青い山(夏)。進んでも進んでも青い山が続いていく。

□ 8 われと来て　遊べや親のない□□□

すずめ(雀) 小林一茶作。
季語はすずめ(春)。親のない子すずめよ、こっちへ来て一緒に遊ぼうじゃないか。

□ 9 痰一斗　□□□の水も間にあはず

へちま(糸瓜) 正岡子規作。
季語は糸瓜(秋)。痰がたくさん出るので、咳止め薬のヘチマ水が間に合わない。

□ 10 □□□来て　なにやらゆかしすみれ草

やまじ(山路) 松尾芭蕉作。季語はすみれ草(春)。山道を歩いてきて、つつましく咲くスミレに心ひかれた。

重要 □ 11 目には青葉　山□□□□□初がつを

ほととぎす(時鳥) 山口素堂作。季語は青葉、時鳥、初がつを(夏)。目には青葉、耳には時鳥の鳴く声、口には初鰹。

□ 12 □□□□を　とつてくれろと泣く子かな

めいげつ(名月) 小林一茶作。季語は名月(秋)。子供が月を取ってくれと泣いてねだる。

□ 13 □□□□や　月は東に日は西に

なのはな(菜の花) 与謝蕪村作。季語は菜の花(春)。菜の花畑が一面に広がる中で春の一日が暮れようとしている。

□ 14 たたかれて　昼の蚊をはく□□□□かな

もくぎょ(木魚) 夏目漱石作。季語は蚊(夏)。僧侶が木魚をたたくと、木魚の中から蚊が飛び出してきた。

重要 □ 15 □□□□□　岩にしみ入る蝉の声

しずかさや(閑さや) 松尾芭蕉作。季語は蝉の声(夏)。静寂を破り鳴き出した蝉の声が岩にしみ込んだように感じられる。

短歌・俳句・詩［季語］ 次の俳句の季語と季節を答えなさい。

問題	解答と訳

□ 1 朝顔に　つるべとられてもらひ水

季語：朝顔、季節：秋
井戸のつるべに朝顔のつるが巻きついていたので、切らずに隣人から水をもらうことにした。

重要 □ 2 五月雨を　集めてはやし最上川

季語：五月雨、季節：夏
最上川が降り続く五月雨を集めて満々とみなぎり、ものすごい勢いで流れていることだ。

□ 3 これがまあ　終のすみかか雪五尺

季語：雪、季節：冬
この五尺の雪にうずもれた家が生涯最後の住まいとなるのか。なんとわびしいことか。

問題		解答と訳
□ 4	こがらしや　海に夕日を吹き落とす	季語：こがらし、季節：冬 こがらしがすさまじい勢いで吹き荒れ、冬の夕日を海に吹き落とすようだ。
□ 5	涼風の　曲がりくねつて来たりけり	季語：涼風、季節：夏 裏長屋の奥のわが家にも、涼しい風が曲がりくねってようやく吹いてきた。
重要 □ 6	すずめの子　そこのけそこのけお馬が通る	季語：すずめの子、季節：春 道で遊んでいるすずめの子よ、早くそこをどかないと、お馬が通るから危ないよ。
重要 □ 7	旅に病んで　夢は枯野をかけめぐる	季語：枯野、季節：冬 旅の途中の病気で身体は弱っていても、夢の中で心は枯れ野を駆けめぐっている。
□ 8	花散るや　耳ふつて馬のおとなしき	季語：花散る、季節：春 桜の木に馬がつながれているが、散る花びらが耳にふりかかってもおとなしくしている。
□ 9	桐一葉　日当たりながら落ちにけり	季語：桐一葉、季節：秋 初秋の静けさの中を大きな桐の葉が、太陽の光を受けながら落ちていった。

短歌・俳句・詩　[詩]　次の詩の作者を答えなさい。(詩は冒頭を抜粋)

問題		解答と解説
□ 1	智恵子は東京に空が無いといふ、ほんとの空が見たいといふ	高村光太郎　たかむらこうたろう 妻の智恵子に関する詩文をまとめた「智恵子抄」(1941年刊)に収められた「あどけない話」。
□ 2	ふらんすへ行きたしと思へどもふらんすはあまりに遠し	萩原朔太郎　はぎわらさくたろう 「純情小曲集」(1925年刊)に収められた「旅上」。ほかに「月に吠える」(1917年刊)が有名。
□ 3	ふるさとは遠きにありて思ふものそして悲しくうたふもの	室生犀星　むろうさいせい 「抒情小曲集」(1918年刊)に収められた「小景異情　その二」。犀星は萩原朔太郎の親友。
重要 □ 4	あゝをとうとよ、君を泣く、君死にたまふことなかれ	与謝野晶子　よさのあきこ 1904年に発表された「君死にたまふことなかれ」。「君」とは日露戦争に従軍していた弟。
重要 □ 5	雨ニモマケズ　風ニモマケズ夏ノ暑サニモマケヌ丈夫ナカラダヲモチ	宮沢賢治　みやざわけんじ 「雨ニモマケズ」として知られる詩は、死後に発見された手帳に記されたメモである。

太字を尊敬語に直しなさい。

	問題	解答
□ 1	これから**会う**のですか？	お会いになる、会われる
□ 2	今から**行く**のですか？	いらっしゃる、行かれる
重要 □ 3	あのドラマを**見ました**か？	ご覧になりました
□ 4	その話を**知っていますか**？	ご存じです
□ 5	あなたが**話した**ことは……。	おっしゃった、話された
□ 6	少し**待て**ば雨が止みます。	待たれれ、お待ちになれ
□ 7	先生から**聞いた**のですか？	お聞きになった
重要 □ 8	明日**来る**そうです。	いらっしゃる、おいでになる
重要 □ 9	先生は**います**か？	いらっしゃいます
□ 10	受付で**聞いて**ください。	お聞き
□ 11	ケーキを**食べました**か？	召し上がり、お食べになり
□ 12	あの本を**読みました**か？	読まれ、お読みになり
□ 13	書類は**もらった**そうです。	お受け取りになった
□ 14	鍵も**持っていき**ますか？	お持ちになり
重要 □ 15	課長の**言う**とおりです。	おっしゃる、言われる
□ 16	和服を**着て**いる。	お召しになって
□ 17	手紙を**書いた**そうです。	お書きになった
□ 18	車を**売る**のですか？	お譲りになる、お売りになる
□ 19	課長がお菓子を**くれた**。	くださった
□ 20	社長は**休む**そうです。	休まれる、お休みになる
□ 21	たくさん**食べて**ください。	召し上がって
□ 22	あとで**電話する**そうです。	電話される、お電話なさる
□ 23	料理は**します**か？	されま

敬語［謙譲語］ 太字を謙譲語に直しなさい。

問題		解答
□ 1	ペンを**借り**ます。	拝借し、お借りし
□ 2	これから教授に**会い**ます。	お目にかかり
□ 3	私が**言い**たいことは……。	申し上げたい
重要 □ 4	今から御社に**行き**ます。	参り、伺い
□ 5	1階の受付に**います**。	おります
□ 6	そのように**します**。	いたします
□ 7	昨日その資料は**見まし**た。	拝見しまし
□ 8	あとで**電話し**ます。	お電話いたし、お電話し
□ 9	フルーツを**食べる**。	いただく
□ 10	明日は**休み**ます。	休ませていただき
重要 □ 11	**聞いて**もいいですか？	お聞きして、伺って
□ 12	私はそのように**思い**ます。	存じ
□ 13	明後日に**訪問し**ます。	伺い
□ 14	会への出席は**遠慮し**ます。	ご遠慮いたし
□ 15	このケーキを**あげ**ます。	差しあげ
□ 16	母がそう**言ってい**ました。	申しており
□ 17	会場を**教え**ます。	ご案内し
□ 18	あれが**当社**のビルです。	弊社
□ 19	私の一存で**決め**ます。	決めさせていただき
□ 20	専門家に**尋ねて**みた。	伺って、お尋ねして
□ 21	コーヒーを**飲む**。	頂戴する
□ 22	学内の様子を**見せ**ます。	ご覧に入れ
□ 23	**分かり**ました。	かしこまり、承り
□ 24	今日はこれで**帰り**ます。	失礼し

第1章 最新時事
第2章 国語
第3章 教養・スポーツ
第4章 英語
第5章 社会
第6章 数学
第7章 理科
第8章 仕事・業界

敬語［丁寧語］太字を丁寧語に直し、□に正しい美化語（お・ご）を入れなさい。

問題	解答
□ 1　おはようございます。 **今日**は晴れて、良い□天気ですね。	丁寧語：**本日** 美化語：**お**
□ 2　申し訳ございませんが、 その□質問は**こっち**にお願いします。	丁寧語：**こちら** 美化語：**ご**
重要 □ 3　**もうすぐ**□案内しますので 少しお待ちください。	丁寧語：**間もなく** 美化語：**ご**
□ 4　よろしければ **あとで**□茶を飲みましょう。	丁寧語：**後ほど** 美化語：**お**
□ 5　**あっち**の□住所に配送しても よろしいでしょうか。	丁寧語：**あちら** 美化語：**ご**
□ 6　**現在**、□席を準備しておりますので、 お座りになってお待ちください。	丁寧語：**ただいま** 美化語：**お**
□ 7　その件については、 **また**□連絡します。	丁寧語：**改めて** 美化語：**ご**

敬語［正誤］敬語が正しければ○を、間違っている場合は正しい敬語に直しなさい。

問題	解答と解説
□ 1　今からお願いしていた資料を 取りに伺いますが よろしいでしょうか？	×　取り→いただき 「取る」では相手への敬意が伝わらないため、「取る」の謙譲語「いただく」を使う。
□ 2　先日の会社説明会で 社長のお話を聞き、 とても素敵だと思いました。	× 　聞き→伺い、お聞きして 目上の人に対しては「聞く」ではなく、「聞く」の謙譲語「伺う」もしくは「お聞きする」を使う。
□ 3　先ほどお電話をいただいた者ですが 電話に出られずにすみません。 先日はありがとうございました。	× 　すみま→申し訳ございま 「すみません」は謝意としては不十分な上、敬意が伝わらない。この場合は「申し訳ございません」が相応しい。
□ 4　先ほど社員の方が申されました 自社サービスについて 質問させていただきます。	× 　申され→話され 「申す」は謙譲語で、自分が話すときに使う。この場合は「話される」もしくは「おっしゃる」を使う。

問題	解答と解説

☐ **5** そちらを担当した者が
間もなく参りますので
しばらくこちらでお待ちください。

○
「そちらを」「こちらで」「間もなく」という丁寧語と「参ります」という謙譲語が正しく使われている。

重要 ☐ **6** 道に迷ってしまいました。
恐れ入りますが、貴社の場所を
教えていただけないでしょうか。

× 　貴社→御社
「貴社」は文章上で使う。会話では「御社」を使う。「恐れ入りますが」はクッション言葉。敬語ではないが入れるのが望ましい。

重要 ☐ **7** 開催場所の地図は
採用のホームページを
拝見させていただきました。

× 　させていただき→し
「拝見する」も「いただく」も、共に謙譲語。敬語がダブルで入っている二重敬語。「拝見しました」が正しい敬語の使い方。

☐ **8** 大学でお世話になりました
佐藤先輩からの紹介で
お電話いたしました。

× 　の紹介で→ご紹介いただき
敬語が不十分。「ご紹介いただき」もしくは「ご紹介にあずかる」など相手に対する敬意を入れる。

☐ **9** 人事の方から
本日来社するようにとの
連絡をもらったので参りました。

× 　もらった→いただいた
「もらう」では相手への敬意が伝わらない。「もらう」の謙譲語「いただく」を使う。

☐ **10** 誠に残念ですが、
次の約束がありますので
そろそろ帰ります。

× 　帰ります→失礼します
「失礼します」は社会人がよく使う謙譲語。「帰ります」は丁寧語「ます」が付いており間違いではないが、謙譲表現になっていない。

☐ **11** 以前に探しておられた資料が
見つかりましたので
お送りします。

○
「お送りいたします」という表現もあるが、厳密には二重敬語。「お送りさせていただきます」は、二重を通り越した過剰敬語なので注意。

☐ **12** ご連絡ありがとうございます。
では、明日の面接は
11時に伺わせていただきます。

× 　伺わせていただき→伺い
「伺う」も「いただく」も謙譲語で、敬語に敬語が重なった二重敬語。余計な言葉は付けずに「伺います」でいい。

☐ **13** 社長に確認したところ
あなたが希望されている日程で
問題ないそうです。

○
「されている」は「する」の尊敬語なので正しい。「社長」はそれだけで敬称なので「様」は付けない。

☐ **14** 大学1年のときに
友人に誘っていただき
フットサルを始めました。

× 　誘っていただき→誘われて
敬語は目上の人に対して敬意を表すもの。友人に敬語は不要。シンプルに「誘われて」を使えばいい。

国語 10
旧暦・賀寿・時候の挨拶

次の年齢の賀寿を答えなさい。

	問題	解答と解説	
重要 □ **1**	61歳	**還暦** かんれき	60年で生まれたときの干支に還ることから付けられた。数え年で61歳、満60歳のお祝い。
重要 □ **2**	70歳	**古希(稀)** こき	中国の杜甫(とほ)の「曲江(きょくこう)」の詩「人生七十、古来稀なり」にちなむ。
□ **3**	77歳	**喜寿** きじゅ	「喜」の字の草書体が七十七と似ていることから付けられた。
□ **4**	80歳	**傘寿** さんじゅ	「傘」の略字が縦書きの「八十」に見えることから。「八十寿(やそじゅ)」ともいう。
□ **5**	81歳	**半寿** はんじゅ	「半」の旧字体を分解すると八十一になることに由来。「盤寿(ばんじゅ)」ともいう。
重要 □ **6**	88歳	**米寿** べいじゅ	「米」を分解すると八十八と読めることから付けられた。
□ **7**	90歳	**卒寿** そつじゅ	「卒」の俗字「卆」が九十と読めることに由来。
□ **8**	99歳	**白寿** はくじゅ	100−1=99。「百」から「一」を引くと「白」になることから付けられた。
□ **9**	100歳	**上寿** じょうじゅ	荘子(そうし)の文章に由来。「百賀」「百寿」「紀寿」ともいう。
□ **10**	108歳	**茶寿** ちゃじゅ	「茶」の旧字体の草冠は2つの「十」になっており、下の部分は八十八と読める。

旧暦・賀寿・時候の挨拶 ［論語］ 次の論語は何歳を指すのか答えなさい。

	問題		解答と解説	
□ **1**	志学 しがく	**15歳**	「吾十有五にして学に志す」から。学問を深めて立身出世を志す。
□ **2**	而立 じりつ	**30歳**	「三十にして立つ」から。自信がつき自立できるようになる。
□ **3**	不惑 ふわく	**40歳**	「四十にして惑わず」から。ものの考え方に迷い・惑いがなくなる。
□ **4**	知命 ちめい	**50歳**	「五十にして天命を知る」から。天から与えられた使命を知る。
□ **5**	耳順 じじゅん	**60歳**	「六十にして耳(みみ)順(したが)う」から。人の言うことを素直に聞ける。
□ **6**	従心 じゅうしん	**70歳**	「七十にして心の欲するところに従えども矩(のり)を踰(こ)えず」から。

旧暦・賀寿・時候の挨拶 ［旧暦］ 次の月の旧暦の異称を答えなさい。

	問題	解答と解説	
□ **1**	1月	**睦月** むつき	親類知人が互いに訪問し、仲睦(むつ)まじくする月。
□ **2**	2月	**如月** きさらぎ	寒さで着物を重ね着する「着更着」、あるいは草木が生え始める「生更木」から。
□ **3**	3月	**弥生** やよい	「いやおい」が変化。「おい」は「生い」。ますます草木が芽吹くこと。

問題		解答と解説	
□ 4	4月	卯月 うづき	卯の花が咲く季節。「う」は「初」という意味も持っている。
□ 5	5月	皐月 さつき	「耕作」を意味する古語「さ」から稲作を始める月として「皐月」になった。
□ 6	6月	水無月 みなづき	「な」の意味は「の」であり、田に水を入れる月という意味。
□ 7	7月	文月 ふみづき	「ふづき」とも読む。七夕で短冊に歌や字を書くことから。
□ 8	8月	葉月 はづき	葉が落ちる月。新暦では9月上旬から10月上旬に当たる。
□ 9	9月	長月 ながつき	夜がだんだん長くなる月。新暦では10月上旬から11月上旬に当たる。
□ 10	10月	神無月 かんなづき	10月は日本国中の神が出雲大社に集まり「神がいない」月と語源といわれる。
□ 11	11月	霜月 しもつき	霜が降る月である「霜降り月」から「霜月」になったといわれる。
□ 12	12月	師走 しわす	僧が経を上げるために走り回る月なので「師走」といわれる。

旧暦・賀寿・時候の挨拶 ［二十四節］ 次の日付を二十四節に直しなさい。

※日付は年によって変動。下記は2018年のもの。

	問題		解答と解説	
	□ 1	1月20日	大寒 だいかん	1年の中でもっとも寒さが厳しい時期。
重要	□ 2	2月4日	立春 りっしゅん	冬至と春分の中間にあたり、暦の上でこの日が春の季節の始まりとされる。
	□ 3	2月19日	雨水 うすい	雪が雨に変わり、雪が溶け始めるころ。農耕の準備を始める目安とされてきた。
	□ 4	3月6日	啓蟄 けいちつ	地中に縮こまっていた虫が穴から出てくるころという意味。
重要	□ 5	3月21日	春分 しゅんぶん	昼夜の長さがほぼ同じ日。この日を境に昼が長くなっていく。
	□ 6	4月20日	穀雨 こくう	田畑が整い、恵みの春の雨が降る。天候が安定し、日差しも強くなる。
	□ 7	5月5日	立夏 りっか	野山に新緑が映え、夏の兆しが感じられるようになる。
	□ 8	6月6日	芒種 ぼうしゅ	「芒」は「のぎ」と読み、稲の穂先のようにトゲのある穀物。
重要	□ 9	6月21日	夏至 げし	太陽がもっとも北に寄るため、1年で一番昼が長い。
	□ 10	7月23日	大暑 たいしょ	1年の中でもっとも気温が高い時期。夏至から1カ月後。
	□ 11	8月7日	立秋 りっしゅう	暑中見舞いは前日まで。この日以降は残暑見舞いになる。
重要	□ 12	9月23日	秋分 しゅうぶん	昼夜の長さがほぼ同じ日。秋の彼岸の中日。
	□ 13	11月7日	立冬 りっとう	秋分と冬至の中間で、冬の始まり。「立」には新しい季節になるという意味がある。
	□ 14	12月22日	冬至 とうじ	1年の中でもっとも夜が長い日。この日から日が延び始める。

旧暦・賀寿・時候の挨拶 ［時候］ 次の時候の挨拶にあてはまる月を答えなさい。

問題		解答と主な例

□ 1
・寒気厳しき折ですが
・初春のみぎり

1月
厳冬の候、大寒の候、新春の候、厳寒の候、酷寒の候、鏡開きも済み

□ 2
・余寒身に染みるこのごろ
・梅のつぼみも膨らみ

2月
春寒の候、立春の候、向春の候、梅花の候、春まだ浅いこのごろ

□ 3
・春光うららかな季節になりました
・暑さ寒さは彼岸までと言いますが

3月
早春の候、春分の候、浅春の候、春寒ようやくぬるむ始めたこのごろ

□ 4
・春眠暁を覚えずと申しますが
・春の日差しが心地よい毎日

4月
桜花の候、春暖の候、陽春の候、春風駘蕩の候、春爛漫の季節

□ 5
・青葉繁れる季節を迎え
・若葉が薫るころとなり

5月
薫風の候、残春の候、惜春の候、新緑の候、立夏の候、向暑のみぎり

□ 6
・向暑の折から
・梅雨空のうっとうしい季節

6月
初夏の候、薄暑の候、小夏の候、向暑の候、入梅の候、桜桃の候

□ 7
・蝉の声が聞こえる季節となり
・炎暑しのぎがたいこのごろ

7月
大暑の候、酷暑の候、盛夏の候、炎暑の候、暑中お見舞い申し上げます

□ 8
・暦の上ではもう秋というのに
・暑さもようやく峠を越し

8月
晩夏の候、夏の候、初秋の候、秋暑の候、爽涼の候

□ 9
・空も秋色を帯びて
・すがすがしい秋晴れ

9月
初秋の候、新秋の候、清涼の候、新涼の候、涼風の候、野分の候

□ 10
・日増しに秋も深まり
・野も山もすっかり色づき始め

10月
秋冷の候、清秋の候、秋涼の候、紅葉の候、秋涼爽快のみぎり、秋晴れの候

□ 11
・菊の花の香り高い季節を迎え
・落ち葉が風に舞う季節

11月
晩秋の候、初霜の候、菊花の候、初雁の候、向寒の候、暮秋の候、寒気の候

□ 12
・木枯らしが吹きすさぶ
・寒さがひとしお身に染みる

12月
初冬の候、師走の候、霜寒の候、寒冷の候、寒気の候、歳末の候

第3章

思想、文学、芸術、芸能、スポーツ
定番の知識をチェックしよう

教養・スポーツ

次の問いに答えなさい。

| 問題 | 解答と解説 |

□ **1** 太安万侶が編纂した日本最古の歴史書は。

古事記 こじき

稗田阿礼(ひえだのあれ)が誦習していた記録を天武天皇の命で書き記した。

□ **2** 大伴家持が編者と伝えられる日本最古の和歌集は。

万葉集 まんようしゅう

さまざまな身分の者が詠んだ歌が4,500首以上集められている。

重要 □ **3** 世界最古の長編小説といわれる「源氏物語」の作者は。

紫式部 むらさきしきぶ

500名もの人物が登場し、70年余の出来事が記された王朝物語。

□ **4** 紀貫之らの選者によってまとめられた日本最古の勅撰和歌集は。

古今和歌集

仮名で書かれた仮名序と、漢字で書かれた真名序の二つの序文がある。

□ **5** 日本の三大随筆といえば「方丈記」と「徒然草」ともう一つは。

枕草子 まくらのそうし

枕草子は清少納言、方丈記は鴨長明、徒然草は吉田兼好の随筆。

□ **6** 鎌倉時代初期に藤原定家らが選者として編んだ和歌集は。

新古今和歌集

「万葉」「古今」と並ぶ三大歌集の一つ。

□ **7** 紀貫之が仮名で著し、日記文学の先駆けになった作品は。

土佐日記

「男もすなる日記といふものを、女もしてみむとてするなり」の冒頭で有名。

□ **8** 「好色一代男」を書いた江戸時代前期の浮世草子作家は。

井原西鶴 いはらさいかく

日本で最初に浮世草子を確立。「日本永代蔵」や「世間胸算用」も有名。

□ **9** 滝沢(曲亭)馬琴が28年がかりで書いた、8人の若者を主人公とする長編伝奇小説は。

南総里見八犬伝

「里見八犬伝」「八犬伝」とも呼ばれる。滝沢馬琴は原稿料のみで生計を営んだ日本で最初の著述家といわれる。

□ **10** 「国性爺合戦」や「曽根崎心中」を書いた人形浄瑠璃作者は。

近松門左衛門 ちかまつもんざえもん

江戸時代前期の作家。「女殺油地獄」なども有名。

□ **11** 江戸時代の俳人松尾芭蕉が著した紀行文集は。

奥の細道 おくのほそみち

「月日は百代の過客にして、行かふ年も又旅人也」の序文で始まる。

□ **12** 明治時代に活躍した小説家であり、翻訳家でもある坪内逍遥の文芸評論の書名は。

小説神髄

小説としては「当世書生気質」が有名であり、シェイクスピア全集の翻訳でも知られる。

問題		解答と解説

□ **13** 言文一致体で書かれた日本最初の近代小説「浮雲」の作者は。

二葉亭四迷　ふたばていしめい
言文一致体は話し言葉に近い形で書かれた文体。

□ **14** 明治時代の小説家で、「金色夜叉」の作者は。

尾崎紅葉　おざきこうよう
「あの月を僕の涙で曇らせてみせる」の台詞が有名。

□ **15** 「阿部一族」「高瀬舟」「山椒大夫」を書いた明治・大正期の文豪は。

森鴎外　もりおうがい
多数の作品を書き「文豪」と呼ばれたが、本職は軍医だった。

重要 □ **16** 「吾輩は猫である」「三四郎」「それから」を書いた近代日本の代表的国民作家は。

夏目漱石　なつめそうせき
反自然主義の作家。「坊っちゃん」「草枕」「門」「こころ」なども代表作。

□ **17** 「伊豆の踊子」「雪国」「古都」を書いた作家は。

川端康成　かわばたやすなり
新感覚派の代表的作家として活躍。日本人初のノーベル文学書を受賞。

□ **18** 「細雪」「春琴抄」「痴人の愛」を書いた作家は。

谷崎潤一郎　たにざきじゅんいちろう
耽美主義の作家。国際的にも評価が高く、「思想なき文豪」とも評される。

重要 □ **19** 「羅生門」「鼻」「或阿呆の一生」を書いた作家は。

芥川龍之介　あくたがわりゅうのすけ
夏目漱石の弟子。短編小説の名手で、芥川賞に名前が冠せられている。

□ **20** 「暗夜行路」「小僧の神様」「城の崎にて」を書いた作家は。

志賀直哉　しがなおや
理想主義、人道主義を標榜した白樺派の代表的な作家。

重要 □ **21** 「走れメロス」「斜陽」「人間失格」を書いた作家は。

太宰治　だざいおさむ
太宰治は、坂口安吾、石川淳らと共に無頼派(ぶらいは)と呼ばれた。

□ **22** 三島由紀夫が京都の寺の放火事件を題材にして書いた長編小説は。

金閣寺
「潮騒」「仮面の告白」「豊饒の海」なども代表作。

□ **23** 歴史小説の大家で、「竜馬がゆく」「坂の上の雲」を書いた作家は。

司馬遼太郎　しばりょうたろう
戦国・幕末・明治を扱った作品が多い。「梟(ふくろう)の城」で直木賞を受賞。

□ **24** 2008年に再ブームが起きたプロレタリア文学作品「蟹工船」の作者は。

小林多喜二　こばやしたきじ
プロレタリア文学は労働者の生活や思想を描いたもの。

重要 □ **25** 「飼育」「万延元年のフットボール」の作者で、ノーベル文学賞を受賞した作家は。

大江健三郎　おおえけんざぶろう
「飼育」により当時最年少の23歳で芥川賞を受賞。ノーベル文学賞は日本人で2人目。

第1章　最新時事
第2章　国語
第3章　教養・スポーツ
第4章　英語
第5章　社会
第6章　数学
第7章　理科
第8章　仕事・業界

現代の日本作家と主な作品

☐	**1**	東野　圭吾（ひがしの けいご）	秘密、白夜行、流星の絆、ラプラスの魔女
☐	**2**	渡辺　淳一（わたなべ じゅんいち）	光と影、失楽園、遠き落日、鈍感力
☐	**3**	浅田　次郎（あさだ じろう）	蒼穹の昴、鉄道員、壬生義士伝、一路
☐	**4**	村上　春樹（むらかみ はるき）	ノルウェイの森、海辺のカフカ、1Q84
☐	**5**	村上　龍（むらかみ りゅう）	限りなく透明に近いブルー、五分後の世界
☐	**6**	宮部　みゆき（みやべ みゆき）	火車、理由、模倣犯、過ぎ去りし王国の城
☐	**7**	湊　かなえ（みなと かなえ）	告白、贖罪、夜行観覧車、絶唱
☐	**8**	百田　尚樹（ひゃくた なおき）	永遠の0、海賊とよばれた男

ノーベル文学賞受賞者と主な作品

☐	**1**	川端　康成（かわばた やすなり）	伊豆の踊子、雪国、古都
☐	**2**	大江　健三郎（おおえ けんざぶろう）	飼育、万延元年のフットボール

芥川賞受賞者と受賞作品

☐	**1**	2020年下半期	宇佐見りん	推し、燃ゆ
☐	**2**	2020年上半期	高山羽根子	首里の馬
☐	**3**	2020年上半期	遠野遥	破局
☐	**4**	2019年上半期	今村夏子	むらさきのスカートの女
☐	**5**	2019年上半期	古川真人	背高泡立草

直木賞受賞者と受賞作品

☐	**1**	2020年下半期	西條奈加	心(うら)淋し川
☐	**2**	2020年上半期	馳星周	少年と犬
☐	**3**	2019年上半期	大島真寿美	渦 妹背山婦女庭訓 魂結び
☐	**4**	2019年下半期	川越宗一	熱源
☐	**5**	2018年下半期	真藤順丈	宝島

教養・スポーツ 2
世界の文学

次の問いに答えなさい。

問題	解答と解説

□ **1** 長編叙事詩「イーリアス」「オデュッセイア」の作者は。

ホメロス
古代ギリシャの詩人。「トロイの木馬」は「イーリアス」に登場する。

□ **2** 古代ギリシャの三大悲劇詩人の一人であるソフォクレスの代表作は。

オイディプス王
その他の三大悲劇詩人はアイスキュロスとエウリピデス。

□ **3** 名文の極致といわれる「ガリア戦記」を書いたローマの政治家は。

ユリウス・カエサル(シーザー)
ローマ軍のガリア遠征の記録。簡潔な文体が高く評価されている名著。

重要 □ **4** イタリア文学最大の古典とされる長編叙事詩「神曲(しんきょく)」を書いたイタリアの詩人・政治家は。

ダンテ
当時の文章で用いていたラテン語ではなく、トスカナ語(現イタリア語)で書かれている。

重要 □ **5** シェイクスピアの四大悲劇作品といえば「ハムレット」「オセロ」「マクベス」と、もう一つは。

リア王
イギリスの劇作家。「ベニスの商人」「ロミオとジュリエット」「夏の夜の夢」なども有名。

□ **6** ベネチアの商人マルコ・ポーロが、アジア諸国で見聞した情報をまとめた旅行記は。

東方見聞録
日本を「黄金の国ジパング」として紹介したことで知られている。

□ **7** スペインの作家セルバンテスが書いた、騎士道の妄想にとらわれた下級貴族が主人公の長編小説は。

ドン・キホーテ
近代文学の先駆的作品。馬のロシナンテと従者のサンチョパンサと共に遍歴の旅に出掛ける物語。

重要 □ **8** 17世紀イギリスの詩人ミルトンが書いたキリスト教文学の代表作は。

失楽園
堕天使ルシファーと、ルシファーに騙され楽園を追放される人間の姿を描いた作品。

□ **9** イギリスの小説家ダニエル・デフォーが書いた冒険小説は。

ロビンソン・クルーソー
「ロビンソン漂流記」ともいう。18世紀の小説。

□ **10** 仮名で執筆された風刺小説「ガリバー旅行記」の作者は。

ジョナサン・スウィフト
アイルランドの風刺作家。

重要 □ **11** 「若きウェルテルの悩み」「ファウスト」などの作品で知られるドイツの詩人・小説家は。

ゲーテ
自然科学者、政治家でもある。世界三大文豪の一人。ほかはシェイクスピアとダンテ。

第1章 最新時事
第2章 国語
第3章 教養・スポーツ
第4章 英語
第5章 社会
第6章 数学
第7章 理科
第8章 仕事・業界

☐ **12** 戯曲「ウィルヘルム・テル」や交響曲第9番「合唱付き」の原詞で知られるドイツの詩人・劇作家は。

シラー

同時代に生きたゲーテとシラーは「ドイツ古典主義」という文学様式を確立した。

☐ **13** 「赤と黒」「パルムの僧院」「恋愛論」を書いたフランスの小説家は。

スタンダール

「赤と黒」は実際に起きた事件を題材にした長編小説。

☐ **14** 90篇の長編・短編からなる膨大な小説「人間喜劇」を書いた19世紀フランスの小説家は。

バルザック

近代リアリズム小説の代表者。

☐ **15** アメリカの作家マーク・トウェインが19世紀後半に発表した、少年少女向けの娯楽小説は。

トム・ソーヤーの冒険

続編が「ハックルベリー・フィンの冒険」。今も読み継がれる名作。

☐ **16** 「悪の華」「パリの憂鬱」などで知られ、近代詩の礎を築いた詩人は。

ボードレール

19世紀フランスの詩人。「近代詩の父」と呼ばれる。

重要 ☐ **17** 「罪と罰」と並ぶ最高傑作といわれている、ドストエフスキーの小説は。

カラマーゾフの兄弟

「白痴」「悪霊」「未成年」と合わせて後期五大作品と呼ばれる。

☐ **18** ミュージカルや映画にもなっている「レ・ミゼラブル」を書いたフランスの小説家は。

ヴィクトル・ユゴー

「レ・ミゼラブル」は19年間もの監獄生活を送ることになったジャン・ヴァルジャンの生涯を描いた作品。

☐ **19** 「アンナ・カレーニナ」「戦争と平和」「復活」を書いたロシアの小説家・思想家は。

トルストイ

ドストエフスキー、ツルゲーネフと並んで19世紀を代表する文豪。

重要 ☐ **20** 「武器よさらば」「誰がために鐘は鳴る」「老人と海」を書いたアメリカの小説家は。

ヘミングウェイ

20世紀の小説家・詩人。1954年にノーベル文学賞を受賞。

☐ **21** 「人間の土地」「夜間飛行」を書いたサン＝テグジュペリの作品の中で、世界的にもっとも有名な作品は。

星の王子さま

フランスの小説家。1943年にアメリカで出版された。

☐ **22** 世界的ベストセラーになった「ハリー・ポッター」シリーズを書いたイギリスの小説家は。

J・K・ローリング

児童文学の枠を超えた人気作品として世界中で社会現象となった。全8巻。2007年に最終巻が発売され完結。

各国のその他の主な作家と作品

☐	1	チャールズ・ディケンズ	イギリス	クリスマス・キャロル
☐	2	エミリー・ブロンテ	イギリス	嵐が丘
☐	3	アガサ・クリスティ	イギリス	オリエント急行殺人事件
☐	4	アルベール・カミュ	フランス	異邦人、ペスト
☐	5	フランソワーズ・サガン	フランス	悲しみよこんにちは
☐	6	ヘルマン・ヘッセ	ドイツ	車輪の下、郷愁、知と愛
☐	7	トーマス・マン	ドイツ	ヴェニスに死す、魔の山
☐	8	ルイザ・メイ・オルコット	アメリカ	若草物語
☐	9	マーガレット・ミッチェル	アメリカ	風と共に去りぬ
☐	10	ジョン・スタインベック	アメリカ	エデンの東
☐	11	J・D・サリンジャー	アメリカ	ライ麦畑でつかまえて
☐	12	アントン・チェーホフ	ロシア	かもめ、桜の園
☐	13	ジョヴァンニ・ボッカチオ	イタリア	デカメロン
☐	14	魯迅（ろじん）	中国	狂人日記
☐	15	フランツ・カフカ	チェコ	変身、審判
☐	16	ヘンリク・イプセン	ノルウェー	人形の家
☐	17	モーリス・メーテル・リンク	ベルギー	青い鳥

ノーベル文学賞受賞者と主な作品

☐	1	2016年	ボブ・ディラン	【アメリカ】風に吹かれて
☐	2	2017年	カズオ・イシグロ	【イギリス】日の名残り
☐	3	2018年	オルガ・トカルチュク	【ポーランド】逃亡派
☐	4	2019年	ペーター・ハントケ	【オーストリア】左ききの女、ベルリン・天使の詩
☐	5	2020年	ルイーズ・グリュック	【アメリカ】アキレスの勝利、野生のアヤメ

次の問いに答えなさい。

| 問題 | 解答と解説 |

□ **1** 飛鳥時代の仏師、鞍作止利の作で、法隆寺金堂に安置されている仏像は。

釈迦三尊像 しゃかさんぞんぞう
渡来系の仏師。像の光背銘に「623年に聖徳太子の冥福のために造った」と記されている。

□ **2** 「日本最古の漫画」と呼ばれ、鳥羽僧正の作と伝えられている、動物や人物を戯画した作品は。

鳥獣人物戯画
現在の研究では平安時代末期から鎌倉時代初期にかけて複数の作者が描いたものと考えられている。

□ **3** 東大寺南大門の仁王像を制作した鎌倉時代を代表する二人の仏師は。

運慶・快慶 うんけい・かいけい
慶派の仏師。運慶は、仏師康慶（こうけい）の子、快慶は康慶の弟子。

重要 □ **4** 室町時代に活躍した画家で、日本独自の水墨画風を確立させた禅僧は。

雪舟 せっしゅう
代表作は「四季山水図（山水長巻）」「秋冬山水図」「天橋立図」。

□ **5** 「獅子図屏風」「洛中洛外図」などで知られる安土桃山時代の絵師は。

狩野永徳 かのうえいとく
狩野派の代表的な画人。

□ **6** 「松林図屏風」で知られる安土桃山時代から江戸時代初期の絵師は。

長谷川等伯 はせがわとうはく
中国絵画から画法を学び、独自の画風を確立した。

重要 □ **7** 建仁寺の「風神雷神図（屏風）」で知られ、琳派の祖といわれる江戸時代初期の画家は。

俵屋宗達 たわらやそうたつ
琳派は俵屋宗達と本阿弥光悦が創始し、その後、尾形光琳・乾山兄弟によって発展した。

□ **8** 江戸初期に活躍した浮世絵師である菱川師宣の代表作は。

見返り美人図
木版浮世絵を確立した師宣は、最初の浮世絵師といわれる。

□ **9** 「東海道五十三次」「江戸名所百景」で知られる浮世絵師は。

歌川広重 うたがわひろしげ
ゴッホやモネなど印象派の画家に大きな影響を与えた。

□ **10** 大胆にデフォルメされた「役者大首絵」で有名な浮世絵師は。

東洲斎写楽 とうしゅうさいしゃらく
経歴が不明で、謎の浮世絵師として知られる。

□ **11** 「紅白梅図屏風」の作者で、琳派と称された江戸中期の画家は。

尾形光琳 おがたこうりん
工芸にも優れ、光琳模様・光琳蒔絵（まきえ）を生んだ。

重要 □ **12** 「富嶽三十六景」で知られる、江戸時代後期の浮世絵師は。

葛飾北斎 かつしかほくさい
3万点を超える作品を描き、近代の美術に多大な影響を与えた。

問題　　　　　**解答と解説**

□ **13** 美人大首絵で知られ、美人画の大家と呼ばれる江戸時代の浮世絵師は。

喜多川歌麿　きたがわうたまろ
顔を中心とした構図を考案。国際的にもよく知られる浮世絵師。

□ **14** 朦朧体(もうろうたい)と呼ばれる、線描を抑えた独特の没線描法を確立した、日本画家は。

横山大観　よこやまたいかん
「瀟湘八景」「生々流転」「夜桜」などが代表作。

□ **15** 明治から昭和にかけて「序の舞」を代表とする美人画を描き続けた女流画家は。

上村松園　うえむらしょうえん
格調高い画風で知られ、女性として初めての文化勲章を受章した。

重要 □ **16** 「湖畔」「読書」「智・感・情」で知られる洋画家は

黒田清輝　くろだせいき
明治中期に初めて日本に印象派絵画を移入した。

□ **17** 「海の幸」「わだつみのいろこの宮」で知られ、28歳の若さで夭逝(ようせい)した明治時代の洋画家は。

青木繁　あおきしげる
日本の古代神話などをモチーフにした、浪漫的色彩の濃い画風。

□ **18** 裸婦像の「乳白色の肌」が絶賛され、フランスでもっとも著名な日本人といわれる洋画家は。

藤田嗣治　ふじたつぐはる
猫と女性を得意な画風とし、日本画の技法を油彩画に取り入れた。エコール・ド・パリ(パリ派)の代表的な画家。

□ **19** 「釈迦十大弟子(しゃかじゅうだいでし)」など仏を題材にし、木版の特徴を生かした作品で有名な板画(木版画)家は。

棟方志功　むなかたしこう
版画だけでなく、油絵、倭画、書、詩歌などにも多くの傑作がある。

□ **20** 「紫禁城」「桜島」などの作品で知られる洋画家は。

梅原龍三郎　うめはらりゅうざぶろう
ルノワールに師事。豊麗な色彩の独自な画境を築いた。

重要 □ **21** 岸田劉生(きしだりゅうせい)の代表作である娘の肖像画の名前は。

麗子像
麗子像は70点あり、劉生の代表作。

□ **22** 「朝明けの潮」「道」の作者で、昭和の日本画壇を代表する風景画家は。

東山魁夷　ひがしやまかいい
自然や街などの風景を独自の視点で表現。

□ **23** 前衛的な作風で一世を風靡し、「太陽の塔」で知られる芸術家は。

岡本太郎　おかもとたろう
「芸術は爆発だ」というフレーズでも知られる。

□ **24** 日本画家・平山郁夫(ひらやまいくお)が好んで描いた地域はどこか。

シルクロード
仏教やシルクロードをテーマとした作品が多い。

第1章　最新時事
第2章　国語
第3章　教養スポーツ
第4章　英語
第5章　社会
第6章　数学
第7章　理科
第8章　仕事・業界

世界の美術

次の問いに答えなさい。

問題		解答と解説	

□ **1** ルネサンスの画家・ボッティチェリの代表作で、貝殻の上に裸身の女性が立つ作品は。

ヴィーナスの誕生
ボッティチェリはフィレンツェのメディチ家の庇護を受け、多数の作品をメディチ家のために制作した。

□ **2** 女性のほほ笑みで知られる、レオナルド・ダ・ヴィンチの代表作は。

モナ・リザ
ダ・ヴィンチは万能の天才として知られ、建築家・科学者としての業績も残している。

重要 □ **3** ミケランジェロがシスティーナ礼拝堂の祭壇に描いたフレスコ画は。

最後の審判
ピエタやダヴィデ像など素晴らしい彫刻も残している。

□ **4** 古典主義絵画の祖といわれ、「ベルヴェデーレの聖母」「アテナイの学堂」を描いた画家は。

ラファエロ
レオナルド・ダ・ヴィンチ、ミケランジェロとラファエロを盛期ルネサンスの三大巨匠と呼ぶ。

□ **5** 奔放で劇的な特徴を持つ17世紀の西洋美術の様式は。

バロック美術
意図的にバランスを崩し、動的に表現した。

□ **6** 「真珠の耳飾りの少女」を描いた、17世紀オランダの画家は。

フェルメール
鮮やかな青は「フェルメール・ブルー」と呼ばれる。

□ **7** 「ラス・メニーナス」「教皇インノケンティウス10世」などを描いた17世紀スペインの画家は。

ベラスケス
スペイン国王フェリペ4世付きの宮廷画家として多数の宮廷人の肖像画を描いた。

重要 □ **8** 「光と影の巨匠」と呼ばれた、17世紀オランダの画家は。

レンブラント
「夜警」や多数の自画像を描いた。エッチングや銅版画でも有名。

□ **9** 大規模な工房を構えて数々の傑作を生み出した、バロック期を代表するドイツ出身の画家は。

ルーベンス
小説「フランダースの犬」に出てくる絵の作者としても有名。

□ **10** 「民衆を率いる自由の女神」を描いた、フランスの19世紀ロマン主義を代表する画家は。

ドラクロア
「キオス島の虐殺」「サルダナパールの死」なども代表作。

□ **11** 「戦艦テメレール号」を描いた、19世紀イギリスの風景画家は。

ターナー
ロマン主義の画家。大気と光、雲の劇的な表現で知られる。

問題

解答と解説

重要 □ **12** 「落ち穂拾い」を描いた19世紀フランスの画家は。

ミレー
「種まく人」「晩鐘」も代表作。農民画はゴッホにも強い影響を与えた。

□ **13** 「オランピア」「笛吹く少年」を描いた19世紀フランスの画家は。

マネ
印象派の画家グループの中心人物。

□ **14** 「光の画家」と呼ばれたモネが200点以上描いた植物は。

睡蓮　すいれん
モネの作品名がきっかけとなり、「印象派」という言葉が誕生した。

□ **15** 「ムーラン・ド・ラ・ギャレット」「浴女たち」を描いた、フランス印象派の画家は。

ルノワール
風景画、花などの静物画もあるが、代表作は人物画が多い。ポスト印象派の画家とされることもある。

重要 □ **16** 後のキュビズムに影響を与えたことから「近代絵画の父」と称された、フランス後期印象派の画家は。

セザンヌ
「オレンジとリンゴ」「カード遊びをする二人の男たち」などが代表作。

□ **17** タヒチを題材にした作品を多く残した後期印象派の画家は。

ゴーギャン
ゴッホと共同生活したあとにタヒチに渡った。

重要 □ **18** 「近代彫刻の父」と称えられ、「地獄の門」を制作したフランスの彫刻家は。

ロダン
もっとも有名な作品「考える人」は「地獄の門」の一部を抜き出した作品。

□ **19** 「ひまわり」「自画像」などを描いた後期印象派の画家は。

ゴッホ
黄色を好んで使い、日本の浮世絵にも影響を受けた。

□ **20** 点描画で有名な「グランド・ジャット島の日曜日の午後」を描いた新印象派の画家は。

スーラ
点描で描く手法を完成させた画家として有名。

□ **21** ノルウェーの表現主義の画家・ムンクの代表作は。

叫び
ムンクは、生と死、孤独、嫉妬、不安などをテーマとした多くの人物画を描いた。

重要 □ **22** パブロ・ピカソが描いた、ドイツ軍の激しい空襲を受けたスペインの小都市を主題にした作品は。

ゲルニカ
ピカソはキュビズムの創始者で、代表作として「アヴィニヨンの娘たち」がある。

□ **23** 「キャンベルスープ缶」のポップアートで有名なアメリカの画家は。

アンディ・ウォーホル
1960年代に台頭したポップアートの代名詞的存在。

第1章　最新時事

第2章　国語

第3章　教養スポーツ

第4章　英語

第5章　社会

第6章　数学

第7章　理科

第8章　仕事業界

次の問いに答えなさい。

問題	解答と解説

重要 □ **1** 古代ギリシャの三大哲学者はソクラテスとプラトンと、もう一人は。

アリストテレス
師であるプラトンのイデア論を批判し、形相は個別に内在すると考えた。

□ **2** 根本的な真理について何も知らないという自覚（無知の知）に導くために、ソクラテスが用いた手法は。

問答法
対話の答えに含まれる矛盾を指摘して相手に無知を自覚させることにより、真理の認識に導く方法。

□ **3** キリスト教において「父」と「子」と「聖霊」が「一体」であるとする教えを何というか。

三位一体 さんみいったい
キリスト教の基本教理の一つであり、ほとんどのキリスト教宗派が正統教義として受け入れている。

重要 □ **4** 唯一神アッラーの啓示を記したとされるイスラム教の聖典は。

コーラン
イスラム教は世界三大宗教の一つ。六信五行を義務としている。

□ **5** ユダヤ教、キリスト教、イスラム教のように、一柱の神のみを信仰する宗教のことを何というか。

一神教
複数の神を崇める宗教は多神教といい、仏教、ヒンドゥー教、神道などがこれに当たる。

□ **6** 中世ヨーロッパにおけるスコラ哲学の大成者トマス・アクィナスが著した書物は。

神学大全
キリスト教神学とアリストテレス哲学を融合し、カトリック神学の体系を完成した神学書。

□ **7** 「方法序説」に「我思う、故に我あり」という有名な命題を書いたフランスの哲学者は。

デカルト
「近代哲学の父」と呼ばれる。数学者でもあり、実数をX軸、Y軸の座標で表す方法を発明したことでも有名。

□ **8** 随想録「パンセ」に「人間は考える葦である」と書いた17世紀フランスの哲学者は。

パスカル
「パスカルの定理」や「パスカルの三角形」を発見した数学者としても知られる。

□ **9** 「エチカ（倫理学）」によってデカルトからドイツ観念論への橋渡しをしたオランダの哲学者は。

スピノザ
ヨーロッパ哲学史上における形而上学体系の創始者。ユダヤ人だが、その哲学思想によってユダヤ協会から破門された。

□ **10** 「精神現象学」の著作で知られ、ドイツ観念論を集大成したともいわれる哲学者は。

ヘーゲル
精神が論理にしたがって発展する弁証法はマルクスに批判的に継承された。

問題 | 解答と解説

重要 □ **11** 三批判書の著作で知られ、ドイツ観念論哲学の祖と称される哲学者は。

カント
三批判書は「純粋理性批判」「実践理性批判」「判断力批判」。

□ **12** 「あれかこれか」「死に至る病」の著者でデンマークの哲学者キルケゴールが創始者とされる思想は。

実存主義
人間の実存を哲学の中心におく思想的立場。実存とは自分自身をはじめとした個別的、具体的な現実実存の意。

重要 □ **13** 「悲劇の誕生」「ツァラトゥストラはかく語りき」の著作で知られるドイツの哲学者は。

ニーチェ
「神は死んだ」という有名な言葉を残したことでも知られる。

□ **14** 著作「存在と時間」で現象学の手法を用いて存在論を展開したドイツの哲学者は。

ハイデッガー
20世紀の哲学に大きな影響を与えた実存主義哲学者。すべてのものの存在意味を追究した。

□ **15** 「論理学研究」の著作で現象学を提唱したオーストリアの哲学者は。

フッサール
現象学はハイデッガー、サルトル、メルロ＝ポンティなどに影響を与えた。

□ **16** 18世紀ヨーロッパにおける代表的なフランスの啓蒙主義思想家モンテスキューの政治理論書は。

法の精神
三権分立論を展開。啓蒙思想家は、ほかに「社会契約論」のルソーや、ロック、ヴォルテールなどがいる。

□ **17** 著作「創造的進化」で、「elan vital（生の飛躍）」という用語を使ったフランスの哲学者は。

ベルクソン
主著は「時間と自由」「物質と記憶」など。「生」をテーマとする著作が多い。

重要 □ **18** 資本主義社会の分析をすることで、必然的に社会主義社会が到来すると考えた「資本論」の著者は。

マルクス
ドイツの哲学者、思想家。ほかにエンゲルスとの共著で有名な「共産党宣言」などがある。

□ **19** 「存在と無」の著者で、戦後日本にも影響を与えたフランスの哲学者は。

サルトル
1960年代、世界中の若者に大きな影響を与えた作家として知られる。

□ **20** イギリス経験論を引き継ぎ、パース、ジェームズ、デューイらによって発展したアメリカの思想は。

プラグマティズム
物事の真理を判断するのに経験と実践を重視する思想。現代のアメリカ哲学にも影響を与えている。

□ **21** 「野生の思考」「悲しき熱帯」で知られる文化人類学者のレヴィ＝ストロースが創始者とされる思想は。

構造主義
事象を体系としてとらえ、その関係を構造分析する構造主義哲学者には、ほかにフーコー、ラカンなどがいる。

次の問いに答えなさい。

| 問題 | 解答と解説 |

重要 □ **1** 世界三大宗教は、キリスト教、イスラム教と、もう一つは。

仏教
釈迦が紀元前5世紀ころにインドで創始。大乗と小乗などの流派がある。

□ **2** 中国春秋戦国時代の孔子（こう し）の教えを基にした儒教の教典で、重要な9種の書物の総称は。

四書五経 ししょごきょう
四書の中で代表的なのは論語。孔子の言葉、孔子と弟子たちの問答、弟子同士の討論などが記されている。

重要 □ **3** 性善説を唱え、徳で統治しない王は倒されるという易姓革命を初めて唱えたとされる中国の儒学者は。

孟子 もうし
日本で易姓革命は広まらなかったが、中国では王朝交代を説明する理論として使われた。

□ **4** 性悪説を主張し、学問（礼）を修めることで善を目指すべきだとした中国春秋戦国時代末の儒学者は。

荀子 じゅんし
弟子として韓非子、李斯などが知られている。荀子の思想は、法家に大きな影響を与えた。

□ **5** 中国春秋戦国時代の思想家で、一切の差別がない博愛主義（兼愛）を説いたのは。

墨子 ぼくし
儒学を学んだが、孔子の「仁」の思想を差別愛だとし、すべての人を平等に愛する兼愛説に行き着いた。

□ **6** 中国の思想家老子（ろう し）、荘子（そう し）が創始者の一人とされる、仏教、儒教と並ぶ中国三大宗教の一つは。

道教 どうきょう
中心概念はものを超越した「道（タオ）」。「神仙思想」と、老子と荘子の思想を合わせた「老荘思想」の二つの面を持つ。

□ **7** 中国南宋時代に万物は「理」と「気」からなり、不離不雑の関係とする理気二元論を唱えた中国の思想は。

朱子学 しゅしがく
儒学者朱子によって再構築された儒学の学問体系。日本には鎌倉時代末期に伝えられ、江戸時代に普及した。

重要 □ **8** 遣唐使に随行して唐の都長安で密教を学び、帰国後に真言宗を開いた平安初期の僧は。

空海（弘法大師） くうかい
真言宗は日本仏教の一宗派で、真言陀羅尼宗（だらにしゅう）ともいい、大日如来（だいにちにょらい）を教主として仰ぐ。

重要 □ **9** 「法華経（ほけきょう）」を根本教典とし、すべての人に仏性があると説いた日本の天台宗の開祖である平安時代の僧は。

最澄 さいちょう
比叡山に天台宗総本山の延暦寺を建立した。天台宗も真言宗も密教の要素を含む日本の仏教宗派の一つ。

□ **10** 天台宗を学び、後に浄土宗の開祖となった僧は。

法然 ほうねん
専修念仏（南無阿弥陀仏と唱える）の教えを説いた。

| 問題 | 解答と解説 |

重要 □ **11** 悪人正機説を唱え、専修念仏を徹底し、絶対他力を強調した浄土真宗の開祖は。

親鸞　しんらん
「悪人こそ救われる」という思想は浄土真宗の教義の中で重要な教え。

□ **12** 男女や身分、信心の有無に関係なく、念仏を唱えれば等しく救われると説いた時宗の開祖は。

一遍　いっぺん
時宗は遊行宗とも呼ばれ、その名のとおり念仏を唱えながら踊る「踊り念仏」で知られる。

□ **13** 「南無妙法蓮華経」を唱えると成仏できると説いた鎌倉時代の僧は。

日蓮　にちれん
日蓮宗（法華宗）の開祖。法華経を中心とすれば国も国民も安泰になると主張。

□ **14** 鎌倉時代に南宋に留学し、禅宗を日本へ持ち帰った栄西が開いた宗派は。

臨済宗　りんざいしゅう
「喫茶養生記」を著し、お茶の効能を日本に広めた人物としても知られる。

□ **15** 無限の修行こそが成仏であり、座禅を悟りの姿とした只管打坐を教義とする禅宗は。

曹洞宗　そうとうしゅう
開祖は鎌倉時代初期の禅僧道元。道元著の仏教思想書「正法眼蔵」は世界で高く評価されている。

□ **16** 江戸時代中期の思想家・石田梅岩を開祖とし、儒教や仏教、日本古来の神道の思想を取り入れた教えは。

心学　しんがく
石門心学とも呼ばれる。尊重されたのは勤勉、倹約、正直の徳であり、江戸時代後期には全国的に広まった。

□ **17** 「自然真営道」で徹底した平等主義を唱えた江戸時代中期の思想家は。

安藤昌益　あんどうしょうえき
平等主義は、士農工商という身分制度があった江戸時代では画期的な思想。

重要 □ **18** 自叙伝「折たく柴の記」で知られ、幕政にも積極的に参加した江戸時代中期の学者は。

新井白石　あらいはくせき
江戸幕府は儒学の一派である朱子学を学問の中心として位置付けた。

□ **19** 明治から昭和初期の日本の哲学者・西田幾多郎の主著で、主客未分の「純粋経験」を唱えた哲学書は。

善の研究
西洋哲学と東洋思想の融合を目指した思想は西田哲学と呼ばれ、日本初の独創的哲学と称された。

□ **20** 非戦論や無教会主義を説いたことで知られる日本人のキリスト教思想家は。

内村鑑三　うちむらかんぞう
教育勅語への最敬礼を拒んだことで教職を追われた「内村鑑三不敬事件」を起こしたことでも有名。

重要 □ **21** 日本固有の「もののあはれ」という情緒を文学の本質とし、儒学を批判した江戸中期の国学者は。

本居宣長　もとおりのりなが
解読が難しいとされた古事記の注釈書「古事記伝」を著し、国学の基礎を固めた人物として知られる。

第1章　最新時事
第2章　国語
第3章　教養・スポーツ
第4章　英語
第5章　社会
第6章　数学
第7章　理科
第8章　仕事・業界

次の問いに答えなさい。

問題

解答と解説

□ **1** 古代ギリシャ建築の様式は3つに分けられる。ドーリア式、イオニア式と、もう一つは。

コリント式
建築様式の違いは柱頭の飾り様式によって区分される。パルテノン神殿はドーリア式。

□ **2** 「ピサの大聖堂」に代表される、古代ローマ様式を基調とし、水平感を強調した建築様式は。

ロマネスク様式
半円形のアーチと簡素なボールトが特徴。「ル・トロネ修道院」など。

□ **3** 「ノートルダム大聖堂」に代表される、垂直性を強調した建築様式は。

ゴシック様式
尖塔アーチ、バラ窓や入り組んだボールト天井が特徴。「ケルン大聖堂」など。

□ **4** 「ヴェルサイユ宮殿」に代表される、曲線が多く用いられ、豪華な装飾が特徴の建築様式は。

バロック様式
内部の彫刻、絵画、家具も一体となった総合芸術として考えられた。「サン・ピエトロ大聖堂」など。

重要 ▶ □ **5** 「旧・帝国ホテル」を設計し、「近代建築の巨匠」と呼ばれるアメリカの建築家は。

フランク・ロイド・ライト
ニューヨークの「グッゲンハイム美術館」の設計でも有名。

重要 ▶ □ **6** 「近代建築の5原則」を説き、近代建築の三大巨匠の一人と称される、スイス生まれの建築家は。

ル・コルビュジエ
ライト、ル・コルビュジエ、ローエを「近代建築の三大巨匠」、グロピウスを加えて「四大巨匠」と呼ぶ。

□ **7** 19世紀末、フランスを中心に欧米で流行した、植物模様や流れるような曲線が特徴の芸術様式は。

アール・ヌーヴォー
建築、工芸品、絵画などさまざまな分野で取り入れられた。

重要 ▶ □ **8** 1882年に着工し、今なお工事が続く世界遺産「サグラダ・ファミリア教会」を設計した建築家は。

ガウディ
ガウディはアール・ヌーヴォー時代を代表する建築家。「グエル公園」や「カサ・ミラ」も有名な作品。

□ **9** 「フィッシャー邸」を設計した、「最後の巨匠」ともいわれているアメリカの建築家は。

ルイス・カーン
現代建築の巨匠ともいわれる。哲学的な建築論でも知られ、優れた教育者でもあった。

□ **10** シドニー(オーストラリア)の「オペラハウス」を設計した建築家は。

ヨーン・ウツソン
20世紀を代表する近代建築物。画期的なデザインで、高く評価されている。

問題		解答と解説	

□ **11** 世界遺産に登録されている、世界最古の木造建築物は。

法隆寺 ほうりゅうじ
金堂、五重塔を中心とする西院伽藍が世界最古の木造建築物。

□ **12** 唐からの帰化僧・鑑真が建立した天平時代の寺院は。

唐招提寺 とうしょうだいじ
世界遺産。金堂、講堂をはじめ、多数の国宝があり、重要文化財も多い。

□ **13** 東大寺南大門の再興時にも使われた、僧・重源が日本にもたらした寺院建築様式は。

大仏様 だいぶつよう
中国の宋の建築様式を取り入れたもの。近代建築でのラーメン構造と同じ原理。

□ **14** 「京都御所」や「厳島神社」などで使われている、平安時代の貴族住宅の様式は。

寝殿造り しんでんづくり
中央に南面して寝殿を建て、その左右に対屋を設け、寝殿と対屋は渡殿で連絡する様式。

□ **15** 足利義満が建立し、三島由紀夫の小説にもなった建築物は。

金閣寺 きんかくじ
鹿苑寺(ろくおんじ)が正式名称。寝殿造り、武家造り、唐様の3つの建築様式を調和。

□ **16** 足利義政が建立した、東山文化の代表的建築物は。

銀閣寺 ぎんかくじ
慈照寺(じしょうじ)が正式名称。書院造り。

□ **17** 建築家のブルーノ・タウトに絶賛され、世界的に有名になった京都にある数寄屋造りの建築物は。

桂離宮 かつらりきゅう
タウトは「泣きたくなるほど美しい」と記し、簡素な建築美はモダニズム建築の様式美に通じるとした。

□ **18** 「見ざる、言わざる、聞かざる」の三猿で知られ、徳川家康を祭った寺院は。

日光東照宮 にっこうとうしょうぐう
建造物の8棟は国宝、34棟は重要文化財。

□ **19** 日本モダニズム建築の旗手で、「東京文化会館」を設計した建築家は。

前川國男 まえかわくにお
20世紀を代表する建築家ル・コルビュジエの弟子。

重要 □ **20** 「東京都庁舎」や「広島平和記念資料館」などを設計した建築家は。

丹下健三 たんげけんぞう
戦後日本を代表する建築家。国内外で活躍した。

□ **21** 「中銀カプセルタワービル」「国立新美術館」を設計した建築家は。

黒川紀章 くろかわきしょう
都市計画にも積極的に携わった。都知事選に出馬したことでも知られる。

重要 □ **22** 「表参道ヒルズ」や「地中船」をイメージした「地下鉄副都心線渋谷駅」を設計した建築家は。

安藤忠雄 あんどうただお
1995年に建築界のノーベル賞といわれる「プリツカー賞」を受賞。

第1章 最新時事
第2章 国語
第3章 教養・スポーツ
第4章 英語
第5章 社会
第6章 数学
第7章 理科
第8章 仕事・業界

教養
スポーツ

音楽

次の問いに答えなさい。

問題	解答と解説

□ **1** 「四季」などの協奏曲を作ったイタリアの作曲家は。

ヴィヴァルディ
バロック末期の作曲家。500曲以上の協奏曲を残した。

重要→ □ **2** 「音楽の父」と呼ばれ、「フーガの技法」「マタイ受難曲」などを作ったドイツの作曲家は。

バッハ
「ドイツ三大B」の一人。対位法を極限まで高めた。

□ **3** 「音楽の母」と呼ばれ、オラトリオ「メサイヤ」や組曲「水上の音楽」などを作った作曲家は。

ヘンデル
「メサイヤ」ではコーラス「ハレルヤ」が特に有名。ドイツ人だが26歳でイギリスに渡り、生涯を過ごした。

重要→ □ **4** 「楽聖」と呼ばれ、「運命」や「英雄」を作ったドイツの作曲家は。

ベートーベン
「ドイツ三大B」の一人。「月光」「田園」なども有名。難聴だったことでも知られる。

重要→ □ **5** 「子守歌」「ハンガリー舞曲」「ドイツレクイエム」などを作ったドイツの作曲家は。

ブラームス
「ドイツ三大B」の一人。ベートーベンの作風を継承したドイツロマン派の作曲家。

□ **6** 「交響曲の父」と呼ばれ、オラトリオ「天地創造」「四季」を作ったオーストリアの作曲家は。

ハイドン
「弦楽四重奏曲の父」とも呼ばれる。古典派の作曲家。

□ **7** 「神童」と呼ばれ、歌劇「魔笛」「フィガロの結婚」を作ったオーストリアの作曲家は。

モーツァルト
35歳の若さで死ぬまでに、700曲以上を作曲した。

□ **8** 「歌曲の王」と呼ばれ、「魔王」「冬の旅」などの歌曲を作ったオーストリアの作曲家は。

シューベルト
歌曲だけでなく交響曲も書いており、「未完成交響曲」が有名。

□ **9** ホ短調の「バイオリン協奏曲」や「結婚行進曲」を作ったドイツロマン派の作曲家は。

メンデルスゾーン
独奏曲の大半がピアノ作品。ソナタ、変奏曲、幻想曲など大規模作品も残している。

□ **10** 「美しき青きドナウ」「ウィーンの森の物語」「皇帝円舞曲」を作ったオーストリアの作曲家は。

ヨハン・シュトラウス
ウィンナ・ワルツの基礎を築いたため、「ワルツの父」と呼ばれた。

問題	解答と解説

□ **11** ポーランド生まれだが、主にフランスで活躍し、「ピアノの詩人」と呼ばれた作曲家は。

ショパン
代表作は「マズルカ」「雨だれ」「別れの曲」「子犬のワルツ」など。

□ **12** 「ピアノの魔術師」と呼ばれ、「ハンガリー狂詩曲」「超絶技巧練習曲」を作った作曲家は。

リスト
ハンガリーの前期ロマン派の作曲家で、交響詩を確立した。

□ **13** 「現代音楽の父」と呼ばれ、「牧神の午後への前奏曲」「子供の領分」を作った作曲家は。

ドビュッシー
フランスの作曲家。独創的な和声法を導入し、ロマン主義音楽の行き詰まりを打開。

□ **14** 「子供の情景」「流浪の民」「詩人の恋」「謝肉祭」を作ったドイツの作曲家は。

シューマン
ロマン派音楽を代表する作曲家。音楽評論家でもある。

□ **15** 「白鳥の湖」「眠れる森の美女」「くるみ割り人形」を作ったロシアの作曲家は。

チャイコフスキー
ロシア音楽に普遍性を与えた作曲家。リズムの天才といわれた。

□ **16** 交響曲「新世界より」、弦楽四重奏曲「アメリカ」を作ったチェコの作曲家は。

ドボルザーク
後期ロマン派を代表する作曲家。ブラームスに才能を見いだされ、「スラヴ舞曲集」で人気作曲家になった。

□ **17** 「歌劇の王」と呼ばれ、「リゴレット」「椿姫」「アイーダ」を作ったイタリアの作曲家は。

ヴェルディ
19世紀を代表するイタリアのロマン派音楽の作曲家。イタリア・オペラの全盛期を築いた。

□ **18** 「蝶々夫人」「トゥーランドット」を作ったイタリアの作曲家は。

プッチーニ
オペラ「蝶々夫人」は日本が舞台。第2幕の「ある晴れた日に」が有名。

□ **19** 「楽劇の王」と呼ばれ、「ニーベルングの指環」「タンホイザー」を作ったドイツの作曲家は。

ワーグナー
舞台芸術を含めた総合芸術が「楽劇」。バイロイト音楽祭で「ニーベルングの指環」「タンホイザー」が上演された。

□ **20** 12音技法を創案し、「月に憑かれたピエロ」を作った作曲家は。

シェーンベルク
20世紀の音楽に大きな影響を与えた。

□ **21** 前奏曲のことをプレリュードというが、夜想曲のことは何というか。

ノクターン
交響曲はシンフォニー、鎮魂曲はレクイエム。

次の問いに答えなさい。

問題	解答と解説

□ **1** 伝統芸能の分野で、重要無形文化財の保持者として認定された人を何と呼ぶか。

人間国宝
芸能分野の種別は、雅楽、能楽、文楽、歌舞伎、組踊、音楽、舞踊、演芸の8つ。

□ **2** 日本の神事で、神を奉るために奏される歌舞は。

神楽 かぐら
平安中期に様式が完成したといわれている。

重要 □ **3** 能や狂言の基となった平安時代の芸能は。

猿楽(申楽) さるがく
日本の古い芸能の一種。

重要 □ **4** 室町時代に父「観阿弥」と共に能を完成させ、能楽論である「風姿花伝」を著した者は。

世阿弥 ぜあみ
能を総合芸術として大成させ、多くの謡曲を残した。

□ **5** 能の舞台で主人公を演じる者を何と呼ぶか。

シテ
シテは面を付けて舞う。

□ **6** 能舞台で面を付けずに登場し、状況を説明したり主人公と会話したりする人物を何と呼ぶか。

ワキ
能では役回りを担う。このワキを演ずる者をワキ方と呼ぶ。

重要 □ **7** 能と同じころに生まれ、「笑いの芸術」と称される芸能は。

狂言 きょうげん
能とセットで演じられることが多い。現在は和泉流、大蔵流の2つの流派が活動。

□ **8** 落語・浪曲・講談などの古典芸能、漫才・手品などの演芸を見せる場所を何というか。

寄席 よせ
東京では、鈴本演芸場、浅草演芸ホール、新宿末廣亭、池袋演芸場が落語の定席の寄席。

□ **9** 寄席の最後に噺ができる落語家の位の名称は。

真打 しんうち
前座→二つ目→真打の順に位が上がる。

□ **10** 落語界で初めて人間国宝に認定された落語家は。

五代目柳家小さん やなぎやこさん
落語界の第一人者。出囃子(登場の音楽)は「序の舞」。

□ **11** 歌舞伎や落語で、親や師匠の名跡を継ぐことを何と呼ぶか。

襲名 しゅうめい
五代目中村勘九郎→十八代目中村勘三郎、林家こぶ平→九代目林家正蔵など。

問題		解答と解説

□ **12** 一般社会の常識とかけ離れた歌舞伎の世界を、中国の故事になぞらえて何というか。

梨園　りえん
唐の宮廷音楽養成所に梨が植えられていたので梨園と呼んだ。

□ **13** 市川團十郎や市川海老蔵など、歌舞伎の市川一門の屋号は。

成田屋
歌舞伎界で最高の格式を持つ屋号。尾上菊五郎、尾上菊之助らの屋号は音羽屋。

□ **14** 舞台の客席から見て、右側を何というか。

上手　かみて
左側を下手(しもて)という。

重要 □ **15** 室町時代に成立し広まった、三味線伴奏による語り物の総称は。

浄瑠璃　じょうるり
歌舞伎、人形劇などの劇場音楽として発展した。

□ **16** 男性によって演じられ、太夫・三味線・人形遣いの「三業」で成り立つ演芸は。

文楽　ぶんらく
人形浄瑠璃を受け継いだ、日本の伝統的な人形劇。

□ **17** 歌舞伎舞踊から生まれ、花柳流・藤間流などの流派がある演芸は。

日本舞踊
歌舞伎の題材からとった演目が多く、現在は120を超える流派がある。

□ **18** 「管絃」「舞楽」「歌曲」「国風歌舞」があり、宮中の儀式、饗宴などに演奏される合奏音楽は。

雅楽　ががく
雅楽器には、笙(しょう)、篳篥(ひちりき)、龍笛(りゅうてき)などがある。

□ **19** 国の重要無形文化財にも指定され、音楽、踊り、台詞で構成されている沖縄独自の歌劇は。

組踊　くみおどり
沖縄の歴史や故事、説話などに基づいた物語になっている。

□ **20** 香木をたき、その香りを楽しむ日本の伝統芸能は。

香道　こうどう
御家流(おいえりゅう)と志野流(しのりゅう)の2つの流派がある。

□ **21** 「わび・さび」という精神文化を生み出した日本の伝統芸能は。

茶道　さどう
安土桃山時代に千利休が完成させた侘茶(わびちゃ)が現在の茶道の原形。

□ **22** 三道の一つで、家元の池坊を中心に全国に2,000以上の流派がある伝統芸能は。

華道　かどう
樹枝・草花などを切って花器に挿し、観賞する芸術。

重要 □ **23** 日本の伝統芸能で最初にユネスコの世界無形文化遺産に指定されたのは。

能楽　のうがく
伝統芸能では、人形浄瑠璃文楽、歌舞伎、雅楽の4つが指定を受けている。

次の問いに答えなさい。

| 問題 | | 解答と解説 |

重要 ☐ **1** 世界三大映画祭の一つで、最高賞を「パルム・ドール」と呼ぶ映画祭は。

カンヌ国際映画祭
フランス南部の都市カンヌで毎年5月に開催。

☐ **2** 世界三大映画祭の一つで、最高賞を「金熊賞」と呼ぶ映画祭は。

ベルリン国際映画祭
毎年2月にドイツのベルリンで開催。

☐ **3** 世界三大映画祭の一つで、最高賞を「金獅子賞」と呼ぶ映画祭は。

ベネチア国際映画祭
イタリアで毎年8月末から9月初旬に開催。

重要 ☐ **4** 「パルム・ドール」を2度受賞した日本の映画監督は。

今村昌平　いまむらしょうへい
1983年の「楢山節考」、1997年の「うなぎ」で受賞。

☐ **5** ハリウッドで毎年行われるアカデミー賞で受賞者に贈られる黄金の像は。

オスカー像
オスカー像が授与されることからアカデミー賞自体をオスカーと呼ぶこともある。

☐ **6** アカデミー賞の前日に行われる最低の映画に贈られる賞といえば。

ゴールデン・ラズベリー賞(ラジー賞)
受賞者にはラズベリーをかたどったトロフィーが授与されるが、受け取りに来る人は滅多にいない。

重要 ☐ **7** 2002年に「千と千尋の神隠し」で金熊賞を受賞した日本を代表するアニメーション映画監督は。

宮崎駿　みやざきはやお
第52回ベルリン国際映画祭において、アニメーションが史上初めて金熊賞に選ばれた。

☐ **8** 2021年3月に「新劇場版」の4作目として公開された『シン・エヴァンゲリオン劇場版』の監督は誰。

庵野秀明
25年以上続いたシリーズは完結。「シン・ウルトラマン」「シン・仮面ライダー」も公開が予定されている。

☐ **9** テレビドラマ史上最高視聴率62.9%を記録した1983年に放送開始されたNHK連続テレビ小説は。

おしん
60を超える国や地域で放送。海外で最初に放映した国はシンガポール。

☐ **10** 「HANA-BI」で1997年に「金獅子賞」を受賞し、「座頭市」で2003年に「銀獅子賞」を受賞した監督は。

北野武　きたのたけし
国際的な映画祭のグランプリを多数受賞。世界的な映画監督として知られている。

☐ **11** 映画担当記者で構成する「東京映画記者会」が主催する日本の映画賞は。

ブルーリボン賞
1950年創設。東京のスポーツ7紙の映画担当記者で構成。

問題

解答と解説

重要 □ **12** 1人の俳優が演じた最も長い映画シリーズとしてギネス世界記録に認定された山田洋次監督の代表作は。

男はつらいよ
1969年に第1作が公開され1983年にシリーズ30作を超えた時点で認定された。2019年末には22年ぶりのシリーズ50作目「男はつらいよ お帰り寅さん」が公開された。

□ **13** 2020年のアカデミー賞で、非英語作品では初となる「作品賞」を受賞した韓国映画は。

パラサイト 半地下の家族
監督ポン・ジュノ。カンヌ国際映画祭でも最高賞「パルムドール」に輝く。半地下の住宅に住む、失業中で貧しいキム一家らの物語。

□ **14** 2021年、日本アカデミー賞最優秀作品賞を獲得した作品は。

ミッドナイトスワン
主演の草彅剛は最優秀主演男優賞を獲得。トランスジェンダーとして生きる主人公を熱演した。

□ **15** アングラ第2世代の旗手と呼ばれ、「熱海殺人事件」や「蒲田行進曲」で知られる劇作家は。

つかこうへい
1974年に劇団「つかこうへい事務所」を設立。1980年代にかけて一大「つかブーム」を巻き起こした。

重要 □ **16** 日本最大規模の劇団である「劇団四季」によって日本にミュージカルを定着させた演出家、実業家は。

浅利慶太　あさりけいた
1983年に東京都新宿の仮設劇場で初演された「キャッツ」は国内のミュージカル上演回数の最多記録を更新中。

□ **17** 絶叫型の劇に対し、「静かな演劇」と呼ばれる現代口語演劇を定着させた劇作家、演出家は。

平田オリザ　ひらたおりざ
劇団青年団を主宰。海外公演にも力を入れて高い評価を受け、2006年にモンブラン国際文化賞を受賞。

□ **18** 劇団「東京サンシャインボーイズ」の主宰者で、ドラマの脚本や映画監督なども行う演出家は。

三谷幸喜　みたにこうき
「王様のレストラン」「古畑任三郎」「真田丸」がヒット。1997年「ラヂオの時間」で映画監督デビュー。

□ **19** 第93回アカデミー賞で作品賞、監督賞、主演女優賞などを獲得した作品は。

ノマドランド
クロエ・ジャオはアジア系女性初の監督賞。主演はフランシス・マクドーマンド。ノンフィクション小説が原作。

□ **20** サイバーエージェントとテレビ朝日の共同出資により設立され、インターネット向けテレビサービスや動画配信を行っている事業は。

AbemaTV
2015年に設立されオリジナルのニュース番組やアニメ、ドラマ、スポーツなど約30チャンネルを24時間、無料で配信している。

□ **21** 2022年に放送予定の北条義時の生涯を描く大河ドラマは。

鎌倉殿の13人
脚本は三谷幸喜で主演は小栗旬。鎌倉時代前期の権力闘争を描く。

□ **22** 画素数が、フルハイビジョンの4倍あり高画質化を追求したテレビは。

4Kテレビ
約4,000(4K)の3840×2160の画素数。さらに8Kテレビも登場する。

第1章　最新時事

第2章　国語

第3章　教養・スポーツ

第4章　英語

第5章　社会

第6章　数学

第7章　理科

第8章　仕事・業界

次の問いに答えなさい。

問題 | 解答と解説

重要 □ **1** 1949年に日本人初のノーベル賞（物理学賞）を受賞した理論物理学者は。

湯川秀樹　ゆかわひでき
中間子理論の提唱などで原子核・素粒子物理学の発展に大きく寄与した。

□ **2** 「20世紀最大の物理学者」といわれ、相対性理論で有名な理論物理学者は。

アインシュタイン
1921年に「光量子仮説に基づく光電効果の理論的解明」によってノーベル物理学賞を受賞。

□ **3** 「喜劇王」と呼ばれ、ヒトラーを痛烈に皮肉った映画「独裁者」で有名なイギリスの映画俳優は。

チャールズ・チャップリン
「黄金狂時代」「ライムライト」も有名。バスター・キートンとハロルド・ロイドと共に「世界の三大喜劇王」と呼ばれている。

重要 □ **4** 「神の愛の宣教者会」を設立し、終生を貧しく苦しむ人たちの救済に捧げたカトリック教会の修道女は。

マザー・テレサ
1979年にノーベル平和賞を受賞。「愛の反対は憎しみではなく無関心です」などの名言を残す。

□ **5** スペイン内戦から第1次インドシナ戦争までを取材した20世紀を代表する戦場カメラマンは。

ロバート・キャパ
特に有名な写真は、スペイン内戦の際に撮影された「崩れ落ちる兵士」。兵士が銃弾を浴びて倒れる一瞬をとらえている。

□ **6** 1960年のオリンピックで金メダルを獲得後、世界ヘビー級王座を獲得したアメリカの元プロボクサーは。

モハメド・アリ
そのボクシングスタイルは「蝶のように舞い、蜂のように刺す」と形容された。公民権運動などに貢献していることでも知られる。

□ **7** ビートルズのリーダーとして多くの楽曲を制作し、平和活動家としても知られるミュージシャンは。

ジョン・レノン
楽曲「イマジン」が有名。妻は芸術家のオノ・ヨーコ。1980年にファンと名乗る男に射殺された。

□ **8** 非暴力、不服従を提唱し、「インド独立の父」と呼ばれた、イギリスからの独立運動の指導者は。

マハトマ・ガンディー
日本では「ガンジー」とも表記される。1948年ニューデリーで暗殺された。

□ **9** 真空管の発明者で、数学や電子工学で使用される法則を考案したイギリスの物理学者・電気技術者は。

ジョン・フレミング
フレミングの法則の考案者。真空管は電子工学の始まりであり、半導体革命までさまざまな電子機器に使われた。

□ **10** 自らの名を冠した方程式で量子力学を確立し、1933年にノーベル物理学賞を受賞した物理学者は。

シュレーディンガー
シュレーディンガー方程式は、量子力学の基礎となる波動方程式。

問題 / **解答と解説**

□ **11** ジョン・バーディーン、ウォルター・ブラッテンと共にトランジスタを発明した物理学者は。

ウィリアム・ショックレー
「トランジスタの父」と呼ばれている。3名は1956年のノーベル物理学賞を受賞。

重要 □ **12** 2000年にノーベル物理学賞を受賞した集積回路(IC)の発明者とされる電子技術者は。

ジャック・キルビー
半導体集積回路の基本的な特許を、発明者キルビーの名を取って「キルビー特許」という。

□ **13** 画期的なスーツや香水などでファッション界に革命を起こしたフランスの女性ファッションデザイナーは。

ココ・シャネル
「古い価値観にとらわれない女性像」がブランドポリシーのファッションブランド「シャネル」の創業者として世界的に有名。

□ **14** 映画「お熱いのがお好き」などで知られる20世紀半ばに活躍したハリウッド女優は。

マリリン・モンロー
「ナイアガラ」「七年目の浮気」などに出演。「アメリカの恋人」と称された。

□ **15** アフリカ系アメリカ人の公民権運動の指導者であり、ノーベル平和賞の受賞後に暗殺された牧師は。

キング牧師
名は、マーティン・ルーサー・キング・ジュニア。「I Have a Dream」で始まる有名なスピーチで知られる。

□ **16** 第35代アメリカ大統領に就任、キューバ危機を回避し、ソ連との協調外交を展開した政治家は。

ジョン・F・ケネディ
ニューフロンティア政策を推進。1963年テキサス州ダラスで遊説中に暗殺された。

□ **17** 第2次世界大戦時のイギリスの首相で、国を勝利に導いた政治家は。

ウィンストン・チャーチル
作家としても活躍し、1953年にノーベル文学賞を受賞している。

□ **18** 1953年にエベレスト(チョモランマ)に世界で初めて登頂したニュージーランド出身の登山家は。

エドモンド・ヒラリー
日本人では、1970年に松浦輝夫と植村直己が初めて登頂に成功。

重要 □ **19** 1961年にボストーク1号に搭乗し、人類初の有人宇宙飛行を成功させたソ連の宇宙飛行士は。

ガガーリン
地球を外部から見た最初の人物。「地球は青かった」という言葉が有名。

□ **20** 中国共産党を指揮し、中華人民共和国を建国した政治家・思想家は。

毛沢東 もうたくとう
初代中華人民共和国主席。文化大革命については厳しく批判されている。

□ **21** 1952年にノーベル平和賞を受賞したフランスの哲学者・医者は。

アルベルト・シュバイツァー
生涯をかけてアフリカ原住民のために献身的な医療活動を行った。

次の（ ）にあてはまる言葉を入れて金言名句を完成させなさい。

問題　　　　　　　　　　　　　　　解答と解説

□ **1** 天才とは1パーセントのひらめき
と、99パーセントの（ ）である。

汗
発明王トーマス・エジソンの言葉。

□ **2** （ ）の鼻がもう少し低かったら、世
界の歴史は変わっていただろう。

クレオパトラ
パスカルが「パンセ」に書いた言葉。

□ **3** 人の一生は重き荷を負うて（ ）を行
くがごとし。

遠き道
徳川家康が残した遺訓。

重要▶□ **4** 為せば成る　為さねば成らぬ（ ）も
成らぬは人の為さぬなりけり。

何事　なにごと
米沢藩主上杉鷹山（うえすぎようざん）が
家臣に教訓として詠み与えた。

□ **5** 人生を自分の思いどおりにしたいな
ら、自分の（ ）をコントロールでき
るようになれ。

理性
皇帝ネロの家庭教師を務め、ネロの皇帝即
位後は相談役になった、ストア派の哲学者
セネカの言葉。

重要▶□ **6** （ ）は人の上に人を造らず、人の下
に人を造らず。

天
福澤諭吉（ふくざわゆきち）「学問のすす
め」の冒頭文。

□ **7** オリンピックで重要なことは、勝つ
ことではなく、（ ）ことである。

参加する
近代オリンピックの創始者クーベルタン
男爵の言葉。

□ **8** 私に支点を与えよ。そうすれば（ ）
をも動かして見せよう。

地球
てこの原理によって各種発明をしたアルキ
メデスの言葉。

□ **9** 涙と共にパンを食べた者でなけれ
ば、（ ）の味は分からない。

人生
ドイツの詩人・作家であるゲーテの言葉。

□ **10** 人生は一箱の（ ）に似ている。重大
に扱うのはばかばかしい。しかし重
大に扱わなければ危険である。

マッチ
芥川龍之介（あくたがわりゅうのすけ）の
「侏儒の言葉」からの言葉。

□ **11** もっとも親しき友人というものは、
常に（ ）のように退屈である。

兄弟
萩原朔太郎（はぎわらさくたろう）「虚妄の
正義」からの言葉。

□ **12** （ ）は忘れたころにやってくる。

天災
物理学者・随筆家・俳人である寺田寅彦（て
らだとらひこ）の言葉。

その他の主な金言名句と、関連する人物

□	1	賢者は歴史に学び、愚者は経験に学ぶ。	ビスマルク
□	2	愚者は教えたがり、賢者は学びたがる。	チェーホフ
□	3	悪法も法なり。	ソクラテス
□	4	死に至る病とは絶望のことである。	キルケゴール
□	5	太った豚より痩せたソクラテスになれ。	J・S・ミル
□	6	賽は投げられた。	シーザー
□	7	学問に王道なし。	ユークリッド
□	8	我思う、故に我あり。	デカルト
□	9	人間は考える葦である。	パスカル
□	10	少年よ大志を抱け。	クラーク
□	11	苦悩を突き抜け歓喜に至れ。	ベートーベン
□	12	余の辞書に不可能という文字はない 。	ナポレオン
□	13	人民の、人民による、人民のための政治。	リンカーン
□	14	女は弱し、されど母は強し。	ヴィクトル・ユゴー
□	15	最強の敵は自分自身だ。	アベベ
□	16	ハングリーであれ、愚かであれ。	スティーブ・ジョブズ
□	17	敵を知り己を知れば百戦危うからず。	孫子　そんし
□	18	過ぎたるは及ばざるがごとし。	老子　ろうし
□	19	初心忘るべからず。	世阿弥　ぜあみ
□	20	心頭を滅却すれば火もまた涼し。	快川和尚　かいせんおしょう
□	21	児孫のために美田を購わず。	西郷隆盛　さいごうたかもり
□	22	板垣死すとも自由は死せず。	板垣退助　いたがきたいすけ
□	23	アジアは一つである。	岡倉天心　おかくらてんしん

次の問いに答えなさい。

問題 / 解答と解説

重要 □ **1** 世界遺産は内容によって3種類に大別されているが、文化遺産、自然遺産ともう一つは。

複合遺産
文化遺産は建築物や遺跡、自然遺産は地形や生物・景観、複合遺産は両方を兼備した遺産。

□ **2** 世界遺産（自然遺産）に登録されているロシアの三日月型の湖は。

バイカル湖
世界一の深度と透明度を誇る淡水湖。多くの固有種が生息している。

□ **3** 「世界でもっとも美しい霊廟」と称されるインド北部にある世界遺産（文化遺産）は。

タージ・マハル
17世紀にムガル帝国の皇帝が建てた大理石造りの霊廟。

□ **4** 中国にある城壁の遺跡で、世界最大の建築物として知られる世界遺産（文化遺産）は。

万里の長城 ばんりのちょうじょう
現存している大部分は明時代に造られたもので、総延長は6,000km以上に及ぶ。

□ **5** クメール王朝の遺跡群で、カンボジアにある世界遺産（文化遺産）は。

アンコール
特に有名なのは、石造寺院のアンコール・ワット。

□ **6** ニューヨーク港内のリバティ島にある世界遺産（文化遺産）は。

自由の女神
アメリカ合衆国独立100周年を記念してフランスから贈られた女神像。

□ **7** インダス文明の都市遺跡であるパキスタンの世界遺産（文化遺産）は。

モヘンジョダロの遺跡群
紀元前3000年〜2000年ごろに栄えた都市で、1922年に発見された。

□ **8** 1981年に世界遺産（自然遺産）に登録された、オーストラリアに広がる世界最大のサンゴ地帯は。

グレート・バリア・リーフ
200万年前から生息するサンゴ礁の長さは2,000km以上で、現在も成長している。観光客やダイバーが多数訪れることで有名。

重要 □ **9** 1983年に世界遺産に登録された、ペルーのインカ帝国遺跡は。

マチュ・ピチュ
複合遺産。「マチュ・ピチュの歴史保護区」として登録されている。

□ **10** 1682年にフランス王ルイ14世が建てた、世界遺産（文化遺産）のフランスの宮殿は。

ヴェルサイユ宮殿
「ヴェルサイユの宮殿と庭園」として1979年に登録、2007年に拡大された。

□ **11** ルネサンスの芸術、文化が残るイタリアの世界遺産（文化遺産）は。

フィレンツェ歴史地区
イタリアは世界で一番世界遺産の多い国として知られる。

問題　｜　解答と解説

重要 □ **12** 世界遺産を認定する機関としても知られる「国際連合教育科学文化機関」の通称は。

ユネスコ
1946年に創設された国際連合の専門機関。教育、科学、文化の発展と推進を目的とする。

重要 □ **13** 世界遺産として登録された、群馬県にある製糸工場は。

富岡製糸場
近代日本の「技術革新」をはじめ、絹産業の歴史的発展への貢献が認められた。

□ **14** 1993年に世界遺産(自然遺産)に登録された、青森県から秋田県にまたがる山岳地帯は。

白神山地　しらかみさんち
世界最大級規模の原生的なブナ天然林が評価された。

□ **15** 世界遺産(文化遺産)に登録され、白鷺城とも呼ばれる兵庫県の城は。

姫路城
江戸時代初期の天守などが現存しており、国宝、重要文化財でもある。

□ **16** 世界遺産(文化遺産)に登録され、海中の鳥居で有名な広島県の神社は。

厳島神社　いつくしまじんじゃ
厳島は日本三景の一つで、「安芸の宮島」とも呼ばれている。

□ **17** 世界遺産(文化遺産)に登録され、「負の世界遺産」とも呼ばれる広島県の建造物は。

原爆ドーム
核兵器による惨状をそのままの形で後世に伝える世界唯一の建造物、平和記念碑。

□ **18** 世界遺産(自然遺産)に登録されている北海道の地名は。

知床　しれとこ
知床半島とオホーツク海沿岸海域を含む地域が対象。

□ **19** 2007年に世界遺産(文化遺産)に登録された島根県の銀山は。

石見銀山　いわみぎんざん
約400年間採掘され、1923年に閉山した世界有数の銀山遺跡。

□ **20** 2011年に世界遺産(文化遺産)に登録された、奥州藤原氏にゆかりの深い岩手県南部の地名は。

平泉　ひらいずみ
「平泉の仏国土(浄土)を表す建築・庭園及び考古学的遺跡群」として登録。中尊寺金色堂が有名。

重要 □ **21** 2011年に世界遺産(自然遺産)に登録された、東京都の諸島は。

小笠原諸島　おがさわらしょとう
父島と母島以外は無人島で、海洋島のため動植物に固有種が多い。

□ **22** 2015年に世界遺産に登録された長崎県の端島の俗称は。

軍艦島
海上から見た島の姿が戦艦「土佐」に似ていることに由来する。

□ **23** 2006年に創設され、芸能や祭りなど、人間が持つ知恵や習慣を対象にした遺産の名称は。

無形文化遺産
日本では「能楽」「歌舞伎」「人形浄瑠璃文楽」「和食」「和紙」などが登録されている。
※世界遺産とは別のものである。

第1章　最新時事
第2章　国語
第3章　教養・スポーツ
第4章　英語
第5章　社会
第6章　数学
第7章　理科
第8章　仕事・業界

次の名数が表すものを答えなさい。

問題		解答
□ 1	三冠王	首位打者、最多本塁打、最多打点
□ 2	日本三景	松島、天橋立、厳島（宮島）
□ 3	日本三大河川	信濃川、利根川、石狩川
□ 4	非核三原則	核兵器を持たず、作らず、持ち込ませず
□ 5	日本三名園	兼六園、後楽園、偕楽園
□ 6	日本三大湖	琵琶湖、霞ヶ浦、サロマ湖
□ 7	三代集	古今和歌集、後撰和歌集、拾遺和歌集
□ 8	日本三大随筆	枕草子、方丈記、徒然草
□ 9	三英傑	織田信長、豊臣秀吉、徳川家康
□ 10	日本三霊山	富士山、立山、白山
□ 11	日本三大祭	祇園祭、天神祭、神田祭
□ 12	三千家	表千家、裏千家、武者小路千家
□ 13	日本三大珍味	ウニ、からすみ、このわた
□ 14	世界三大珍味	フォアグラ、キャビア、トリュフ
□ 15	世界三大夜景	ナポリ、函館、香港
□ 16	世界三大料理	中華料理、フランス料理、トルコ料理
□ 17	日本四代景気	神武景気、岩戸景気、いざなぎ景気、バブル景気
□ 18	四大公害病	水俣病、新潟水俣病、イタイイタイ病、四日市ぜんそく
□ 19	四天王	持国天、増長天、広目天、多聞天（毘沙門天）
□ 20	四神	青龍、朱雀、白虎、玄武
□ 21	四書	論語、大学、中庸、孟子
□ 22	四大元素	空気、土、火、水
□ 23	中国四大発明	紙、羅針盤、火薬、印刷

問題	解答
□ 24　五経	易経、書経、詩経、礼記、春秋
□ 25　五官	目、耳、鼻、舌、皮膚
□ 26　五臓	肝臓、心臓、脾臓、肺(臓)、腎臓
□ 27　五穀	米、麦、粟、黍、豆
□ 28　富士五湖	本栖湖、精進湖、西湖、河口湖、山中湖
□ 29　五大湖	スペリオル湖、ミシガン湖、ヒューロン湖、エリー湖、オンタリオ湖
□ 30　五街道	東海道、中山道、甲州街道、日光街道、奥州街道
□ 31　鎌倉五山	建長寺、円覚寺、寿福寺、浄智寺、浄妙寺
□ 32　六腑	胆、小腸、胃、大腸、膀胱、三焦
重要 □ 33　六法	憲法、民法、商法、刑法、民事訴訟法、刑事訴訟法
□ 34　六曜	先勝、友引、先負、仏滅、大安、赤口
□ 35　六歌仙	僧正遍昭、在原業平、文屋康秀、喜撰法師、小野小町、大友黒主
□ 36　春の七草	せり、なずな、ごぎょう、はこべら、ほとけのざ、すずな、すずしろ
□ 37　秋の七草	おみなえし、おばな、ききょう、なでしこ、ふじばかま、くず、はぎ
□ 38　七つの海	北太平洋、南太平洋、北大西洋、南大西洋、インド洋、北極海、南極海
□ 39　七福神	大黒天、恵比寿、毘沙門天、弁財天、福禄寿、寿老人、布袋
□ 40　八節	立春、春分、立夏、夏至、立秋、秋分、立冬、冬至
□ 41　東京十社	根津神社、芝大神宮、神田神社、日枝神社、亀戸天神社、白山神社、品川神社、荏原神社、富岡八幡宮、王子神社、赤坂氷川神社
□ 42　十二支	子、丑、寅、卯、辰、巳、午、未、申、酉、戌、亥

第1章　最新時事

第2章　国語

第3章　教養・スポーツ

第4章　英語

第5章　社会

第6章　数学

第7章　理科

第8章　仕事・業界

サッカー・野球

次の問いに答えなさい。

| 問題 | | 解答と解説 |

☐ **1** 1930年に最初にサッカーワールドカップが開催され優勝した国は。

ウルグアイ

当時南米のウルグアイは建国100周年を迎えていたことから招致の気運が高まっていた。

☐ **2** 4年に1度のワールドカップを主催する国際サッカー連盟の略称は。

FIFA

次回のW杯は、2022年はカタール。2026年はアメリカ,カナダ,メキシコの共催。

☐ **3** 2018年7月から、西野朗監督の後を受けて、サッカー日本代表の監督に就任したのは誰か。

森保一　もりやすはじめ

2018年のロシアワールドカップではコーチとして日本代表チームに帯同して日本の16強進出に貢献した。

重要 ☐ **4** 日本女子サッカーリーグの1部リーグの愛称は。

なでしこリーグ

2021年には上位のプロリーグであるWEリーグが開幕する。

☐ **5** アジア人初の「FIFA最優秀選手賞」を受賞した女子サッカー選手は。

澤穂希　さわほまれ

日本女子代表としては歴代最多の出場数とゴール数を記録している。

☐ **6** 欧州サッカー連盟(UEFA)が9月から翌年5月にかけて主催する、クラブチームによる国際大会は。

UEFAチャンピオンズリーグ

イタリアのセリエA、イングランドのプレミアリーグなどの国内リーグで上位になったクラブがヨーロッパ1位を競う。

☐ **7** 日本のプロサッカーリーグ(Jリーグ)が発足した年は。

1993年

5月15日の「ヴェルディ川崎対横浜マリノス」が開幕戦。

☐ **8** 1993年の日本代表とイラク代表の試合で、日本のワールドカップ予選敗退が決まったことを指す通称は。

ドーハの悲劇

10月28日にカタールのドーハで行われ、試合終了間際のロスタイムにイラクの同点ゴールが入り、日本は出場を逃した。

☐ **9** サッカーで悪質な反則行為を行った選手に審判が提示する警告カードは。

イエローカード

1試合中に2枚のイエローカードが提示されると退場。

重要 ☐ **10** 攻撃側選手がパスを受けるときに、相手ゴールとの間に2人以上相手選手がいなければならないルールは。

オフサイド

サッカーにおける反則の一つ。主審は相手側に違反の起きた位置から行う間接フリーキックを与える。

☐ **11** 1998年に日本が初めてワールドカップに参戦した時の開催国は。

フランス

グループHで参戦し、アルゼンチン、クロアチア、ジャマイカと戦うも3戦全敗に終わった。

問題 | 解答と解説

□ **12** 1956年に創設され、2010年以降はFIFA最優秀選手賞と統合されたサッカー年間最優秀選手に贈られる賞は。

FIFAバロンドール
2020年は中止、2019年はリオネル・メッシ、2018年はルカ・モドリッチ、2017年はC・ロナウドが受賞している。

□ **13** 読売ジャイアンツ、阪神タイガース、中日ドラゴンズなどが所属する日本のプロ野球リーグは。

セントラル・リーグ
通称セ・リーグ。ほかは、東京ヤクルトスワローズ、広島東洋カープ、横浜DeNAベイスターズ。

□ **14** 埼玉西武ライオンズが所属するプロ野球リーグは通称パ・リーグと呼ばれているが、「パ」とは何の略か。

パシフィック
ほかは、東北楽天ゴールデンイーグルス、オリックス・バファローズ、福岡ソフトバンクホークス、北海道日本ハムファイターズ、千葉ロッテマリーンズ。

重要 □ **15** 1シーズンで打率3割、ホームラン30本、30盗塁以上を記録することを何と言う。

トリプルスリー
2015年の流行語大賞を受賞したことでも話題となった。

□ **16** プロ野球のクライマックスシリーズの出場権は何位以上のチームにあるか。

3位
2007年に導入。日本選手権シリーズの出場権を争う仕組みになった。

□ **17** 大リーグとも呼ばれるアメリカのメジャーリーグを構成するのはナショナルリーグと、もう一つは。

アメリカンリーグ
メジャーリーグベースボールを略してMLBとも呼ばれる。各リーグに15チームあり、メジャーリーグは計30チームで構成。

□ **18** 2018年からプロ野球で採用され、投手がボール球を投げずに打者を一塁に進ませられる新ルールを何という。

申告敬遠制
試合時間の短縮になり投手は、球数の軽減、暴投などのリスク回避をすることが出来る。

□ **19** 2001年にアメリカに渡り、大リーグ史上初の連続年間200安打を打ち立てたイチロー。何年連続か。

10年
それまでの大リーグ記録は8年連続。イチローが04年に放った262安打は大リーグ最多安打記録でもある。

重要 □ **20** 2013年のプロ野球シーズンで開幕24連勝を飾り、プロ野球史上初の「無敗の最多勝投手」となった選手は。

田中将大　たなかまさひろ
2014年に楽天からニューヨークヤンキースに移籍、2021年に楽天に復帰した。メジャーでは6年連続2桁勝利、74勝をあげた。

重要 □ **21** プロ野球で、日本の球団に所属する選手が、米国メジャーリーグへ移籍するための選手入札制度は。

ポスティングシステム
フリーエージェント権を有しない選手が早期に移籍が可能。イチロー、松坂大輔、前田健太、大谷翔平などが利用。

□ **22** 日本野球の三冠は「首位打者」「最多本塁打」ともう一つは。

最多打点
王貞治、落合博満、松中信彦などの7名が達成。

第1章 最新時事
第2章 国語
第3章 教養・スポーツ
第4章 英語
第5章 社会
第6章 数学
第7章 理科
第8章 仕事・業界

次の問いに答えなさい。

問題　解答と解説

□ **1** ヨーロッパで開催される世界最大の
サイクルロードレースは。

ツール・ド・フランス

毎年7月に開催。3週間ほどかけてフランスをほぼ1周する。

□ **2** 1896年のアテネ大会が最初である
近代オリンピックの創立者は。

クーベルタン男爵

「近代オリンピックの父」と呼ばれ、オリンピックシンボルの考案者。

□ **3** 五大陸のうち、いまだにオリンピックが開催されていない大陸は。

アフリカ

開催国でもっとも多いのはアメリカで8回。ほかはヨーロッパ諸国での開催が多い。

□ **4** 2024年に第33回夏季オリンピックが開催される都市は。

パリ

2028年はロサンゼルス。パリ、ロサンゼルスはロンドンに並び3回目の開催。

□ **5** 1928年にアムステルダムで行われた第9回オリンピックで、日本人初の金メダルを獲得した選手は。

織田幹雄　おだみきお

男子体操団体は両オリンピック共に銀メダルを獲得。

□ **6** 男子体操個人総合で、ロンドンオリンピックと、リオオリンピックで金メダルを獲得した選手は。

内村航平　うちむらこうへい

男子体操団体はリオで金メダル、北京、ロンドンオリンピック共に銀メダルを獲得。

重要 □ **7** 陸上100mと200mの世界記録を持ち、リオオリンピックで3つの金メダルを獲得した選手は。

ウサイン・ボルト

リオデジャネイロオリンピックで3大会連続で金メダルを獲得した。「ライトニングボルト」と呼ばれる。

□ **8** テニスの四大国際大会とは、全豪オープン、全仏オープン、全米オープンと、もう一つは。

ウィンブルドン選手権

四大国際大会のすべてを制覇することをグランドスラムという。

□ **9** 日本人男子最高である4位の世界ランキング記録を持つプロテニスプレーヤーは。

錦織圭　にしこりけい

高くジャンプしながらの力強いフラットショットは、「エアK(Air-K)」と呼ばれている。

□ **10** レスリング女子55kg級で、オリンピック3連覇を成し遂げた選手は。

吉田沙保里　よしださおり

アテネ、北京、ロンドン。63kg級の伊調馨選手はリオで4連覇を成し遂げた。

□ **11** 2019年6月に男子100m走で日本新記録を樹立したアスリートは。

サニブラウン・ハキーム

全米大学選手権決勝で9秒97を記録。ガーナ人の父と日本人の母を持つ。

問題　　　　　　　　　　　　　　　　　解答と解説

□ **12** オリンピック種目でもある近代5種の **射撃**
5競技といえば、水泳、ランニング、馬　　全く異質の種目に挑戦する競技。近代オリ
術、フェンシングと残り1種目は。　　　　ンピックの創始者、クーベルタン男爵がス
　　　　　　　　　　　　　　　　　　　ポーツの華と評したとも言われる。

□ **13** 男子プロゴルフの世界四大メジャー **マスターズ・トーナメント**
大会は、全米オープン、全英オープ　　その中でも1860年に始まった全英オープン
ン、全米プロゴルフ選手権と何か。　　　はもっとも伝統、権威のある大会。

□ **14** 2008年にトリプル・グランドスラ **タイガー・ウッズ**
ムを達成したプロゴルファーは。　　　　トリプル・グランドスラムとは、4つのメ
　　　　　　　　　　　　　　　　　　　ジャー大会すべてで3勝以上すること。

重要 ▶ □ **15** 日本人で初めてのマスターズ優勝、 **松山英樹**
米ツアーで日本勢最多勝利を記録し　　1992年愛媛県生まれ。アマチュア時代か
ているゴルファーは。　　　　　　　　　ら活躍し、現在では世界ランキング上位の
　　　　　　　　　　　　　　　　　　　常連となっている。

□ **16** ゴルフで基準打数よりも3打少ない **アルバトロス**
打数でのホールアウトを何と言う。　　　基準打数であがることを「パー」、1打少な
　　　　　　　　　　　　　　　　　　　いのを「バーディ」、2打少ないのを「イーグ
　　　　　　　　　　　　　　　　　　　ル」。「albatross」とは「アホウドリ」の意味。

□ **17** 30チームで構成される北米のプロ **NBA**
バスケットボールリーグの略称は。　　　2カンファレンス、3ディビジョン制(6地
　　　　　　　　　　　　　　　　　　　区制)で試合を行う。

□ **18** 「バスケットボールの神様」と称され **マイケル・ジョーダン**
たアメリカの選手は。　　　　　　　　　シカゴ・ブルズでの活躍が有名。2009年
　　　　　　　　　　　　　　　　　　　に殿堂入りを果たした。

重要 ▶ □ **19** フィギュアスケートの大会で、各国 **グランプリシリーズ**
で開催される6大会とファイナル戦　　アメリカ、カナダ、中国、フランス、ロシア、
で競うシリーズ戦の総称は。　　　　　　日本の6大会と、6大会の上位選手が出場す
　　　　　　　　　　　　　　　　　　　るグランプリファイナルがある。

□ **20** 世界水泳(国際水連世界選手権)が開 **2年**
催される間隔は何年に1度か。　　　　　2019年は韓国で開催された。2021年は
　　　　　　　　　　　　　　　　　　　福岡で開催予定。

□ **21** フランスのロンシャン競馬場で行われる **凱旋門賞**
世界最高峰の競走馬のレースを何と言う。 距離は芝2400m。1920年に創設され、10月の第1
　　　　　　　　　　　　　　　　　　　日曜日に行われる。日本馬はいまだ勝利していない。

□ **22** 大相撲の幕内力士と言えば、横綱、大 **前頭**
関、関脇、小結ともう一つは。　　　　　大関、関脇、小結を三役という。

□ **23** アメリカンフットボールのプロリー **スーパーボウル**
グであるNFLの優勝決定戦は。　　　　AFCとNFCの優勝チームが対戦するアメ
　　　　　　　　　　　　　　　　　　　リカ最大のスポーツイベント。

第1章 最新時事
第2章 国語
第3章 教養・スポーツ
第4章 英語
第5章 社会
第6章 数学
第7章 理科
第8章 仕事・業界

□ 24 マラソンの走行距離は何km。

42.195km

通常は5kmごとに飲食物供給所が置かれ、その中間に水を供給するスポンジポイントが設けられている。

□ 25 例年、1月2日、3日に開催される大学生の駅伝大会とは。

箱根駅伝

正しくは「東京箱根間往復大学駅伝競走」。例年、前年にシード権を獲得した10校＋予選会を通過した10校＋関東学生連合の合計21チームが出場する。

□ 26 上記駅伝大会で、初日の東京→箱根間で優勝することを何と言う。

往路優勝

2日目の箱根→東京間で優勝することを「復路優勝」といい、合計タイムで「総合優勝」が決まる。

□ 27 スポーツ振興を目的とし、各都道府県の持ち回りで開催される都道府県対抗の国内総合競技大会とは。

国民体育大会（国体）

2017年の72回大会では、本大会の正式競技が37、その他に特別競技が1、公開競技が4あり、冬季大会には3つの正式競技がある。

□ 28 毎年開催される全国高等学校総合体育大会のことを俗に何と言う。

インターハイ

「高校総体」ともいう。2017年の夏季大会は30競技で争われる。また、大学対抗選手権大会のことを「インカレ」ともいう。

□ 29 陸上の世界一を決める大会として、隔年開催されている競技会とは。

世界陸上競技選手権

1983年の第1回ヘルシンキ大会から1991年の東京大会までは4年に一度だったが、以降は、隔年で開催されている。

□ 30 平幕（横綱と三役を除いた幕内力士）が、本場所で横綱に勝つことを何と言う。

金星　きんぼし

ここから、予想外の大手柄をあげることも「金星」というようになった。

□ 31 2019年に日本で開催されたラグビーの国際大会とは。

ラグビーワールドカップ

9、10月に開催され優勝国は南アフリカ。日本は初のベスト8に進出し、「にわかファン」も巻き込みラグビーブームとなった。

□ 32 4年に1度、オリンピック開催地で行われる身体障がい者を対象とした国際スポーツ大会は。

パラリンピック

第1回は1960年にローマで開催。陸上競技や水泳、車いすバスケットボールなどの競技がある。

□ 33 バレーボールのワールドカップが開催される国は。

日本

1977年以降のワールドカップは4年に1度、毎回日本で開催されている。

第4章

英単語、熟語、文法、ことわざ
定番の知識をチェックしよう

英語

次の太字の単語を適する形に修正して英文を完成させなさい。

	問題		解答

☐ **1** The boy **resemble** his father. — resembles

☐ **2** She **run** every morning. — runs

重要 ☐ **3** He **eat** two slices of toast this morning. — ate

☐ **4** I haven't **hear** from him since April. — heard

☐ **5** No one **like** being a fool. — likes

☐ **6** I **have** been in business until that year. — had

☐ **7** I **write** a letter from Paris last week. — wrote

☐ **8** They have two **child**. — children

☐ **9** She **tell** me that she didn't like meat. — told

☐ **10** A green dress **match** with red hair. — matches

☐ **11** The prices have been **raise** lately. — raised

☐ **12** I **have** a strange dream last night. — had

重要 ☐ **13** He was **keep** waiting for a long time. — kept

☐ **14** She is not so young as she **look**. — looks

☐ **15** I know many **country**. — countries

☐ **16** I want some **box**. — boxes

重要 ☐ **17** There are many **woman**. — women

☐ **18** She **lose** her mother to cancer last year. — lost

重要 ☐ **19** He said Saturday, but he **mean** Sunday. — meant

☐ **20** I have already **meet** Mr. Smith. — met

☐ **21** Her face **shine** with youth 20 years ago. — shone

☐ **22** He **teach** me swimming last summer. — taught

☐ **23** He was **say** to be a great scholar. — said

単語の変形 ［品詞］ 次の単語の品詞を変えて空欄に入れなさい。

| 問題 | 解答と解説 |

□ 1 pursuit
↓
Don't (　　) the matter too far

pursue
名詞を動詞にする。「追求」「追跡」→「追求する」「実行する」。訳：その件は深追いするな。

□ 2 angry
↓
be moved to (　　)

anger
形容詞を名詞にする。「怒っている」→「怒り」。訳：腹を立てる。

□ 3 deny
↓
make a (　　) of……

denial
動詞を名詞にする。「否定する」→「否定」。訳：～を否定(拒否)する。

重要 □ 4 important
↓
with an air of (　　)

importance
形容詞を名詞にする。「重要な」→「重要性」。訳：もったいぶって、偉そうに。直訳：重要性のそぶりを見せて。

□ 5 security
↓
a (　　) foothold

secure
名詞を形容詞にする。「安全」→「安全な」。訳：しっかりした足場。

□ 6 equality
↓
Twice 3 is (　　) to 6

equal
名詞を形容詞にする。「等しさ」「平等」→「等しい」「平等な」。訳：3の2倍は6。

□ 7 marry
↓
Her second (　　) lasted only a year

marriage
動詞を名詞にする。「結婚する」→「結婚」。訳：彼女の2度目の結婚生活は1年しか続かなかった。

重要 □ 8 advice
↓
(　　) him to be cautious

advise
名詞を動詞にする。「助言」→「助言する」。訳：用心しろと彼に助言してください。

□ 9 choice
↓
(　　) what you like

choose
名詞を動詞にする。「選択」→「選ぶ」。訳：お好きなものをお取りください。

□ 10 fail
↓
end in (　　)

failure
動詞を名詞にする。「失敗する」→「失敗」。訳：失敗に終わる。

次の単語の品詞を変えて空欄に入れなさい。

□ **11** deep
↓
Snow accumulated to a (　) of five feet

depth
形容詞を名詞にする。「深い」→「深さ」「どん底」「奥行き」。訳:雪が5フィート積もった。

□ **12** know
↓
a man of great (　)

knowledge
動詞を名詞にする。「知っている」→「知識」。訳:博識の人。

□ **13** difficult
↓
with (　)

difficulty
形容詞を名詞にする。「困難な」「難しい」→「困難」「難事」。訳:苦労して、かろうじて。

重要 □ **14** wide
↓
the (　) of one's knowledge

width
形容詞を名詞にする。「広い」→「広さ」「幅」「横」。訳:知識が広くて豊富なこと。

□ **15** long
↓
The remedy (　) her life

lengthened
形容詞を動詞にする。「長い」→「長くする」。訳:その治療で彼女の生命は延びた。

□ **16** beautiful
↓
girlish (　)

beauty
形容詞を名詞にする。「美しい」→「美しさ」「美人」「美点」。訳:少女らしい美しさ。

重要 □ **17** able
↓
a man of (　)

ability
形容詞を名詞にする。「有能な」→「能力」「才能」「手腕」。訳:有能な人。

□ **18** good
↓
the (　) of man

goodness
形容詞を名詞にする。「良い」「善良な」→「優秀」「良い状態」「優しさ」。訳:人の長所。

□ **19** bad
↓
The soldier was (　) injured

badly
形容詞を副詞にする。「悪い」「ひどい」→「悪く」「ひどく」。訳:その軍人はひどく傷を負っていた。

□ **20** private
↓
disturb a person's (　)

privacy
形容詞を名詞にする。「個人の」「私的な」→「私生活」「プライバシー」。訳:プライバシーを妨害する。

問題　　　　　　　　　　　　　**解答と解説**

□ **21** weak
↓
recover from one's (　　)

weakness
形容詞を名詞にする。「弱い」→「虚弱」「欠点」「弱み」。訳：衰弱から回復する。

□ **22** wisdom
↓
It was (　　) of you to refuse his offer

wise
名詞を形容詞にする。「賢明さ」「知識」→「賢い」「賢明な」。訳：きみが彼の申し出を断ったのは賢明だった。

□ **23** accurate
↓
I doubt the (　　) of his description

accuracy
形容詞を名詞にする。「正確な」「的確な」→「正確さ」「的確さ」。訳：彼の描写の的確さに疑問がある。

□ **24** subscribe
↓
take out a (　　) to a newspaper

subscription
動詞を名詞にする。「購読する」→「購読」「寄付」。訳：新聞を予約購読する。

□ **25** similar
↓
points of (　　)

similarity
形容詞を名詞にする。「似通った」「類似した」→「類似点」「類似」。訳：類似点。

□ **26** accept
↓
find general (　　)

acceptance
動詞を名詞にする。「受け入れる」「容認する」→「受け入れ」「容認」。訳：一般に承認される。

□ **27** introduce
↓
arrange an (　　)

introduction
動詞を名詞にする。「紹介する」→「紹介」「前置き」「導入」。訳：人を紹介する段取りを整える。

□ **28** allow
↓
make an (　　) of 5% for cash payment

allowance
動詞を名詞にする。「許す」「認める」→「許可」「許容額」「割引」。訳：現金払いなら5パーセント割り引く。

□ **29** assume
↓
It's a mere (　　)

assumption
動詞を名詞にする。「仮定する」→「仮定」。訳：単なる仮定にすぎない。

□ **30** various
↓
(　　) is the very spice of life

variety
形容詞を名詞にする。「さまざまな」「多種多様の」→「変化」「相違」。訳：変化こそ人生の薬味。

次と意味が対照的な単語（対義語）を答えなさい。

問題		解答
重要 □ **1**	**demand** 需要 ⇔ （　　）供給	supply
□ **2**	**cause** 原因 ⇔ （　　）結果	result
重要 □ **3**	**allow** 許す ⇔ （　　）禁じる	forbid
□ **4**	**absence** 欠席 ⇔ （　　）出席	presence
□ **5**	**foreign** 外国の ⇔ （　　）国内の	domestic
□ **6**	**thick** 厚い ⇔ （　　）薄い	thin
重要 □ **7**	**clever** 賢い ⇔ （　　）愚かな	stupid
□ **8**	**deep** 深い ⇔ （　　）浅い	shallow
□ **9**	**quantity** 量 ⇔ （　　）質	quality
□ **10**	**future** 未来 ⇔ （　　）過去	past
□ **11**	**maximum** 最大 ⇔ （　　）最小	minimum
□ **12**	**entrance** 入口 ⇔ （　　）出口	exit
重要 □ **13**	**believe** 信じる ⇔ （　　）疑う	doubt
□ **14**	**cheep** 安い ⇔ （　　）高価な	expensive
□ **15**	**forget** 忘れる ⇔ （　　）覚えている	remember
□ **16**	**top** 最上部 ⇔ （　　）最下部	bottom
□ **17**	**push** 押す ⇔ （　　）引く	pull
□ **18**	**depart** 出発する ⇔ （　　）到着する	arrive
□ **19**	**lose** 失う・負ける ⇔ （　　）得る・勝つ	win
□ **20**	**borrow** 借りる ⇔ （　　）貸す	lend
□ **21**	**decrease** 減る ⇔ （　　）増える	increase
□ **22**	**full** いっぱいの ⇔ （　　）からの	empty
□ **23**	**hot** 熱い ⇔ （　　）冷たい	cold

対義語・類義語[接頭語] 次の単語に接頭語をつけて対義語にしなさい。

問題		解答
□ 1	**normal** 正常な ⇔ ( ) 異常な	abnormal
重要 □ 2	**like** 好む ⇔ ( ) 嫌う	dislike
□ 3	**visible** 見える ⇔ ( ) 見えない	invisible
□ 4	**significant** 重要な ⇔ ( ) 重要でない	insignificant
□ 5	**fair** 公平な ⇔ ( ) 不公平な	unfair
□ 6	**regular** 規則正しい ⇔ ( ) 不規則な	irregular
重要 □ 7	**possible** 可能な ⇔ ( ) 不可能な	impossible
□ 8	**happy** 幸福な ⇔ ( ) 不幸な	unhappy
□ 9	**rest** 安息 ⇔ ( ) 不安	unrest
□ 10	**tie** 結ぶ ⇔ ( ) ほどく	untie
□ 11	**correct** 正確な ⇔ ( ) 正確でない	incorrect
□ 12	**legal** 適法の ⇔ ( ) 違法の	illegal

対義語・類義語[名詞] 次と同じ意味を表す単語(類義語)を答えなさい。

問題		解答
□ 1	**device** 装置 = ( )	apparatus
□ 2	**defect** 欠点 = ( )	fault
□ 3	**consequence** 結果 = ( )	result
□ 4	**storm** 嵐 = ( )	tempest
□ 5	**factory** 工場 = ( )	plant
□ 6	**game** 試合 = ( )	match
□ 7	**child** 子供 = ( )	kid
□ 8	**habit** 習慣 = ( )	custom
□ 9	**holiday** 休暇 = ( )	vacation
□ 10	**ability** 能力 = ( )	capability

第1章 最新時事
第2章 国語
第3章 教養・スポーツ
第4章 英語
第5章 社会
第6章 数学
第7章 理科
第8章 仕事・業界

対義語・類義語 ［動詞・形容詞］ 次と同じ意味を表す（指定の文字から始まる）単語（類義語）を答えなさい。

問題		解答
□ 1	**achieve** 達成する ＝ （ a　　）	accomplish
□ 2	**aware** 気付いている ＝ （ c　　）	conscious
重要 □ 3	**happen** 生じる、起きる ＝ （ o　　）	occur
□ 4	**bad** 悪い ＝ （ e　　）	evil
□ 5	**dangerous** 危険な ＝ （ p　　）	perilous
□ 6	**bear** 耐える ＝ （ s　　）	stand
□ 7	**lovely** かわいらしい ＝ （ p　　）	pretty
□ 8	**begin** 始める ＝ （ s　　）	start
□ 9	**hire** 借りる ＝ （ r　　）	rent
□ 10	**common** ありふれた ＝ （ u　　）	usual
□ 11	**clear** 明らかな ＝ （ o　　）	obvious
重要 □ 12	**complete** 完全な ＝ （ p　　）	perfect
□ 13	**protect** 守る ＝ （ g　　）	guard
□ 14	**discuss** 議論する ＝ （ a　　）	argue
□ 15	**fall** 落ちる ＝ （ d　　）	drop
□ 16	**get** ～になる ＝ （ b　　）	become
重要 □ 17	**have** 持っている ＝ （ h　　）	hold
□ 18	**high** 高い ＝ （ t　　）	tall
□ 19	**hope** 望む ＝ （ w　　）	wish
□ 20	**include** 含む ＝ （ c　　）	contain
□ 21	**join** つなぐ ＝ （ c　　）	connect
□ 22	**study** 学ぶ ＝ （ l　　）	learn
□ 23	**look** 見る ＝ （ s　　）	see
□ 24	**refuse** 断る ＝ （ r　　）	reject

対義語・類義語 [同意表現]

2つの文章が同じ意味になるよう、空欄に単語を入れなさい。

問題		解答と解説

☐ **1** You'd better ( )about what you eat.
You'd better pay attention to about what you eat.

care
care about, pay attention to aboutは「気を付ける」「注意する」。

☐ **2** I cannot put ( )with a man like that.
I cannot stand a man like that.

up
put up with, standは「我慢する」。

☐ **3** You have to give( )smoking right now.
You have to quit smoking right now.

up
give up 〜 ing, quit 〜 ingは「〜することをやめる」。

☐ **4** Don't put ( ) answering the letter.
Don't postpone answering the letter.

off
put off, postponeは「延期する」「延ばす」。

☐ **5** Mary seems ( )to like me.
Mary doesn't seem to like me.

not
seems not to, doesn't seem toは「ではなさそう」。

重要 ☐ **6** He kept ( ) writing after dinner.
He continued writing after dinner.

on
keep on 〜 ing, continue 〜 ingは「〜し続ける」。

☐ **7** He cannot ( )clean the room.
He cannot so much as clean the room.

even
cannot even, cannot so much asは「すらできない」。

☐ **8** Yoko always looks ( )her old mother.
Yoko always takes care of her old mother.

after
look after, take care ofは「世話をする」。

☐ **9** A bad habit is hard to get ( )of.
A bad habit is hard to abandon.

rid
get rid of, abandonは「見捨てる」「止める」。

重要 ☐ **10** He had no ( )arrived than he fell ill.
As soon as he arrived he fell ill.

sooner
no sooner 〜 than, as soon as 〜は「〜するやいなや」。

☐ **11** This is the ( ) we came to know each other.
This is how we came to know each other.

way
This is the wayは「このような方法で」。

☐ **12** He is good at not only soccer but ( )tennis.
He is good at tennis as well as soccer.

also
not only 〜 but also, as well asは「〜だけでなく〜も」。

☐ **13** In( ) of his wealth, he is not happy.
While he is wealthy, he is not happy.

spite
In spite ofは「にもかかわらず」。

英語

英語 3

基本構文

正しい英文になるよう（　）内の単語を並べ替えなさい。

| 問題 | 解答と解説 |

□ 1 It is necessary that you
（promise, keep, should, your）.

should keep your promise
keep your promiseは「約束を守る」。訳:約束を守ることがきみには必要だ。

重要 □ 2 It（more, take, than, no, will）
a few minutes
to walk to the home.

will take no more than
「no more than ～」は「～より多くない」から「たった」「わずか」。訳:家まで歩くのにわずか数分しかかからないだろう。

□ 3 My idea
（from, different, is）yours.

is different from
be different from ～は「～と異なっている」。訳:私の考えはきみとは違う。

□ 4 Girls are increasing in
（school, this, number, in）.

number in this school
前置詞inが2カ所あるがin numberが先にくる。訳:この学校では女子の数が増えつつある。

□ 5 We are（a, hurry, in, not）
to be late for the meeting.

in a hurry not
be in a hurry は「急いでいる」。訳:私たちは会議に遅れないように急いだ。

□ 6 Have you
（caught, fish, ever, a）
in this river?

ever caught a fish
Have you ever 過去分詞 ＋? の文型は「かつて～したことがあるか」という疑問文。訳:この川で魚を捕まえた（釣った）ことがありますか?

□ 7 We can't play tennis
（now, is, because, raining, it）.

because it is raining now
becauseは理由を示す接続詞。訳:今雨が降っているので私たちはテニスができない。

□ 8 You shouldn't carry
（need, money, than, you, more）.

more money than you need
more ～ thanは「より多い」,このthanは関係代名詞。訳:必要以上の金を持ち歩くべきではない。

□ 9 There is
（bath, a, like, nothing, hot）
after a hard day's work.

nothing like a hot bath
There is nothing like ～は「～ほど良いものはない」。訳:きつい1日の仕事のあとの熱い風呂に勝るものはない。

□ 10 We don't know
the value of health
（it, we, lose, until）.

until we lose it
not ～ until ～は「～して初めて～する」。訳:健康の価値はそれを失って初めて気付く。

□ 11 This is the comic
（of, by, a, read, lot）
high school students.

read by a lot of
この文章のreadは過去分詞で発音は「レッド」。訳:これはたくさんの高校生に読まれているマンガです。

問題

重要 □ **12** Excuse me for
(time, coming, on, not).

解答と解説

not coming on time
coming notではなくnot coming。訳：時間
どおりに来られなくてすみません。

□ **13** This movie is
(that, than, interesting, more)
movie.

more interesting than that
more ～ than ～は「～よりも～だ」。訳：この
映画はあの映画よりも面白い。

□ **14** You can invite
(come, to, wants, whoever).

whoever wants to come
whyとthat以外の関係詞。「～ everを付けた複
合関係詞。訳：来たい人は誰でも招待していい。

□ **15** If it (music, not, were),
life would be very dull.

were not music
仮定法過去形。「もし～がなければ」。訳：音楽が
なければ人生はとても退屈なものになるだろう。

□ **16** This book costs (less, than, not)
$500.

not less than
同義用法にat leastがある。訳：この本は少な
くとも500ドルはするはずだ。

□ **17** This mathematical question is
(difficult, me, too, for)
to solve.

too difficult for me
too ～（形容詞）for ～（人）to ～（動詞）で、「誰
にとって～しすぎて～できない」。訳：この数
学の問題は難しすぎて私には解けない。

□ **18** At that time our new home was
(than, better, no)
a rabbit hutch.

no better than
「～同然」「～程度」。訳：当時の私たちの新居は
ウサギ小屋同然にひどかった。

基本構文 ［適語］ （　）にあてはまる単語を入れ、意味が通る英文にしなさい。

問題

解答と訳

□ **1** I have not written
New Year's cards (　).

yet
訳：私はまだ年賀状を書いていません。

重要 □ **2** My mother has (　)
sick since last Sunday.

been
訳：母はこの前の日曜日からずっと病気だ。

□ **3** He asked me (　)
I was busy then.

if
訳：彼は「そのとき忙しいかどうか」私に聞い
た。

□ **4** I am rather
(　)at baseball.

poor
訳：私はどちらかというと野球が苦手です。

□ **5** (　) we are at the
bus terminal.

Here
訳：さあバスターミナルに着いたよ。

第1章　最新時事
第2章　国語
第3章　教養・スポーツ
第4章　英語
第5章　社会
第6章　数学
第7章　理科
第8章　仕事・業界

（　）にあてはまる単語を入れ、意味が通る英文にしなさい。

☐ **6** If Sam is going by train,
so (　)I.

am
訳：サムが列車で行くなら、私もそうします。

☐ **7** Old (　) he is,
he is a tough man.

though
訳：彼は歳を取っているが、元気な男性だ。

☐ **8** The bell had no(　)rung than
the students dashed out of the room.

sooner
訳：ベルが鳴った途端に生徒たちは部屋を飛び出した。

☐ **9** Drive more carefully,
(　)you will have an accident.

or
訳：もっと慎重に運転しなさい、そうしないと事故を起こしますよ。

重要 ☐ **10** Any book will do,
as(　)as it is interesting.

long
訳：面白ければどんな本でもいい。

基本構文［選択］ （　）から単語を選び、和文に対応した英文を完成させなさい。

問題　　　　　　　　　　　　　　　　　　　　　解答と解説

☐ **1** 一般的にいって日本人は海外旅行が好きだ。
Generally (speaking, considering),
Japanese people like traveling abroad.

speaking
慣用的な独立分詞構文。frankly speaking（率直に言えば）、strictly speaking（厳密に言えば）もよく使用する。

重要 ☐ **2** あなたが考えているのは幻想にすぎない。
What you are thinking of is (nothing,
anything) but an illusion.

nothing
nothing but ～は「～にすぎない」「ただ～だけ」。= only。

☐ **3** もし私が鳥だったら、あなたのところに
飛んでいけるのに。
If I (is, be, were) a bird,I could fly to you.

were
仮定法過去。If＋主語＋動詞の過去形～。

重要 ☐ **4** なぜあなたは、そんなに高価な車を買ったのですか？
Why did you buy (such, much) an
expensive car?

such
一般に冠詞は修飾語句の一番前に置くが、suchは冠詞をあとに置く。

☐ **5** たまたま渋谷駅でトムと出会った。
I (had, happened, occurred) to meet Tom
at Shibuya Station.

happened
happened to ～は「偶然～する」。前置詞atは1地点、onは表面に接触、inは広がりのある空間の場合。

☐ **6** 指示に従ってこの用紙に記入しなさい。
Fill out this form, according (to, out, for)
the instruction.

to
according to ～は「～によれば、～に従って」。群前置詞（2つ以上の語が前置詞の働きをする）。

		問題	解答と解説

□ 7 彼女は今日、シベリア経由でモスクワへ飛んだ。
She flew to Moscow by (root, way) of Siberia today.

way
by way of ～は「～を通って、～経由」。同じ構造の群前置詞にby means of ～（～によって）がある。

□ 8 私は昼休みに歯を磨くことにしている。
I make a (point, rule) of brushing my teeth during the lunch break.

point
make a point of ～ ingは「決まって～することにしている」。

□ 9 薬を飲んだので彼女はもう酔わなくなった。
Since medicine was taken, she will not get drunk(any, no)longer.

any
not ～ any longerは「もはや～ない」。
＝～ no longer。

重要 □ 10 彼はまもなく帰ってくるでしょう。
It will not be long (after, before) he comes back.

before
It will not be long before ～は「まもなく～だろう」。It will be a long time before ～は「なかなか～しないだろう」。

□ 11 台風が来なければ明日帰ります。
I'll be back tomorrow (unless, if) the typhoon comes.

unless
ifは「もし～」、unlessは「もし～でないなら、～でない限り」。

□ 12 彼は忘れないように彼女の名前を書き留めた。
He wrote down her name in (time, case) he should forget it.

case
in case A ～は「Aが～する場合に備えて」。ifと同じ「条件」の意味で使うこともある。

□ 13 あなたが好きでも嫌いでも、リーダーとしての役目を果たさなくてはならない。
Whether you like (so, but, or) not, you must act as a leader.

or
whether ＋主語＋動詞＋or notは基本構文の一つ。「～であってもなくても」。whether A or B(Aであろうとbであろうと)。

□ 14 私の知る限りでは、彼は仕事を始めている。
As (long, far) as I know, he has started on the job.

far
as far asは「～する限りでは」。程度、限界、空間的な範囲を示す。

□ 15 彼はこれまでの誰にも劣らない偉大な作曲家だ。
He is as great a composer as (never, ever) lived.

ever
as＋形容詞＋a[an]＋名詞＋as ever…は「これまで…した誰(何)にも劣らず」。aの位置に注意。

□ 16 彼の息子は一人で旅行するには幼すぎる。
His son is (too, so, much) young to travel alone.

too
主語＋be＋too＋to ～は「～するには～すぎる」。

( )からあてはまる語を選び、英文を完成させなさい。

| 問題 | 解答と解説 |

☐ **1** It is necessary (on, for) you to leave here soon.

for
不定詞to leaveの意味上の主語がforのあとに入る。訳:すぐにここを去る必要がある。

重要 ☐ **2** He (is belonging, belongs) to the judo club.

belongs
belongは状態動詞のため進行形は不可。訳:彼は柔道部に所属している。

☐ **3** My mother is proud of (be, been, being) a nurse.

being
be proud ofのあとには動名詞が置かれる。訳:母は看護師に誇りを持っている。

☐ **4** He left his car (with, for) it's engine running.

with
with+A+現在分詞は「Aが〜している状態で」。訳:彼はエンジンをかけたまま車から離れた。

☐ **5** I like her all the (best, better) for her faults.

better
all the+比較級+forは「いっそう」。訳:彼女は欠点があるからいっそう好き。

重要 ☐ **6** I have a friend (whose, whom) father is a famous scholar.

whose
関係代名詞whoseは直後に必ず名詞を伴う。訳:父が有名な学者である友人がいる。

☐ **7** New Year's Day is (what, that, when) everybody feels happy.

when
whenは時を表す関係代名詞。訳:元日は誰もが幸せに感じる日だ。

☐ **8** I wish I (am, was, were) good at skiing.

were
主語+wish+主語+仮定法過去は「であればいいのに」。訳:スキーが上手ならいいのに。

重要 ☐ **9** Mary, it's (about, on, to) time you went to bed.

about
It is about time+仮定法過去は「もう〜してもよい時」。訳:メアリーもう寝る時間だ。

☐ **10** Galileo proved that the earth (went, have gone, goes) round the sun.

goes
英文法では主節と従属節の時制は一致するのが原則だが、真理やことわざでは現在形が使われる。訳:ガリレオは地球が太陽の周りを回っていることを証明した。

☐ **11** President Trump hardly (need, needs) any introduction at all.

needs
三人称のs。hardlyは副詞needが動詞。訳:トランプ大統領は紹介するまでもない。

☐ **12** They bought (some furniture, a furniture, furniture, furnitures) for their new home.

furniture
furnitureは不可算の集合名詞。常に単数形でaやanをつけない。訳:彼らは新居の家具を買った。

問題		解答と解説

□ 13 (What, How, That) a lovely girl she is!

What
感嘆文はWhat＋a＋形容詞＋名詞＋主語＋動詞 訳:彼女はなんてかわいいんだ!

□ 14 Is there anyone (that, who) you know who speaks French?

that
先行詞がanyone(不定代名詞)なのでthat。訳:知人でフランス語が話せる人はいる?

□ 15 (Nobody, None) of the members knew the news.

None
none of〜で「誰も〜ない」。訳:メンバーの誰も、そのニュースを知らなかった。

□ 16 I don't like (all, some, little) of his works.

all
not＋allで「すべてが〜ではない」。訳:彼の全作品が好きというわけではない。

□ 17 This medicine will (take, make) you feel better.

make
状態の変化を表す場合はmake。訳:この薬を飲めば気分が良くなる。

重要 □ 18 I'm (doing, going, having) to see the doctor tomorrow.

going
be going to＋動詞の原形で未来を表す。訳:明日医者に診てもらうつもりだ。

□ 19 She is always (complained, complaining) about her job.

complaining
be動詞＋〜ingは「いつも〜してばかりいる」。訳:彼女はいつも仕事の不満を言っている。

□ 20 She (is resembling, resembles) her mother.

resembles
resemble(状態動詞)は進行形にできない。訳:彼女はお母さんに似ている。

□ 21 We (will, would, should) do our best in everything.

should
助動詞shouldは「〜すべきだ」。訳:私たちはすべてに最善を尽くすべきだ。

英文法 [正誤] 太字の語が正しければ○を、間違っている場合は修正しなさい。

問題		解答と解説

□ 1 私は、母と世界旅行がしたいです。
I want to travel around **a** world with my mother.

× → the
たくさんある中の一つであればaだが、旅をする際の「world」は一つしかないのでthe。

□ 2 日本では、6月にたくさんの雨が降ります。
In Japan we have a **lot** of rain in June.

○
a lot ofは「たくさん」。同義のmanyは可算名詞に、muchは不可算名詞に使うが、a lot ofはいずれにも使うことができる。

□ 3 喉が渇いているので水を少しください。
Since I feel thirsty, please give me **little** water.

× → a little
a littleは不可算名詞に、a fewは可算名詞に使い「少し」という意味。aを取り去ったlittle、fewは「ほとんどない」という否定的な意味で使われる。

太字の語が正しければ○を、間違っている場合は修正しなさい。

☐ **4** あまり時間がない。急いだ方がいい。
You don't have **much** time. You would
rather hurry as much as you can.

○
「たくさんの時間を持っていない」から「あまり時間がない」という意味になる。

重要 ☐ **5** 「プランを立案する」と、「プラン
を実行する」は別のことだ。
It is one thing to make plans, and
other to put them into practice.

× → another
A is one thing, and B is another. で「AとBとは別のこと」。

☐ **6** 彼女はとても疲れているようなので、
彼女と言い争うのは無駄だと思った。
She seemed very tired, so I thought
it was no **bad** arguing with her.

× → good
It is no good ～ing の構文。「～をしてもなんにもならない、無駄」。

重要 ☐ **7** 彼は家に着くやいなや病気になって
しまった。
No sooner had he arrived at
home **than** he fell sick.

○
no sooner ～ than ～は「～するやいなや～になった」。no sooner が文頭にくるときには倒置される。

☐ **8** 昨日の分を取り戻すために、あなた
は今日頑張らなければいけない。
You'll have to work hard today to **keep**
up for the time you wasted yesterday.

× → make
make up for ～は「～を埋め合わせる」。もっとも出題確率が高いイディオムの一つ。

☐ **9** 問題は気に入ってくれるかどうかだ。
The problem is **whether** you like
it or not.

○
whether ～ or notは「～かどうか」。whether you like it or notは「気に入ろうが気に入るまいが」の意味になることがある。

☐ **10** 通りを歩いていたときに彼に会った。
While I was walking along the
street, I met him.

× → when
whileは期間を表し、whenはその時を表す。

英文法 [同意表現] 2つが同じ意味になるよう（ ）に単語を入れなさい。

☐ **1**　· My mother is a good cook.
· My mother cooks (　).

well
be＋名詞の構文を動詞＋副詞の構文に変える。訳：母は料理が上手だ。

☐ **2**　· That question is too difficult
for us.
· We can't (　)that question.

answer
too＋形容詞＋for ～は「～にとって…すぎる」。「問題が難しすぎる」で「答えられない」が同義になる。

□ **3**
- I live by myself.
- I live (　).

alone

〜selfは再帰代名詞で「〜自身」を表す。訳:私は一人暮らしです。

□ **4**
- He didn't come until the meeting was almost over.
- It was not until the meeting was almost over (　) he came.

that

直訳すると上は「ほとんど会議が終わるころまで彼は現れなかった」、下は「ほとんど会議が終わったころにようやく彼は現れた」。

□ **5**
- He is not so much a scholar as a journalist.
- He is as a journalist (　) than a scholar.

rather

not so much 〜 as 〜、as 〜 rather than 〜は、「〜というよりも〜である」という意味。訳:彼は学者というよりもジャーナリストだ。

□ **6**
- He was so tall as to reach the ceiling.
- He was tall (　) to reach the ceiling.

enough

so ＋形容詞＋as to＋動詞、形容詞＋enough to＋動詞は、どちらも「〜するのに十分な〜である」。訳:彼は背が高いので天井に届く。

□ **7**
- I don't see anything.
- I see (　).

nothing

not anythingはsomethingに対する否定語。訳:私は何も見えない。

□ **8**
- This dictionary will be useful when you study English.
- This dictionary will (　) you when you study English.

help

直訳すると上は「この辞書はきみが英語を勉強するときに役に立つでしょう」、下は「この辞書は英語を勉強するときみを助けてくれるでしょう」。

□ **9**
- Thank you for meeting. I had a good time today.
- Thank you for meeting. I enjoyed (　) today.

myself

have a good timeとenjoy 〜 self は同義。訳:会ってくれてありがとう。今日は楽しかった。

重要 ▶ □ **10**
- Why don't you ask your father to buy you a camera?
- How (　) asking your father to buy you a camera?

about

Why don't you 〜? と、How about 〜ing ?は同義で「どうしてしないのか、すればいいのに」という意味。訳:どうしてお父さんにカメラを買ってもらうように頼まないの?

□ **11**
- He was kind enough to show me his beautiful pictures.
- It was kind (　) him to show me his beautiful pictures.

of

be kind of him toとなる。ほかにofになる形容詞は、foolish、stupid、cruelなど。訳:彼は親切にも、美しい絵画を見せてくれた。

英語 5
熟語

次の単語と同じ意味を表す熟語を答えなさい。

問題	解答
重要 □ **1** explain 説明する	account for
□ **2** respect 尊敬する	look up to
□ **3** before 前に	in front of
□ **4** then そのころ	at that time
□ **5** end 終わる	be over
□ **6** will するつもり	be going to
□ **7** can できる	be able to
□ **8** dread 怖がる	be afraid of
□ **9** immediately 直ちに	right away
重要 □ **10** many たくさん	a lot of
□ **11** must ～ねばならない	have to
□ **12** reach 到着する	arrive at
□ **13** cancel 中止する	call off
□ **14** sure 了解	all right
□ **15** awake 目を覚ます	wake up
□ **16** like 好きな	be fond of
□ **17** famous 有名な	well known
重要 □ **18** soon まもなく	before long
□ **19** wear 着る	put on
□ **20** meet 会う	come across
重要 □ **21** over 以上の	more than
□ **22** again もう一度	once more
□ **23** much たくさんの	plenty of

問題		解答
□ 24	postpone 延期する	put off
□ 25	extinguish 消す	put out
□ 26	decide 決心する	make up one's mind
重要 □ 27	many たくさんの	a number of
□ 28	enjoy 楽しむ	have a good time
□ 29	accidentally 偶然に	by chance
□ 30	join 参加する	take part in
□ 31	eternally 永遠に	for ever
□ 32	really 実は	in fact
□ 33	etc など	and so on
□ 34	telephone 電話する	call up
重要 □ 35	resemble 似ている	be similar to
□ 36	cannot ～できない	be unable to
□ 37	suddenly 突然	all at once
□ 38	hit 思い浮かぶ	occur to
□ 39	happen 起こる	take place
□ 40	understand 理解する	make out
□ 41	realize 実現する	come true
□ 42	start 出発する	set out
□ 43	submit 提出する	hand in
□ 44	besides 加えて	in addition
□ 45	should すべき	ought to
□ 46	practice 実行する	carry out
□ 47	despite ～にもかかわらず	in spite of
□ 48	overcome 打ち勝つ	get over

（　）にあてはまる単語を入れ、英文を完成させなさい。

☐ **1** 少なくとも10ドルはかかる。
It will cost you at （　） 10 dollars.

least
at least は「少なくとも」の意。反対語は at most。

☐ **2** 祖母は赤ちゃんが生まれるのを楽しみにしている。
Grandma is looking forward （　）
the new baby.

to
looking forward to は「楽しみにしている」。

☐ **3** 彼女は彼より3歳下だ。
She is three years （　） to him.

junior
be ～ years junior to ～は「～より～歳下」。

☐ **4** 彼は肉や魚のような食べ物が好きです。
He likes （　） food as meat and fish.

such
such ～ as ～は「～のような」。such ～ that は「とても～なので～だ」。

☐ **5** 彼はおじさんが偉大な音楽家であることを誇りに思っている。
He is （　） of his uncle to be a great musician.

proud
be proud of ～は「～を誇りに思う」。同義の熟語は、take pride in ～。

☐ **6** 次の土曜日にピクニックに行かない？
How （　） going on a picnic next Saturday?

about
How about ～は「～はどうですか」という意味。同義の表現は多く、Let's ～、Shall we ～ ?、Why don't you ～ ?などがある。

重要 ☐ **7** 彼はその川で泳ぐのに慣れている。
He is （　） to swimming the river.

used
be used to ～は「～に慣れている」。to のあとには名詞か動名詞がくる。

☐ **8** 彼女はコーヒーより紅茶が好きだ。
She （　） tea to coffee.

prefers
prefer ～ to ～は「～より～を好む」。三人称なので prefers。

☐ **9** なによりも、まずその仕事を終えなければならない。
（　） of all, we have to finish the work.

First
First of all は、「なによりもまず」。最優先すべきものをあげる際に使う。

☐ **10** 私はその結果にまったく満足していない。
I'm not satisfied （　） the result at all.

with
be satisfied with ～は「～に満足している 」。satisfied の原型は satisfy（満足させる）。

重要 ☐ **11** 母も私と同じく、その新しい車を運転します。
My mother as （　）as I drives the new car.

well
A as well as B は「Bと同じくAも」。この熟語の場合、動詞はAに合わせる。三人称なので drives になる。

問題 | 解答と解説

□ **12** 彼は図書館で一日中本を読み続けた。
He (　) on reading a book at a library all day long.

went
go on 〜 ingは「〜 を 続 け る」。wentはgoの過去形。

□ **13** この机は木製だ。
This desk is (　) of wood.

made
be made of 〜は「〜（材料）で作られている」。

□ **14** 父は外国に行ってしまった。
My father has (　) abroad.

gone
go abroadは「外国に行く」。goneはgoの過去分詞。

□ **15** 彼らは同時にゴールに着いた。
They reached the goal at the (　) time.

same
at the same timeは「同時に」。sameは「同じ」という形容詞。

□ **16** ここでしばらく待っていてね。
Please wait here for a (　).

while
for a whileは「しばらくの間」。同義熟語はfor some time。

□ **17** 彼は病気のようだ。
He (　) to be sick.

seems
seem to 〜 は「〜らしい」「〜に思われる」。三人称なのでseems。

□ **18** 彼はその少女と親しくなった。
He made friends (　) the girl.

with
make friends with 〜は「〜と親しくなる」。

□ **19** これらの古い靴を捨てなさい。
Get (　) of these old shoes!

rid
get rid ofは「捨てる」「取り除く」「廃止する」。

□ **20** 大雪のために列車は遅れて到着した。
The train arrived late because (　) the heavy snow.

of
because of 〜は「〜のために」「〜が原因で」。

重要→ □ **21** 新しい単語は常に辞書で調べなさい。
You should always look(　) new words in a dictionary.

up
look upは「調べる」という意味の動詞句。

□ **22** 老婦人を笑ったのは不適切だった。
It was out of (　) to laugh at the old lady.

place
out of placeは「場所から外れている」という意味から「場違いな、不適切な」。「正しい場所に、適切な」はin place。

□ **23** 私たちのボートは波のなすがままだった。
Our boat was at the (　)of the waves.

mercy
at the mercyは「なすがまま」という意味で使われる。

次の英語に対する日本語のことわざ・慣用句を答えなさい。

問題		解答と解説

□ **1** Manner and money make a gentleman.

衣食足りて礼節を知る
直訳：礼儀とお金が紳士をつくる。mannerとmoneyが韻を踏んでいることに注意。

重要 □ **2** Killing two birds with one stone.

一石二鳥
直訳：1つの石で2羽の鳥を殺す。「一挙両得」も同じ。

□ **3** A roaming dog may find a big bone.

犬も歩けば棒に当たる
直訳：ほっつき歩く犬は大きな骨を見つけるかもしれない。

重要 □ **4** When in Rome, do as the Romans do.

郷に入っては郷に従え
直訳：ローマにいるときはローマ人のするように振る舞え。

□ **5** After a storm comes a calm.

雨降って地固まる
直訳：嵐のあとに凪（なぎ）が来る。After rain comes fair weather.ともいう。

□ **6** A good beginning makes a good ending.

始め良ければ終わり良し
直訳：良い始まりが良い結果（終わり）をつくる。

□ **7** A jack of all trades is master of none.

多芸は無芸、器用貧乏
直訳：何でもできる人にすぐれた芸はない。

□ **8** Don't count your chickens before they are hatched.

とらぬ狸の皮算用
直訳：ひよこがかえる前に数えてはならない。

□ **9** A little learning is a dangerous thing.

生兵法は大怪我の元
直訳：少ししか学んでいないことは危険なこと。

□ **10** All things come to those who wait.

果報は寝て待て
直訳：すべてのものは待つ者のところにやってくる。

□ **11** Bad news travels fast.

悪事千里を走る
直訳：悪いうわさは早く伝わる。Ill news comes too soon.ともいう。

□ **12** A man cannot give what he hasn't got.

ない袖は振れぬ
直訳：持っていないものは与えられない。

問題		解答と解説

□ **13** A rolling stone gathers no moss.

転石、苔むさず
直訳：転がる石に苔は付かない。

□ **14** Barking dogs seldom bite.

弱い犬ほどよく吠える
直訳：吠える犬はめったに噛まない。

□ **15** The early bird catches the worm.

早起きは三文の得
直訳：早起きの鳥は虫を捕まえる。

□ **16** Even a worm will turn.

一寸の虫にも五分の魂
直訳：毛虫でも立ち向かってくる。

重要 □ **17** It is no use crying over spilt milk.

覆水盆に返らず
直訳：こぼしたミルクを嘆いても仕方がない。

□ **18** Who knows most speaks least.

能ある鷹は爪を隠す
直訳：もっとも知っている者はもっとも話さない。

□ **19** Look before you leap.

転ばぬ先の杖
直訳：跳ぶ前に見よ。

重要 □ **20** Seeing is believing.

百聞は一見に如かず
直訳：見ることは信じること。

□ **21** Curses come home to roost.

人を呪わば穴二つ
直訳：呪いは呪い主に戻る。

□ **22** Bad luck often brings good luck.

禍 転じて福となす
直訳：不運はたびたび幸運をもたらす。

□ **23** Two heads are better than one.

三人寄れば文殊の知恵
直訳：二つの頭は一つより良い。

□ **24** A wise man keep away from danger.

君子危うきに近寄らず
直訳：賢い人は危険に近づかない。

重要 □ **25** There is no royal road to learning.

学問に王道なし
直訳：学習に王道はない。

□ **26** The tailor makes the man.

馬子にも衣装
直訳：洋服屋が一人の男にする。

□ **27** When the cat's away the mice will play.

鬼の居ぬ間に洗濯
直訳：ネコがいない間にネズミは遊ぶ。

第1章　最新時事

第2章　国語

第3章　教養・スポーツ

第4章　英語

第5章　社会

第6章　数学

第7章　理科

第8章　仕事・業界

（　）に英単語を入れて英語のことわざ・慣用句を完成させなさい。

問題

解答と解説

☐ **1** 良薬は口に苦し
A good medicine tastes （　）.

bitter
Good medicine for health tastes bitter to the mouth. ともいう。

☐ **2** 心ここに在らざれば、視れども見えず
None so blind （　）those who won't see.

as
直訳：見る気のない者ほど、目の見えない者はいない。

☐ **3** 大は小を兼ねる
The greater embraces the （　）.

less
直訳：大は小を包含する。

重要 ☐ **4** 類は友を呼ぶ
Birds of （　）feather flock together.

a
aは「same」の意味で使われる。
直訳：同じ羽根（同種）の鳥は群れ集う。

☐ **5** 無理は禁物
Cross the stream （　）it is the shallowest.

where
直訳：もっとも浅いところで川を渡れ。

☐ **6** 隣の芝生は青い
The grass is （　）greener on the other side of the fence.

always
直訳：塀の向こう側の芝生はいつも青い（緑色が濃い）。

☐ **7** 顔から火が出る
I blush bright red （　）embarrassment.

with
直訳：恥ずかしさで顔が真っ赤になる。

☐ **8** 二兎を追うものは一兎をも得ず
If you run after two hares, you will （　）neither.

catch
直訳：2匹の野ウサギを追うなら、どちらも捕らえられない。
hare は「野ウサギ」。

☐ **9** 血は水より濃い
Blood is （　）than water.

thicker
thickerはthickの比較級。「厚く」「深く」。

☐ **10** 猫に小判
That's like casting （　）before swine.

pearls
直訳：それは豚に真珠を投げるようなもの。

☐ **11** 二度あることは三度ある
What （　）twice will happen three times.

happens
直訳：2回起こることは3回起こる。

問題 / 解答と解説

□ **12** 一難去ってまた一難
One tough problem (　) another.

after
直訳：別のことのあとの難しい問題。

□ **13** 一寸先は闇
Who (　) read the future?

can
直訳：誰が未来を読むことができるのか。

□ **14** 十人十色
So many men,so (　) minds.

many
直訳：人が多ければ思いもさまざま。

重要 □ **15** 初心忘るべからず
Don't (　) your first resolution.

forget
直訳：最初の決意を忘れないで。

□ **16** 口は災いの元
Out of the mouth (　) evil.

comes
evilは「縁起の悪い」「不吉な」。

□ **17** 花より団子
Pudding rather (　) praise.

than
直訳：賞賛よりもむしろプリン。

□ **18** 捨てる神あれば拾う神あり
When one door shuts
(　)opens.

another
直訳：戸が閉じると、もう一方の戸が開く。

□ **19** 聞くは一時の恥
Better to (　) the way than go
astray.

ask
直訳：誤った方に行くよりは、聞いた方が良い。

□ **20** 後悔先に立たず
What is done cannot be (　).

undone
直訳：過ぎたことは元に戻ることができない。

□ **21** 失敗は成功の元
Every failure is a (　) stone
to success.

stepping
直訳：あらゆる失敗は成功への踏み台。
stepping stone は「踏み石」「踏み台」。

□ **22** 毒をもって毒を制す
The smell of garlic takes (　)
the smell of onions.

away
直訳：ニンニクの臭いはタマネギの臭いを取り除く。
take away は「取り除く」。

□ **23** 情けは人のためならず
He who (　) to another bestows
on himself.

gives
直訳：他人に与える人は、自分自身に与えることになる。

第1章　最新時事
第2章　国語
第3章　教養・スポーツ
第4章　英語
第5章　社会
第6章　数学
第7章　理科
第8章　仕事・業界

英語 7
ビジネス英語

挨拶・自己紹介

☐	**1**	This is my first day here.	今日からお世話になります。
☐	**2**	I've wanted to meet you.	お会いしたかったです。
☐	**3**	Tell me about yourself.	自己紹介してください。
☐	**4**	Please allow me to introduce myself.	自己紹介させてください。
☐	**5**	I studied English at university.	大学で英語を学びました。
☐	**6**	What should I call you?	何とお呼びすればいいですか?
☐	**7**	What line of work are you in?	どんな仕事をなさっているのですか?
☐	**8**	Have you worked here long?	どのくらいここにお勤めですか?
☐	**9**	Thank you for making time for us today.	今日はお時間をつくっていただき、ありがとうございます。
☐	**10**	I look forward to seeing you again.	またお会いできるのを楽しみにしています。

電話応対

☐	**1**	Who's calling, please?	どちら様ですか?
☐	**2**	Who would you like to speak to?	誰におつなぎしますか?
☐	**3**	Hold on, please.	少しお待ちください。
☐	**4**	Thank you for waiting.	お待たせしました。
☐	**5**	I'm sorry about the wait.	お待たせしてすみません。
☐	**6**	What is it concerning?	ご用件は何でしょうか?
☐	**7**	I can't hear you very well.	よく聞こえないのですが。
☐	**8**	I beg your pardon?	もう一度言っていただけますか?
☐	**9**	I'm going to connect your call.	おつなぎします。
☐	**10**	I'll get you an English Speaker.	英語を話す者に代わります。
☐	**11**	He is not in the office now.	ただいま外出しております。

☐ **12**	He is not available at the moment.	ただいま席を外しております。
☐ **13**	He is at a meeting right now.	ただいま会議中です。
☐ **14**	I'm not sure when he will be back.	いつ戻るのかはわかりません。
☐ **15**	Would you like to leave a message?	ご伝言はありますか？
☐ **16**	Shall I have him call you back?	折り返し電話させましょうか？
☐ **17**	I'll try calling again later.	またあとでお電話します。
☐ **18**	It's been nice talking with you.	お電話ありがとうございました。

Eメール

☐ **1**	Dear Mr.(Ms.) ～	～様。
☐ **2**	Dear Madam,	担当者様(女性1名)。女性複数はMadams。
☐ **3**	Dear Sir,	担当者様(男性1名)。男性複数はSirs。
☐ **4**	To whom this may concern,	宛名が不特定のときの冒頭礼辞。
☐ **5**	Regards, ／ Best regards,	結びの語(カジュアル)。
☐ **6**	Sincerely, ／ Sincerely yours,	結びの語(少しフォーマル)。
☐ **7**	Truly yours, ／ Very truly yours,	結びの語(フォーマル)。
☐ **8**	Postscript (P.S.)	追伸(略語で使用できる)。
☐ **9**	As Soon As Possible(ASAP)	なるべく早く(省略で使用できる)。
☐ **10**	By The Way(BTW)	ところで(省略で使用できる)。
☐ **11**	For your information(FYI)	ご参考までに(省略で使用できる)。
☐ **12**	Thank you for your email.	メールをありがとうございます。
☐ **13**	I am writing to you regarding ～	～の件についてご連絡いたします。
☐ **14**	It would be nice if you could ～	～していただけると嬉しいです。
☐ **15**	Have you received ～ ?	～を受け取りましたか？
☐ **16**	I would appreciate your prompt reply.	すぐお返事いただけると助かります。

カタカナ英語

重要	□ 1	アーカイブ	archive	情報の蓄積、保存記録
	□ 2	アーキテクチャー	architecture	コンピュータの設計思想、構造
	□ 3	アイデンティティ	identity	自己同一性、自己確信
	□ 4	アメニティ	amenity	快適性
	□ 5	イノベーション	innovation	革新
	□ 6	インキュベーター	incubator	孵化器、起業支援を行う事業者
	□ 7	エージェント	agent	代理人
	□ 8	オブザーバー	observer	意見参考人
	□ 9	カスタマイズ	customize	注文に応じて作る
重要	□ 10	コンテンツ	contents	内容、中身
	□ 11	コンセプト	concept	概念
	□ 12	スキーム	scheme	枠組み、計画、案
	□ 13	デフォルト	default	初期設定、債務不履行の状態
	□ 14	ドラスティック	drastic	徹底的な、猛烈な
	□ 15	ニュートラル	neutral	中立的な
	□ 16	パラダイム	paradigm	物事の考え方、規範
	□ 17	パラノイア	paranoia	妄想症
重要	□ 18	ファクター	factor	要因、因子
	□ 19	プレゼンス	presence	存在、存在感
	□ 20	プロパー	proper	本来の、固有の、正式な
	□ 21	ペンディング	pending	宙ぶらりん、保留
	□ 22	ポテンシャル	potential	潜在的な能力
	□ 23	リテラシー	literacy	識語、知識を持っていること

第5章

地理・歴史、政経、国際社会、社会生活
定番の知識をチェックしよう

社会

日本の地理

右の地図を見て、1 ～ 23の都道府県と a ～ r の地形または地名を答えなさい。

問題		解答
□ **1**	日本で3番目に大きい **a** 湖。	北海道／サロマ
□ **2**	本州最北端の **b** 半島。太宰治の出身地。	青森県／下北
□ **3**	日本三景・松島。世界三大漁場がある **c** 海岸。	宮城県／三陸
□ **4**	国内最深の田沢湖。なまはげで有名な **d** 半島。	秋田県／男鹿
□ **5**	庄内金魚が有名。日本三大急流の一つ **e** 川。	山形県／最上
□ **6**	西部には会津盆地。日本で4番目に広い **f** 湖。	福島県／猪苗代
□ **7**	日光に日本三名瀑の一つ華厳の滝がある。	栃木県
□ **8**	**g** 半島にある九十九里浜は全長約66km。	千葉県／房総
□ **9**	上越・中越・下越・佐渡の4地方からなる。	新潟県
□ **10**	天然記念物の東尋坊や芦原温泉が有名。	福井県
□ **11**	富士五湖で最大の面積を誇る **h** 湖。	山梨県／山中
□ **12**	ウナギの養殖が盛んな **i** 湖。	静岡県／浜名
□ **13**	**j** 半島。西は伊勢湾、東は知多湾。	愛知県／知多
□ **14**	伊勢神宮。養殖真珠。県境には鈴鹿山脈。	三重県
□ **15**	日本海に面した **k** 半島。日本三景・天橋立。	京都府／丹後
□ **16**	本州最南端 **l** 岬。みかん収穫量全国第1位。	和歌山県／潮
□ **17**	日本海沿岸に広がる **m** 砂丘。	鳥取県／鳥取
□ **18**	**n** 台は日本最大のカルスト台地。	山口県／秋吉
□ **19**	今治タオル。『坂の上の雲』の舞台。	愛媛県
□ **20**	土佐湾。**o** 川は日本三大清流の一つ。	高知県／四万十
□ **21**	**p** 山は雄大なカルデラを持つ活火山。	熊本県／阿蘇
□ **22**	世界遺産の屋久島。鉄砲伝来の地 **q** 島。	鹿児島県／種子
□ **23**	**r** 島はマングローブ林を形成している。	沖縄県／西表

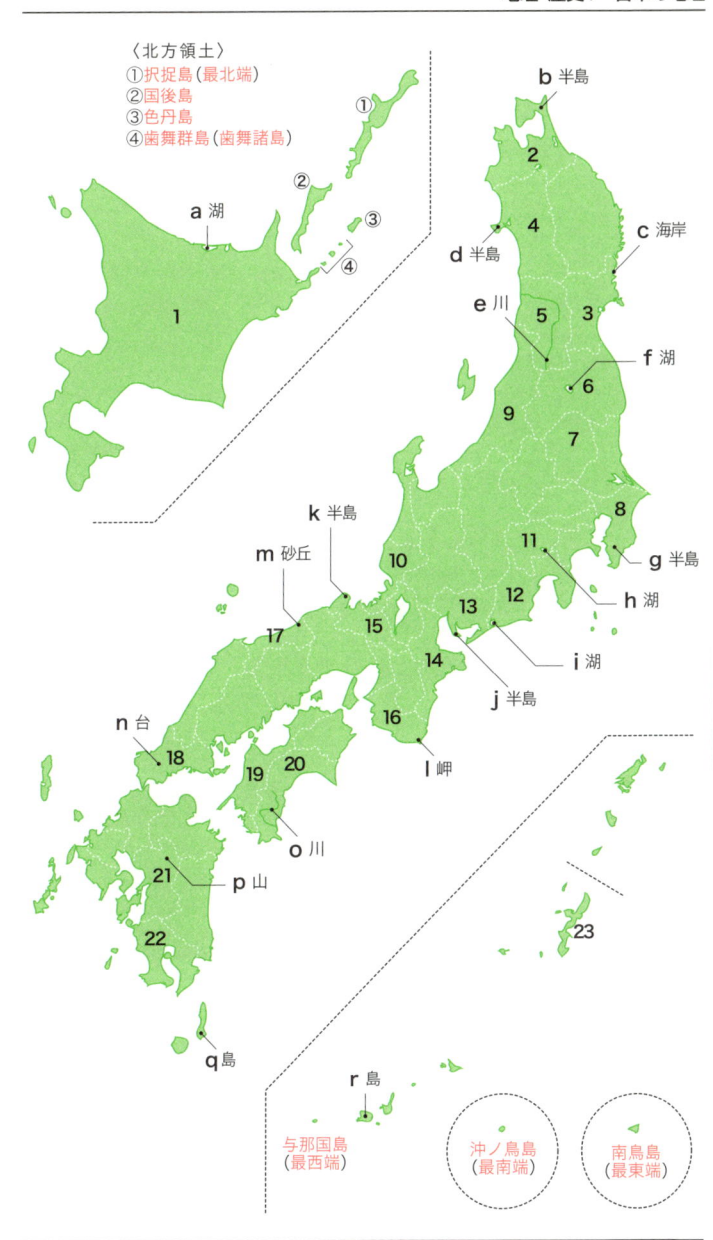

〈北方領土〉
①択捉島（最北端）
②国後島
③色丹島
④歯舞群島（歯舞諸島）

a 湖

b 半島

c 海岸

d 半島

e 川

f 湖

g 半島

h 湖

i 湖

j 半島

k 半島

l 岬

m 砂丘

n 台

o 川

p 山

q 島

r 島

与那国島
（最西端）

沖ノ鳥島
（最南端）

南鳥島
（最東端）

第1章 最新時事

第2章 国語

第3章 教養・スポーツ

第4章 英語

第5章 社会

第6章 数学

第7章 理科

第8章 仕事・業界

次の（　）にあてはまる言葉を答えなさい。

☐ **1** 日本の国土面積は約（ ① ）km²、人口は約1億2700万人。日本の国土の75%は（ ② ）であり、火山が多く、地震も多い。

①38万　②山地
世界の火山の約7%が日本にある。活火山数は108と多い。

☐ **2** 日本でもっとも長い河川は（ ① ）で全長367km。もっとも流域面積が広い河川は（ ② ）で1万6840km²ある。

①信濃川　②利根川
日本三大河川は信濃川、利根川、石狩川である。

☐ **3** 日本でもっとも面積が大きい湖沼は滋賀県にある（ ① ）で、2番目に大きいのが茨城県から千葉県をまたぐ（ ② ）である。

①琵琶湖　②霞ヶ浦
3番目の湖沼はサロマ湖（北海道）、4番目は猪苗代湖（福島県）。

☐ **4** 本州中央部を南北に縦断する重要な断裂帯を（　）といい、この地溝帯を境目に東北日本と西南日本に分かれる。

フォッサマグナ
フォッサマグナの西縁を糸魚川静岡構造線（糸静線）という。

☐ **5** 北海道と本州の間にあるのが（ ① ）海峡、本州と九州の間にあるのは（ ② ）海峡である。海峡では潮の流れが激しい。

①津軽　②関門
九州と四国の間は豊後水道、四国と紀伊半島の間は紀伊水道という。

☐ **6** 北海道にはたくさんの山脈・山地があり、北部に（ ① ）山地、中央部に**石狩山地**、南部に（ ② ）山脈がある。

①北見　②日高
その他天塩山地、夕張山地、増毛山地などがある。

☐ **7** 日本列島の太平洋側を南西から北上する暖流は（ ① ）で、北から南下する（ ② ）とぶつかり三陸沖で好漁場をつくる。

①黒潮（日本海流）
②親潮（千島海流）

☐ **8** （ ① ）海流は東シナ海から対馬海峡を通って日本海側を流れる。日本海北部には、間宮海峡から（ ② ）海流が流れ込む。

①対馬　②リマン
黒潮の分流である対馬海流は暖流で、親潮とリマン海流は寒流。

☐ **9** 日本は（ ① ）プレート、ユーラシアプレート、北米プレート、（ ② ）プレートという4つのプレートの上にある。

①太平洋
②フィリピン海
（順不同）

重要 ☐ **10** 東北地方には日本海側の（ ① ）山地、中央の（ ② ）山脈、太平洋側の北上高地が南北に走っている。

①出羽　②奥羽
福島県から茨城県にかけて走る阿武隈高地もある。

問題　　　解答と解説

□ 11 中部地方には北アルプスと呼ばれる（ ① ）山脈、（ ② ）と呼ばれる**木曽山脈**、南アルプスと呼ばれる**赤石山脈**がある。

①飛騨
②中央アルプス
中部山岳国立公園にある上高地は飛騨山脈の南部に位置する。

□ 12 日本一高い富士山の標高は（ ① ）mで、南アルプスにある標高3193mの（ ② ）は日本で2番目に高い山である。

①3776　②北岳
3番目に高いのは北アルプスにある奥穂高岳の3190mである。

重要 □ 13 海に面していない都道府県は8つあり、栃木県・（ ① ）・埼玉県・山梨県・長野県・岐阜県・滋賀・（ ② ）である。

①群馬県　②奈良県
（順不同）

□ 14 兵庫県の（ ① ）市にある日本標準子午線は東経（ ② ）度の経線。本初子午線のあるグリニッジ天文台との時差は**9**時間。

①明石　②135

重要 □ 15 2010年11月、当時のロシア大統領だったドミトリー・メドベージェフ首相が北方領土の（ ）に訪問した。

国後島
ロシア最高首脳が北方領土を訪れるのは初めてのこと。

□ 16 日本最大の国立公園は北海道の（ ① ）で面積は約2270km^2。最小の国立公園は東京都の（ ② ）で面積は約67km^{2}である。

①大雪山国立公園
②小笠原国立公園
国立公園は30カ所ある。

重要 □ 17 （ ）条約で認定されている湿地は日本全国にあり、平清盛が創建した神社がある**宮島**もその一つである。

ラムサール
正式名称は「特に水鳥の生息地として国際的に重要な湿地に関する条約」。

重要 □ 18 日本三名園は石川県金沢市にある**兼六園**、茨城県水戸市にある（ ① ）、岡山県岡山市にある（ ② ）である。

①偕楽園　②後楽園

□ 19 日本三大祭りの一つである（ ）は平安時代から続く祭りで、開催期間には豪華絢爛な山車が街中を駆け巡る。

祇園祭
京都の祇園祭、大阪の天神祭（7月下旬）、東京の神田祭（5月中旬）が日本三大祭りである。

重要 □ 20 政令指定都市は全国で**20**都市あり、その中でも人口がもっとも多いのは（ ① ）市、2番目は（ ② ）市、3番目は（ ③ ）市である。

①横浜　②大阪　③名古屋
ほか札幌市、神戸市、京都市、福岡市、川崎市、さいたま市、広島市、仙台市、北九州市、千葉市、堺市、新潟市、浜松市、熊本市、相模原市、静岡市、岡山市。

第1章 最新時事
第2章 国語
第3章 教養・スポーツ
第4章 英語
第5章 社会
第6章 数学
第7章 理科
第8章 仕事・業界

世界の地理

右の地図を見て、1 〜 23 の国名と a 〜 r の地形または地名を答えなさい。

問題	解答
☐ **1**　ナポレオンが生まれた **a** 島。	フランス／コルシカ
☐ **2**　G8の一つ。**ドナウ**川源流がある。	ドイツ
☐ **3**　この国最大の淡水湖は **b** 湖。	イギリス／ネス
☐ **4**　世界一大きい島、**c** ランド。	デンマーク／グリーン
☐ **5**　スカンディナビア半島西岸。**d** 地帯。	ノルウェー／フィヨルド
☐ **6**　北極海に注ぐ世界で5番目に長い **e** 川。	ロシア／エニセイ
☐ **7**　アジアとヨーロッパを隔てる **f** 海峡。	トルコ／ボスポラス
☐ **8**　アラビア半島北部にある **g** 砂漠。	サウジアラビア／ネフド
☐ **9**　地中海と紅海を結ぶ **h** 運河。	エジプト／スエズ
☐ **10**　アフリカ大陸の最高峰**キリマンジャロ**。	タンザニア
☐ **11**　アフリカ大陸の南端にある岬・**i** 峰。	南アフリカ共和国／喜望
☐ **12**　世界で4番目に大きい島。	マダガスカル
☐ **13**　インド亜大陸を流れる**インダス**川。	パキスタン
☐ **14**　茶の生産高が世界第2位。**j** 高原。	インド／デカン
☐ **15**　共和制国家。インド洋に浮かぶ **k** 島。	スリランカ／セイロン
☐ **16**　**l** 湖は世界最大の**カルデラ**湖。	インドネシア／トバ
☐ **17**　世界最大のサンゴ礁地帯 **m**。	オーストラリア／ グレート・バリア・リーフ
☐ **18**　**n** 砂漠は世界で4番目に大きい砂漠。	モンゴル／ゴビ
☐ **19**　北アメリカ大陸を縦に貫く **o** 川。	アメリカ／ミシシッピ
☐ **20**　太平洋と大西洋を結ぶ **p** 運河。	パナマ共和国／パナマ
☐ **21**　世界一落差のある滝**エンジェルフォール**。	ベネズエラ
☐ **22**　世界最大の流域面積 **q** 川。	ブラジル／アマゾン
☐ **23**　南アメリカ大陸の南端にある **r** 岬。	チリ／ホーン

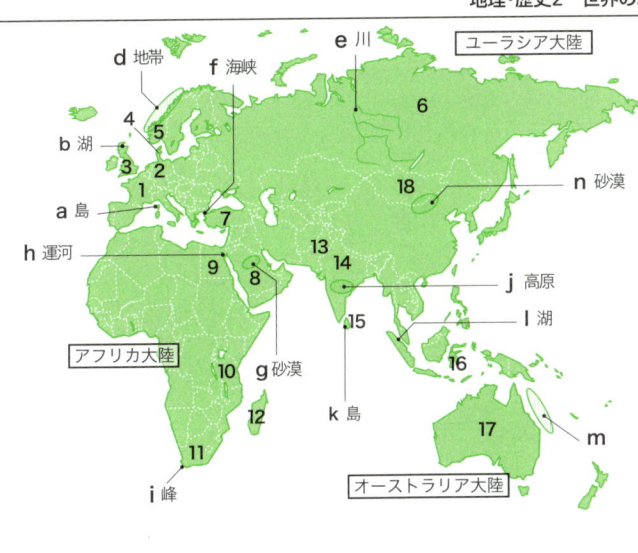

ユーラシア大陸

d 地帯
f 海峡
e 川
6
4
5
b 湖
3
2
18
n 砂漠
a 島
1
7
13
h 運河
9
8
14
j 高原
l 湖
アフリカ大陸
g 砂漠
15
10
16
12
k 島
17
m
i 峰
11
オーストラリア大陸

南極大陸

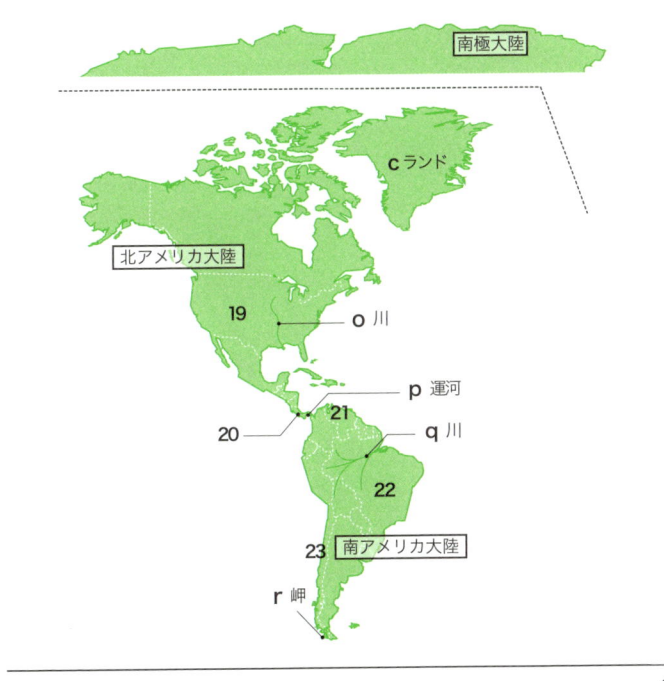

c ランド

北アメリカ大陸

19
o 川

p 運河
21
20
q 川
22
23 南アメリカ大陸
r 岬

第1章 最新時事

第2章 国語

第3章 教養・スポーツ

第4章 英語

第5章 社会

第6章 数学

第7章 理科

第8章 仕事・業界

次の( )にあてはまる言葉を答えなさい。

☐ **1** 地球の表面積は約(①)km²、そのうち海の面積が約**3.6億**km²、陸地の面積は約**1.5億**km²である。赤道の全周は約(②)km。

①5.1億　②4万
子午線の全周も約4万km。

☐ **2** 世界の総人口は(①)億人を超え、人口がもっとも多い国は(②)の約13億人超、次いでインド、アメリカと続く。

①70億　②中国
インドは約12億人超、アメリカは約3億人超。

☐ **3** 世界でもっとも広い国は(①)、世界でもっとも狭い国である(②)市国はローマ市内にあり、ローマ教皇を元首にしている。

①ロシア　②バチカン
ロシアの面積は約1710万km²でカナダ、中国、アメリカが続く。

☐ **4** 2億5000年前の地球には(①)大陸という一つの超大陸があり、そのあとに(②)が移動して現在の地球の姿になった。

①パンゲア
②プレート
プレートの移動は現在も続いており、大地震の原因になっている。

☐ **5** ( )造山帯はヨーロッパ南部からアジア南部に連なる造山帯で、高く険しい山々が多く、地震や火山活動が活発である。

アルプス・ヒマラヤ
地球の造山帯には太平洋を取り巻く環太平洋造山帯もある。

☐ **6** 西南アジアの南西部にある(①)半島は世界最大の半島。その大部分を占める国は石油埋蔵量世界一の(②)である。

①アラビア
②サウジアラビア

重要 ☐ **7** 標高(①)mの**エベレスト**は世界一高い山で(②)山脈にあり、チベット語では**チョモランマ**という。

①8848　②ヒマラヤ
ヒマラヤ山脈には8000m級の独立峰が多い。

☐ **8** 北アメリカ大陸西部を北西から南東に走るのが(①)山脈、南アメリカ大陸西部を南北に走るのは(②)山脈である。

①ロッキー
②アンデス
どちらも褶曲(しゅうきょく)運動で形成された山脈。

☐ **9** 世界最大の砂漠はアフリカ大陸北部にある(①)砂漠であり、砂漠南縁に沿って東西に広がる地帯を(②)地帯という。

①サハラ　②サヘル
元は草原だったサヘル地帯の砂漠化が問題となっている。

☐ **10** 世界一長い河川はアフリカ大陸東北部を縦断し地中海に流れる(①)川、もっとも幅が広い河川は(②)川である。

①ナイル　②ラプラタ
ラプラタ川はアルゼンチン・ウルグアイ間を流れる。

問題　　　　　　　　　　　　　　　解答と解説

□ **11** 世界一大きい湖は約37万4000km²ある（ ① ）で、もっとも深い湖である（ ② ）湖は最大水深が約1.7kmである。

①カスピ海　②バイカル
カスピ海は日本の国土面積と同規模。バイカル湖は透明度も高く、世界自然遺産に登録されている。

□ **12** カナダとアメリカの国境にある（ ① ）は北アメリカ大陸最大の滝、南アメリカ大陸にある（ ② ）は流量世界最大である。

①ナイアガラの滝
②イグアスの滝

□ **13** 遠泳で有名な（ ① ）海峡はイギリスとフランスの間にあり、（ ② ）海峡はイベリア半島とモロッコの間にある。

①ドーバー
②ジブラルタル

□ **14** 世界一広い海峡で知られる（ ① ）海峡はホーン岬と（ ② ）大陸の間にあり、もっとも荒れる海域といわれている。

①ドレーク　②南極
ドレーク海峡の幅はもっとも狭い部分でも650kmある。

□ **15** 東南アジアのインドシナ半島の東には（ ① ）海、西側には（ ② ）湾があり、南北にメコン川が流れる。

①南シナ　②ベンガル
メコン川の下流にメコンデルタが広がっている。

□ **16** 海流の中で特に流速の速いのが日本近海を流れる（ ① ）とメキシコ湾の東を流れる（ ② ）で、世界二大海流と呼ばれる。

①黒潮（日本海流）
②メキシコ湾流
（ガルフストリーム）

重要 □ **17** ペルー沖から太平洋赤道域の広い海域で海面水温が平年より高くなるのが（ ① ）現象、低くなるのが（ ② ）現象である。

①エルニーニョ
②ラニーニャ

□ **18** 地球の中緯度地域の上空には西から東に（ ① ）風が吹いており、赤道の上空には東から西に（ ② ）風が吹いている。

①偏西　②貿易
偏西風と貿易風は海水の動きや気圧配置に大きな影響を与える。

重要 □ **19** 1940年代に核実験が行われたマーシャル諸島の（　）は、2010年8月に世界文化遺産として登録された。

ビキニ環礁
アメリカによる核実験は1946～1958年までの13年間にわたり行われていた。

□ **20** （ ① ）には、キリスト教、ユダヤ教、イスラム教の聖地がある。仏教の四大聖地のうち（ ② ）はブッダ誕生の地である。

①エルサレム
②ルンビニ

第1章 最新時事
第2章 国語
第3章 教養・スポーツ
第4章 英語
第5章 社会
第6章 数学
第7章 理科
第8章 仕事・業界

次の（　）にあてはまる言葉を答えなさい。

| 問題 | | 解答と解説 |

□ **1** 今から約1万3000〜3000年前の時代に作られた土器には縄目文様が入っていることから（　）時代と名づけられた。 → **縄文**

□ **2** 弥生時代になると銅鐸・銅剣・銅鉾などの金属器が使われていた。また、各地で農耕集落が広まり（　）が始まった。 → **稲作**

□ **3** 漢書地理志によると、紀元前1世紀の（　）には100余りの小国があり、定期的に楽浪郡に使いを送っていたと記されている。 → **倭**

□ **4** 後漢書東夷伝によると、後漢の光武帝が奴国王に金印を授けたとされている。この（　）印は、1954年に国宝指定された。 → **漢委奴国王**

重要 → □ **5** 3世紀ごろの日本には邪馬台国があり、（　）によると倭女王・卑弥呼が支配していたと記されている。 → **魏志倭人伝**

□ **6** 聖徳太子は（　）天皇の摂政になり、十七条の憲法や冠位十二階を制定。607年に小野妹子を隋に派遣した。 → **推古**

□ **7** 645年、中大兄皇子は中臣鎌足と共に蘇我氏を滅ぼし、唐の制度を模範とする改革を行った。これを（　）という。 → **大化の改新**

□ **8** 663年、天智天皇は百済復興のため2万7000人の軍を朝鮮に送るが、（　）の戦いで唐・新羅軍に敗退した。 → **白村江**

□ **9** 天智天皇の死後、その太子である（ ① ）と天皇の弟である大海人皇子によって（ ② ）の乱が起こる。 → **①大友皇子 ②壬申**
この戦いに勝利した大海人皇子は天武天皇となった。

□ **10** 701年、文武天皇は、唐の律令を基準に日本の実情に応じて（　）を制定した。 → **大宝律令**

□ 11　奈良時代につくられた歴史書は、『**古事記**』（712年）と『（　）』（720年）である。

日本書紀

□ 12　（　）天皇は794に平安京を造営して都を移す。同年、**坂上田村麻呂**を征夷大将軍に任じて蝦夷を討伐させた。

桓武

□ 13　1159年に起きた（　）の乱で平清盛は源義朝を破って平家全盛の礎を築くが、源義経との壇ノ浦の戦い（1185年）で平家は滅亡した。

平治

□ 14　平安時代初期、（ ① ）は天台宗を日本に伝え、比叡山に**延暦寺**を建立。（ ② ）は真言宗を伝え、高野山に**金剛峯寺**を建てた。

①最澄　②空海
最澄は伝教大師と呼ばれ、空海は弘法大師と呼ばれた。

重要 □ 15　日本の歴史的な和歌集には、日本最古の『（ ① ）』、905年に編まれた『（ ② ）』、1202年に編まれた『（ ③ ）』がある。

①万葉集
②古今和歌集
③新古今和歌集

□ 16　1199年に源頼朝が亡くなったあと、頼朝の妻・北条政子の父である**北条時政**に実権が移り、（　）が始まる。

執権政治

□ 17　1467年に細川勝元と山名宗全の間で戦いが始まり、応仁の乱が全国に広まる。以降、各地に**守護大名**が現れ、（　）時代が始まった。

戦国

□ 18　1543年、（ ① ）に上陸したポルトガル人が**鉄砲**を伝来。1549年にはフランシスコ・ザビエルが日本に（ ② ）を伝えた。

①種子島
②キリスト教

□ 19　織田信長は1582年に（　）で明智光秀に襲われ自害したが、羽柴秀吉が山崎の合戦で光秀を破り、信長の後継者としての足場を築いた。

本能寺の変
羽柴秀吉は1585年に豊臣改姓を勅許され、豊臣秀吉となった。

□ 20　1590年に豊臣秀吉は全国統一を成し遂げる。その後、1592年から1598年にかけて朝鮮半島に兵を送り、明・朝鮮の連合軍と戦いを繰り広げた。これを（　）の役という。

文禄・慶長
1598年の秀吉没後、日本軍が撤退し戦いは終わった。

第1章　最新時事
第2章　国語
第3章　教養・スポーツ
第4章　英語
第5章　社会
第6章　数学
第7章　理科
第8章　仕事・業界

☐ **21** 関ヶ原の戦いで、（　）を討ち勝利した徳川家康は1603年に征夷大将軍となり、江戸幕府を開いた。 → **石田三成**

☐ **22** 第5代将軍・徳川綱吉は学問を重んじたが、治世の後半に（　）の令（1687年）を出して人々から「犬公方」と呼ばれた。 → **生類憐れみ**

☐ **23** 第8代将軍・（　）は享保の改革を推進し、目安箱を設置するほか、南町奉行の大岡忠相を起用し江戸の都市政策を行った。 → **徳川吉宗**

重要 ☐ **24** 松平定信は1787年に（ ① ）の改革を行い、1841年には水野忠邦が天保の改革を行った。享保の改革と合わせてこれを江戸の（ ② ）という。 → **①寛政** **②三大改革**

☐ **25** 1774年、（　）は前野良沢らと共に『解体新書』を翻訳・刊行。蘭学発展の礎を築き、西洋の学問を理解する下地をつくった。 → **杉田玄白**

☐ **26** ペリーは1853年に4隻の黒船を率いて（ ① ）に来航。1854年には（ ② ）を締結し、下田と函館を開港させた。 → **①浦賀** **②日米和親条約**

☐ **27** 安政の大獄で吉田松陰らを処刑した（ ① ）は1860年の（ ② ）の変で暗殺された。その後、幕府の威信は落ちていった。 → **①井伊直弼** **②桜田門外**

☐ **28** 1862年、薩摩藩・島津久光の行列をイギリス商人らが横切り、鹿児島藩士に斬られた事件を（　）という。 → **生麦事件** 生麦事件をきっかけに、翌年薩英戦争が起きた。

重要 ☐ **29** 明治天皇は維新の基本方針である（　）を京都御所で発表した（1868年）。その内容は近代国家施策の土台となった。 → **五箇条の御誓文**

☐ **30** 明治政府は全国の大名の土地と人民を天皇に返上する（ ① ）を1869年に実施。1871年に（ ② ）を実施し、府知事・県令を任命した。 → **①版籍奉還** **②廃藩置県**

	問題	解答と解説

□ 31　福澤諭吉は『西洋事情』で欧米の政治や社会を紹介。その後、1872年に初編を出版した『（　）』は当時のベストセラーとなった。

学問のすゝめ

□ 32　日清戦争後の下関条約で割与された遼東半島は、フランス・ドイツ・ロシアの（　）によって手放すことになった（1895年）。

三国干渉
ロシアがフランス、ドイツと共に要求し、これ以降ロシアへの対抗心が強まった。

□ 33　日露戦争の講和会議はアメリカの（　）で開かれ、1905年に日本・ロシア間で（　）条約が結ばれた。

ポーツマス
同年、日露戦争の賠償を不満に思った国民が日比谷焼き討ち事件を起こした。

□ 34　1925年に加藤高明内閣は選挙権の納税条件を撤廃し、25歳以上のすべての男子に選挙権を与える（　）法を成立させた。

普通選挙

□ 35　（ ① ）事変の翌年、犬養毅首相が暗殺される。その後、1937年の（ ② ）占領が発端となり、日中戦争へと発展した。

①満洲　②南京

□ 36　1945年に日本が（　）宣言を受け入れ、連合国は戦争犯罪容疑者を極東国際軍事裁判（東京裁判）で裁いた。

ポツダム

□ 37　サンフランシスコ平和条約と共に（　）が結ばれ、在日アメリカ軍が継続駐留することになった。

日米安全保障条約
1951年のサンフランシスコ平和条約で日本はソ連などを除く48カ国と調印した。

□ 38　1972年に佐藤栄作内閣の解散後、「日本列島改造論」を発表した（ ① ）が総裁に選出。同年、（ ② ）が日本に復帰した。

①田中角栄
②沖縄県

□ 39　1954年から（ ① ）ショックが起きた1973年までを高度経済成長期という。
1986年から1990年代初頭に起きた地価と株価の高騰による好景気を（ ② ）経済という。

①オイル
②バブル
バブル経済崩壊後に「失われた20年」と呼ばれる経済低迷期が始まる。

重要 □ 40　2011年に発生した東日本大震災の復興対策本部の後身として、2012年2月に（　）が内閣直下に設置された。

復興庁

第1章　最新時事
第2章　国語
第3章　教養・スポーツ
第4章　英語
第5章　社会
第6章　数学
第7章　理科
第8章　仕事・業界

世界史

次の（ ）にあてはまる言葉を答えなさい。

| 問題 | 解答と解説 |

□ 1 「目には目を」で知られるハンムラビ法典が有名な**メソポタミア**文明。この文明を育んだのは（ ）川とユーフラテス川である。
チグリス

□ 2 （ ）川の水によって栄えた**エジプト**文明では、英語のpaperの元になったパピルスという草から作られた紙が使われていた。
ナイル

□ 3 古代エジプトで使われた神聖文字（**ヒエログリフ**）はナポレオンがエジプト遠征の際に発見した（ ）によって解読された。
ロゼッタ石

□ 4 紀元前2500年ごろにインダス川流域に都市国家が栄えインダス文明を築いた。この文明で有名な都市遺跡は（ ）とハラッパである。
モヘンジョ・ダロ
インダス文明をつくった先住民は、紀元前1500年ごろに侵入したアーリア人に征服された。

□ 5 中国の黄河流域では紀元前6000年ごろに土器の使用、畑作などの文明が興り、紀元前1600年には（ ）という国家が成立した。
殷
殷は紀元前1000年ごろに周の武王によって滅ぼされた。

□ 6 ギリシアでは紀元前8世紀ごろから多くの都市国家が生まれ、（ ）と呼ばれた。古代国家は王制だったが、（ ）は民主制だった。
ポリス

□ 7 紀元前5世紀に東方の大国（ ）がギリシアに侵入したが、アテネが撃退した。これを（ ）戦争という。
ペルシア

□ 8 中国では**周**の力が衰えると春秋戦国時代になったが、秦の（ ）が紀元前221年に中国を統一し、初代皇帝となった。
始皇帝
始皇帝は度量衡・貨幣・文字などを統一し、思想を統制するため焚書坑儒（ふんしょこうじゅ）を行った。

重要 □ 9 養父カエサルが暗殺されたあと、（ ）はローマ内乱に勝ち抜き初代ローマ皇帝となった。
アウグストゥス

□ 10 地中海とヨーロッパを支配した**ローマ帝国**は、（ ）年に東西に分裂した。
395

問題 | 解答と解説

□ **11** 三国時代から長く分裂状態が続いていた中国を589年に（　）が統一。楊堅が初代皇帝となるが、30年余りで唐に滅ぼされた。
隋

重要 □ **12** イベリア半島を除くほぼ西ヨーロッパ全域を支配した（　）王国は、王ルートビヒ1世の死後、**ヴェルダン条約**により3つに分裂した。
フランク
ヴェルダン条約（843年）はルートビヒ1世の遺子たちの間で結ばれた条約。

□ **13** 962年にドイツ王（　）1世はローマ教皇ヨハネス12世より戴冠され、**神聖ローマ帝国**の初代皇帝となった。
オットー

□ **14** キリスト教の聖地をイスラム教徒から奪還するために（　）遠征が行われた。第1回目は1096年でそれから約200年間続いた。
十字軍

□ **15** 1206年にモンゴル高原の遊牧民（　）はモンゴル帝国を成立させ、アジアからヨーロッパにまたがる大帝国へと発展させた。
チンギス・ハン

□ **16** 1299年に成立した（　）は強大な国家に成長。1453年に東ローマ帝国の首都・コンスタンティノープルを攻め、帝国滅亡へ導いた。
オスマン・トルコ
コンスタンティノープルは後のオスマン・トルコの首都である。

□ **17** ベネチア商人だった（　）の見聞は、**東方見聞録**としてまとめられ、ヨーロッパに東洋の知識を広めた。
マルコ・ポーロ
1271～1295年の旅行体験談をまとめたものといわれている。

□ **18** 1492年に探検家の（ ① ）が西インド諸島に到着。1498年にはバスコ・ダ・ガマが（ ② ）に到着、1522年にマゼラン艦隊の世界一周が実施された。
①コロンブス
②インド

□ **19** 1517年にルターは（　）を始める。1534年にはイグナチオらが**イエズス会**を創設し、1541年にはカルバンの宗教改革が始まった。
宗教改革

□ **20** 太陽崇拝や**マチュピチュ**などで有名な（　）帝国は、ペルー南部を中心に15～16世紀に栄えた。
インカ
インカ帝国の首都はクスコ。

第1章　最新時事
第2章　国語
第3章　教養・スポーツ
第4章　英語
第5章　社会
第6章　数学
第7章　理科
第8章　仕事・業界

☐ **21** 1642年にイギリスで起こった（　）革命では、議会派と王党派で内乱が勃発。イングランド王のチャールズ1世が処刑された。

清教徒（ピューリタン）

重要 ☐ **22** 1688年のイギリスで名誉革命が起こり、その翌年に議会が提出した権利の宣言を（　）として公布した。

権利の章典（権利章典）

☐ **23** イギリスで信仰の自由を奪われた清教徒の一行は1620年に（　）号に乗り、北アメリカ大陸に渡った。

メイフラワー

☐ **24** 1773年に（　）事件が起こり、これを機にイギリス本国と13植民地軍によるアメリカ独立戦争が始まった。

ボストン茶会
13植民地軍の総司令官はジョージ・ワシントン。

重要 ☐ **25** 1789年にパリの民衆が**バスティーユ牢獄**を襲い、（　）が起こる。人権宣言は平民によって開かれた国民議会で議決された。

フランス革命
第1条「人は生まれながらにして自由かつ平等の権利を有する」が有名。

☐ **26** フランス革命の英雄（　）は、（　）法典を公布することで近代社会の原理を明らかにした。後に国民投票によって皇帝となる。

ナポレオン

☐ **27** 18世紀後半に織機、蒸気機関などの発明・改良がイギリスで起こり（　）が始まる。手工業から機械工業へ著しく転換していった。

産業革命

☐ **28** 1814年から1815年にかけて、ヨーロッパの秩序再建と領土分割を目的として（　）会議が開かれた。

ウィーン

☐ **29** アメリカで奴隷解放宣言を主張するリンカーンが大統領になり、1861年に（　）戦争が始まった。

南北

☐ **30** 1840年、アヘンを輸出していたイギリスと輸入先である中国との間で（ ① ）が勃発。勝利したイギリスは1842年に南京条約を締結させ、（ ② ）を割譲させた。

①アヘン戦争
②香港

問題 / **解答と解説**

□ **31** 第1次世界大戦は、オーストリア＝ハンガリー帝国の皇位継承者である夫妻が射殺された（　）事件をきっかけに始まった。
サラエボ

□ **32** 1917年にロシア**2月革命**が起き、第1次世界大戦中に皇帝（①）が退位。その後ロマノフ王朝は崩壊し、（②）が成立した。
①ニコライ2世
②ソビエト連邦（ソ連）

□ **33** ヨーロッパを中心に激戦が繰り広げられた第1次世界大戦は、1919年に連合国とドイツの間で（　）条約が調印され終結を迎えた。
ヴェルサイユ

□ **34** ドイツのヒトラーが率いた政党名は国家社会主義ドイツ労働者党であり、一般には（　）と呼ばれる。
ナチス

□ **35** 1945年に成立した国際連合の中心機関は、米・英・仏・ソ連・中国の5大国が構成する（　）理事会である。
安全保障

【重要】□ **36** 1962年の（　）ではアメリカのケネディ大統領とソ連のフルシチョフ第一書記との交渉で戦争の危機を回避した。
キューバ危機

□ **37** 1973年の（　）ではイスラエル支援国に対する石油輸出が停止。OPEC（石油輸出国機構）は原油価格を大幅に上げた。
第4次中東戦争
その結果、日本ではオイルショックが起きた。

□ **38** 1989年に東ドイツの共産党政権が崩壊し、東西冷戦の象徴だった（　）が崩壊。東西ドイツの統一、ソ連解体により冷戦は終わった。
ベルリンの壁

【重要】□ **39** EU（欧州連合）を母体とする欧州経済通貨同盟では、ドルに対抗するための統一通貨である（　）を使用している。
ユーロ

□ **40** 2001年9月にアメリカで（　）が勃発。首謀者が潜伏するアフガニスタンに引き渡しを要求したが、拒否されたためにアメリカ軍はアフガニスタンを攻撃した。
同時多発テロ

第1章 最新時事／第2章 国語／第3章 教養・スポーツ／第4章 英語／第5章 社会／第6章 数学／第7章 理科／第8章 仕事・業界

次の（　）にあてはまる言葉を答えなさい。

問題　　　　　　　　　　　　　　　　　　　解答と解説

重要 □ **1** 国会は**国権**の最高機関であり、国の唯一の（　）である。国会の地位については憲法第41条に定められている。　**立法機関**

□ **2** 日本の国会は衆議院と参議院の（ ① ）であり、両議院の意見の（ ② ）によって国会の意思が成立する。　**①二院制　②一致**

□ **3** 国会には通常国会・臨時国会・特別国会と、参議院のみの（　）がある。（　）は衆議院の解散中で緊急を要する場合に召集される。　**緊急集会**

□ **4** （ ① ）は年1回で毎年1月中に召集される。会期は（ ② ）日で、両議院一致の議決で、一度のみ延長が認められている。　**①通常国会　②150**

□ **5** （ ① ）は内閣が必要と認めたとき、またいずれかの議院の総議員の（ ② ）以上の要求で召集される。　**①臨時国会　②4分の1**

□ **6** （ ① ）は、衆議院解散後の総選挙から（ ② ）日以内に召集される。　**①特別国会　②30**

□ **7** 臨時国会と特別国会の（　）は両議院一致の議決で定めている。　**会期**

□ **8** 衆議院が解散したときは、参議院も同時に（　）となる。　**閉会**

□ **9** （　）により、国会での発言・表決について議員は院外で責任を問われない。　**免責特権**

□ **10** 議院の意思を決定する（　）は、総議員の3分の1以上の出席が必要である。　**本会議**

□ **11** 両議院それぞれに17の（　）が設置され、本会議で審議する議案の事前審査を行う。　**常任委員会**

問題		解答と解説

重要 □ **12** 憲法第64条に基づき、国会には訴追を受けた裁判官を裁判する（　）がある。　**弾劾裁判所**

□ **13** 毎年春と秋に行われる（　）では世界各国の国会議員が集う。日本では会議ごとに両議院の代表者が参加している。　**列国議会同盟（IPU）**
本部はスイス・ジュネーブ。

□ **14** 議員は（　）によって、法律の定める場合を除いて国会会期中は逮捕されない。　**不逮捕特権**

□ **15** 両議院の委員会の定定数は委員の（　）以上である。　**半数**

重要 □ **16** 両議院の議決が一致しないとき、衆議院は（　）で調整する。それでも一致しない場合は、再度、衆議院本会議にかける。　**両院協議会**

□ **17** 衆議院には（　）があり、内閣は必ず予算案を衆議院に先に提出する。衆議院が審議・議決したあと、参議院で審議される。　**予算先議権**

□ **18** 国会は内閣に対し国会議員の中から（　）を指名する。両議院の指名が異なる場合は、衆議院の議決を優先する。　**内閣総理大臣**

□ **19** 内閣総理大臣を信任できないとして、衆議院は（　）を国会に提出できる。その場合、衆議院議員50人以上の賛同が必要。　**内閣不信任決議案**

重要 □ **20** 問**16**、**17**、**18**、**19**を「衆議院の優越」といい、その他の事項として（　）の議決、**条約**の承認、国会**会期**の延長がある。　**法律案**

□ **21** （　）では、立法するときに国民の要求や社会状況を把握するために、両議院が国政に関する調査を行う権利を定めている。　**国政調査権**
国会で行われる証人喚問などがそれにあたる。

□ **22** 内閣が協定や議定書などを含む条約を国家間で結ぶ際、事前もしくは事後に国会の（　）を必要とする。　**承認**

第1章 最新時事／第2章 国語／第3章 教養・スポーツ／第4章 英語／第5章 社会／第6章 数学／第7章 理科／第8章 仕事・業界

地方自治・選挙

次の( )にあてはまる言葉を答えなさい。

問題		解答と解説

□ **1** 地方公共団体は普通地方公共団体と(①)の2種類に分けられ、普通地方公共団体は(②)と市町村で区分される。

①特別地方公共団体
②都道府県

重要 □ **2** 475本の関連法案からなる( )は、国と地方公共団体の役割を明確にし、地方公共団体が地域住民に沿った行政を行えるようにした。

地方分権一括法
1999年成立、2000年より施行された。

□ **3** 地方公共団体の議事機関である地方議会は、(①)の(②)選挙によって選ばれた地方議員で構成されている。

①住民　②直接

□ **4** 地方議会の選挙権は満(①)歳以上、被選挙権は満(②)歳以上の者に与えられる。

①18　②25

□ **5** 地方議会の任期は(①)年で、(②)の制定・廃止、予算の決定、地方税の賦課徴収などの議決を行う。

①4　②条例

□ **6** ( )とは、地方公共団体間の財政格差を調整するために、財政の弱い地方公共団体に国が国税の一部を交付することをいう。

地方交付税

□ **7** 選挙権を有する住民は地方議会に対して、総数の(①)以上の連署をもって(②)をすることができる。

①3分の1
②解職請求（リコール）

□ **8** 地方議会の(①)は議決に異議がある場合、(②)権を行使し審議のやり直しを要求することができる。

①首長　②再議
首長は議決を受けた10日以内に臨時会を召集する。

□ **9** 議会は、総議員の(①)以上が出席し、出席議員の(②)以上の同意で首長の不信任を議決することができる。

①3分の2
②4分の3

□ **10** 議会で不信任を議決された首長は( )日以内に議会を解散できる。

10

	問題	解答と解説

□ **11** 衆議院の被選挙権は満（ ① ）歳以上、任期は（ ② ）年である。

①25　②4

□ **12** 参議院の被選挙権は満（ ① ）歳以上、任期は（ ② ）年、定数は（ ③ ）人である。

①30　②6
③242

□ **13** 衆議院選挙は、各選挙区で1人が当選する（ ① ）と、全国を11のブロックに分け政党の得票数に応じて議席を分配する（ ② ）で行われる。

①**小選挙区**
②**比例代表**

□ **14** 参議院は選挙区の定数が（ ① ）人、比例代表の定数が（ ② ）人である。

①146　②96

□ **15** 選挙の際、各政党が政権公約を掲げる。これを（ ）という。

マニフェスト

□ **16** （ ）は憲法第15条に規定された選挙の原則に基づいて1950年に制定された。

公職選挙法

重要 □ **17** 順位づけされていない党員名簿を事前提出する（ ）式では、政党名と個人名の票合計で議席数が決定し、個人票数の多い順に当選者が決まる。

非拘束名簿

非拘束名簿式の議席数はドント式を用いて計算される。

□ **18** 順位づけされた党員名簿を事前提出する（ ）式では、政党名のみで獲得議席数が決定し、名簿順に当選者が決まる。

拘束名簿

□ **19** 日本では国会議員、首長、地方議会議員は国民の（ ）で選出されるが、アメリカの大統領は**間接選挙**によって選ばれる。

直接選挙

重要 □ **20** 議員一人が選出される選挙区の有権者数が異なるため、一票の価値も変わってしまうことを（ ）という。

一票の格差

10万票で当選する地域もあれば20万票で落選する地域もあるなどの状態。

□ **21** 立候補者と一定の関係にある者が選挙違反で有罪が確定した場合、立候補者自身の当選は無効となり、また、同一選挙区からの立候補も5年間禁止される。これを（ ）という。

連座制

政治・経済 3
内閣・行政

次の( )にあてはまる言葉を答えなさい。

| 問題 | | 解答と解説 |

重要 □ **1** 内閣とは**行政**の最高機関であり、(①)とその他の(②)によって構成される組織である。
①内閣総理大臣
②国務大臣

重要 □ **2** 日本の内閣は、国会の信任を得た上で行政権を行使することができる。また、国会に対して責任を負う( )である。
議院内閣制

□ **3** 憲法第67条により内閣総理大臣は国会議員の中から(①)の議決で指名される。これに基づき、(②)によって任命される。
①国会　②天皇

□ **4** 国務大臣は内閣総理大臣により(①)・罷免される。このとき、国務大臣の過半数は(②)でなければならない。
①任命
②国会議員

□ **5** 内閣総理大臣、国務大臣を務める者は( )でなければならないと憲法第66条により定められている。
文民

□ **6** 2001年まで内閣は1府22省庁あったが、省庁統合により1府(①)省庁となった。このような行政の整理・縮小を(②)という。
①12
②行政改革

□ **7** 内閣の職務の意思決定をする会議を( )という。( )は毎週2回開かれ、内閣総理大臣と国務大臣の全員出席が原則である。
閣議
閣議では内閣総理大臣が議長を務める。

□ **8** 内閣が出す( )には2種類あり、一つは憲法や法律の規定を実行するための執行命令で、もう一つが法律の委任に基づいた委任命令である。
政令
政令の内容は閣議で決定される。

□ **9** 国会は**条約承認権**を有し、内閣には(①)が与えられている。そのため条約文書などの(②)は内閣が行う。批准書の認証は**天皇**の国事行為として行われる。
①条約締結権
②調印

問題　　　　　　　　　　　　　　　　　　　　　　解答と解説

□ **10** 衆議院で内閣不信任案が可決されると、内閣
は10日以内に衆議院を（ ① ）するか、（ ② ）
しなければならない。

①**解散**
②**総辞職**

□ **11** 各府省および庁に一人ずついる官僚トップを
（　）といい、国務大臣の補佐を行う。

事務次官

□ **12** 2001年の省庁再編により政務次官が廃止さ
れ、大臣不在時の代行を務める**副大臣**と、（　）
が設置された。

大臣政務官
大臣政務官は副大臣の直下
に置かれる。

□ **13** 憲法が天皇の国事行為と規定している行為に
は、内閣の（ ① ）と（ ② ）が必要であり、内閣
がその責任を負う。

①**助言**　②**承認**

□ **14** 内閣の役割の一つに（　）の指名がある。ま
た、その他の裁判所裁判官の**任命**も内閣が行
う。

最高裁判所長官

□ **15** 内閣の職務の一つに（　）の作成がある。（　）
は各省庁の予算見積書を基に、財務省が原案
をまとめ、閣議に持ち込まれる。

予算案
予算原案の閣議決定後、国
会に提出される。

□ **16** 2006年に（　）改革推進法が成立し、行政改
革の柱として国の権限を地方に移す（　）が推
進されている。

地方分権

重要 □ **17** （　）は政治的中立を要求されるので、政党へ
の勧誘や政党に関する印刷物の発行・配布と
いった**政治的行為**は禁じられている。

公務員

□ **18** 総務庁、自治省、郵政省が統合されて発足した
のが（　）であり、行政管理、地方行財政、電波・
放送といった情報通信、その他国民生活に関
する事柄などを管轄している。

総務省

□ **19** 政府として必要な事業だが企業的経営に適し
ているため特別な法律によって設けられた法
人を（　）法人といい、日本郵便やNHKなどが
それにあたる。

特殊

第1章　最新時事
第2章　国語
第3章　教養・スポーツ
第4章　英語
第5章　社会
第6章　数学
第7章　理科
第8章　仕事・業界

司法・裁判

次の(　)にあてはまる言葉を答えなさい。

| 問題 | 解答と解説 |

□ **1** 憲法第76条では「すべて(　①　)権は、(　②　)及び法律の定めるところにより設置する下級裁判所に属する」と定めている。

①司法
②最高裁判所
司法は、国会・内閣から独立した存在であり、あらゆる権力に干渉されない。

重要 □ **2** 裁判所は法令が憲法に違反しているかどうかを審査する(　①　)審査権を持っており、最高裁判所は(　②　)と呼ばれる。

①違憲立法
②憲法の番人

□ **3** もっとも上級の裁判所は最高裁判所であり、最終的な判決の場である。長官と(　)人の判事で構成されている。

14

重要 □ **4** 下級裁判所は、(　①　)裁判所、(　②　)裁判所、(　③　)裁判所、(　④　)裁判所の4つに分類される。

①高等　②地方
③簡易　④家庭
(順不同)

□ **5** 最高裁判所に次ぎ、第二審を受け持つ(　)裁判所は東京・大阪・名古屋・広島・福岡・仙台・札幌・高松の8カ所にある。

高等

□ **6** 原則的に第一審を受け持つ(　)裁判所は各都府県に1カ所、北海道に4カ所ある。

地方

□ **7** 家庭事件を非公開で審判する(　)裁判所は地方裁判所のあるところに置かれている。

家庭

□ **8** 軽い民事・刑事事件の第一審を受け持つ(　)裁判所は全国に438カ所ある。

簡易

□ **9** 日本では裁判を公正に行い、また人権を守るために、一事件に対して3回の審理を受けることができる(　)制を設けている。

三審

□ **10** 上級の裁判所に訴えることを上訴といい、第一審から第二審への上訴を(　①　)、第二審から第三審への上訴を(　②　)という。

①控訴　②上告

問題	解答と解説

□ **11** 裁判官の身分は保障されており、最高裁判所の裁判官の定年は（　）歳である。

70

□ **12** 裁判の種類には、犯罪を裁く（ ① ）裁判、私益に関する争いを扱う（ ② ）裁判、国や地方公共団体を訴える行政裁判がある。

①刑事　②民事

□ **13** 最高裁判所の法廷は5人の裁判官で構成される3つの（ ① ）と、裁判官全員で構成される（ ② ）がある。

①小法廷
②大法廷
大法廷では違憲立法審査などを扱う。

□ **14** 最高裁判所の裁判官は（ ① ）年ごとに（ ② ）審査を受け、罷免するかどうかを（ ② ）が判断する。

①10　②国民

□ **15** 民事事件では当事者間の話し合いによる（ ① ）や、裁判官と第三者を交える（ ② ）で解決することがある。

①和解　②調停

□ **16** 国民が利用しやすい司法を目指して司法制度改革が進められ、2004年には（　）という教育機関が設けられた。

法科大学院
（ロースクール）

□ **17** 被告人には供述を強要されないことを保障する（　）がある。

黙秘権

重要 □ **18** 無実にもかかわらず、有罪となり刑を科せられることを（　）という。

えん罪

□ **19** 検察審査会は各検察委員会の管轄地域からくじで無作為に（　）人選ばれる。

11
衆議院選挙の有権者が対象者となる。

□ **20** 刑事事件の原則である（　）とは、検察側が有罪と立証できない限り被告人は無罪と推定されることをいう。

推定無罪

重要 □ **21** （ ① ）年に「裁判員の参加する刑事裁判に関する法律案」が成立し、（ ② ）年に施行された。同年、裁判員制度の初公判が東京地方裁判所で行われた。

①2004
②2009
1刑事事件につき裁判官3名、裁判員は6名。

日本国憲法

次の( )にあてはまる言葉を答えなさい。

問題   解答と解説

重要 □ **1** 日本国憲法が定める国民の三大義務とは、子供に(①)を受けさせる義務、勤労の義務、(②)の義務である。
①普通教育
②納税

□ **2** 憲法第11条は「( )は侵すことのできない永久の権利として、現在及び将来の国民に与えられる」と規定している。
基本的人権
「基本的人権の尊重」は三大基本原則の一つ。

□ **3** 三大基本原則の一つである( )は、国の最高意思は国民によって形成・決定されることを定めている。
国民主権

□ **4** 憲法第9条には(①)について明記され、(②)の放棄、戦力・交戦権を否認している。
①平和主義
②戦争

重要 □ **5** 日本国憲法が定める基本的人権は (①)権、(②)権、(③)権、(④)権、(⑤)権の5つに分類される。
①平等 ②自由
③社会 ④参政
⑤請求 (順不同)

□ **6** 憲法第14条では(①)の平等を定め、(②)、信条、性別、社会的身分または門地で差別されないとしている。
①法の下
②人種

□ **7** 自由権には、思想や学問の自由を認める(①)の自由、奴隷的拘束を禁ずる(②)の自由、職業選択などの(③)の自由がある。
①精神
②身体
③経済活動

□ **8** 社会権では、最低限度の生活を保障する(①)権、労働三権を含む(②)権と教育を受ける権利を定めている。
①生存
②労働基本

□ **9** 参政権は国民が直接的または間接的に( )に参加できる権利を保障し、その一般的なものとして選挙権・被選挙権がある。
政治
その他、最高裁判所裁判官の国民審査などがある。

□ **10** 日本国憲法が定める請求権は、請願権、( )請求権、裁判請求権、刑事補償請求権がある。
損害賠償

| 問題 | 解答と解説 |

□ **11** 憲法第1条で、天皇は日本国および日本国民統合の（　）であると定めている。

象徴
天皇は国政には関与せず、国事行為のみを行う。

□ **12** 日本国憲法では、憲法改正、法律、政令および条約の（ ① ）、（ ② ）の召集、（ ③ ）の解散は天皇の国事行為としている。

①公布
②国会
③衆議院

重要 □ **13** 日本国憲法上の保障規定には明記されていないが、保障されるべき人権として主張されているものを（　）という。

新しい人権

□ **14** （　）権とは、誰もが快適な環境を受けられ、生活できることを指している。

環境
環境権も新しい人権の一つ。

□ **15** 1964年に判決が出された『宴のあと』裁判では「私生活をみだりに公開されない権利」として（　）の侵害は違反と判決された。

プライバシー
プライバシー権も新しい人権の一つ。

□ **16** 憲法第99条において国務大臣をはじめとする（　）は、国民の三大義務とは別に憲法を尊重し擁護する義務も課せられている。

公務員
天皇または摂政および、国務大臣、国会議員、裁判官その他公務員がこれに含まれる。

□ **17** 憲法第96条で定められている憲法改正は、衆議院・参議院の総議員の（　）以上の賛成をもって国会への発議がなされる。

3分の2

重要 □ **18** 憲法改正は、2010年から施行された（ ① ）法により国会議決後、国民の（ ② ）の賛成を得なければならないとしている。

①国民投票
②過半数
正式には「日本国憲法の改正手続に関する法律」。

□ **19** 2012年12月に行われた（ ① ）選挙で問われている一票の格差問題について、広島高等裁判所が（ ② ）無効の判決を下した。

①衆議院
②選挙
一票の格差問題で国政選挙の無効判決は初めて。

□ **20** 日本国憲法は「文化の日」の1946年（ ① ）に公布され、「憲法記念日」の1947年（ ② ）に施行された。

①11月3日
②5月3日

□ **21** 日本国憲法の構成は、前文および（ ① ）章（ ② ）条である。

①11　②103

第1章 最新時事

第2章 国語

第3章 教養・スポーツ

第4章 英語

第5章 社会

第6章 数学

第7章 理科

第8章 仕事・業界

各国の政治

次の（　）にあてはまる言葉を答えなさい。

| 問題 | 解答と解説 |

□ 1 アメリカの政治形態は、自由主義を掲げる（ ① ）と新保守主義を掲げる（ ② ）の二大政党制である。

①民主党
②共和党

代表的な大統領でいうと、ジョン・F・ケネディは民主党でリンカーンは共和党。

□ 2 アメリカの議会は（ ① ）と（ ② ）の二院制であり、大統領の条約締結・高級官吏任命への同意権などは（ ① ）の優越権限である。

①上院　②下院

上院の任期は6年、下院の任期は2年。

□ 3 アメリカは徹底した（ ① ）で、立法府と行政府が互いに独立している。また、司法権を持つ連邦裁判所は（ ② ）を有している。

①三権分立
②違憲立法審査権

違憲立法審査権は法令が違憲の場合、法令自体を無効とする。

□ 4 アメリカの大統領は間接選挙によって選出される。大統領の任期は（ ① ）年で、（ ② ）選は禁止されている。

①4　②三

オバマ大統領は任期満了の2016年で退任した。

□ 5 イギリスは市民革命以降、君主の権力を憲法で制限する（ ① ）となり、また内閣が議会に対して責任を負う（ ② ）を築き上げた。

①立憲君主制
②議院内閣制

国王は「君臨すれども統治せず」に則る。

重要 □ 6 イギリスは（　）憲法の国であり、マグナ・カルタ（大憲章）や権利章典など憲法の集合体で構成されている。

不文

合衆国憲法や日本国憲法のようにまとめられているものは成文憲法という。

□ 7 イギリスの議会は、貴族で構成される（ ① ）と国民の選挙で選出される（ ② ）の二院制である。1911年に制定された議会法で（ ② ）の優位が確立している。

①上院（貴族院）
②下院（庶民院）

□ 8 イギリスの政治形態は保守党と労働党の二大政党制であり、野党側は次の政権担当に備えて（　）を組織する。

影の内閣
（シャドーキャビネット）

□ 9 （ ① ）の政治体制は（ ② ）制であり、ド・ゴールが政権を握った1958年に直接国民投票が行われ（ ② ）憲法が定められた。

①フランス
②第5共和国

問題		解答と解説

□ **10** フランスは議院内閣制を取り入れながら大統領が強い権限を持つ（　）制である。

半大統領

□ **11** 2000年の国民投票により、フランス大統領の任期は7年から（　）年に変更された。

5

現在の大統領はエマニュエル・マクロン。

□ **12** ドイツは国民選挙で選ばれた議員からなる（ ① ）と、州政府から任命された議員からなる（ ② ）の二院制である。

①連邦議会
②連邦参議院

□ **13** ドイツの大統領は国家元首として（ ① ）締結など儀礼的な国事行為を行い、連邦議会から選出された（ ② ）が実質的な行政の権限を持つ。

①条約　②首相

大統領の任期は5年、首相の任期は4年。

□ **14** ロシア大統領の任期は2008年の憲法改正により（ ① ）年から6年に改正された。2018年3月に当選し、4期目となる（ ② ）大統領の任期は2024年までとなる。

①4
②プーチン

□ **15** 2010年末に始まった「アラブの春」はシリアにも飛び火したが、（　）大統領は武力鎮圧に訴え、多数の死者を出した。

アサド

□ **16** （ ① ）は大統領の権限が強大で、（ ② ）権は大統領を首班とする政府にある。2017年には文在寅大統領が誕生した。任期は5年で再選不可。

①韓国　②行政

重要 □ **17** 南アフリカ共和国の（　）元大統領はアパルトヘイト撤廃を実現し、ユネスコ平和賞、ノーベル平和賞を受賞した。

ネルソン・マンデラ

□ **18** 中国の政治体制は民主集中制だが、実質的には（　）が権力を持っている。

中国共産党

現在の国家主席は習近平。

□ **19** 核の脅威をちらつかせるなど北朝鮮が緊張を高めることにより交渉を有利に進めようとする（　）外交が国際的に問題視されている。

瀬戸際

第1章 最新時事

第2章 国語

第3章 教養・スポーツ

第4章 英語

第5章 社会

第6章 数学

第7章 理科

第8章 仕事・業界

政治論

次の（　）にあてはまる言葉を答えなさい。

| 問題 | 解答と解説 |

重要 □ **1**　（ ① ）とは「一定の領域に定住する人々がつくる（ ② ）的共同体」であり、国民・領土・主権（統治権）を（ ① ）の3要素という。

①**国家**　②**政治**

□ **2**　その国家に所属する（ ① ）が主権を持ち、（ ① ）の意思によって行われる政治を（ ② ）政治といい、ギリシャ語のデモスとクラチアが語源となっている。

①**人民**　②**民主**
デモス＝人民、クラチア＝支配・権力。

□ **3**　中国の思想家であり儒家の始祖である（ ① ）は、仁や徳に基づく（ ② ）主義を唱え、後の中国政治に大きな影響を与えた。

①**孔子**　②**徳治**

□ **4**　中国の儒学者である（ ① ）は人間の本性を善とする（ ② ）を唱え、**仁義**による王道政治を目指した。

①**孟子**
②**性善説**
同じく儒学者の荀子は性善説を批判し、性悪説を唱えた。

□ **5**　アリストテレスは著書『（ ① ）』で、人間は社会的かつ政治的動物とし、（ ② ）的動物だと述べた。

①**政治学**
②**ポリス**

□ **6**　イタリアの政治思想家である（　）は、著作『**君主論**』で歴史上の君主と君主国を分析し、君主はどのようにあるべきかを唱えた。

マキャベリ

重要 □ **7**　17 〜 18世紀の啓蒙思想家であるホッブズ、ロック、ルソーなどが主張した（　）説は、近代民主制の原理となった。

社会契約

□ **8**　ホッブズは人間の自然状態を「（　）の（　）に対する闘争」状態とした。

万人
著書は『リヴァイアサン』。

□ **9**　ロックは、人権を脅かすような政府の圧力には（　）権で反抗できると考えた。

抵抗
著書は『市民政府二論』。

□ **10**　ルソーは、国家は人民の意思によって形成されるという（　）主権を唱えた。

人民（国民）
著書は『社会契約論』。

| 問題 | 解答と解説 |

□ 11 イギリスの名誉革命で立憲君主の原則が確立し、（　）政治の基礎が築かれた。
議会

□ 12 国際法の礎を築いたオランダの法学者・グロティウスは、（　）法は国家や宗教の枠組みを超えて存在するものと唱えた。
自然
自然法とは、人間の自然(本性)に基づきあらゆる時代を通じて普遍的かつ不変的に守られる法のこと。

□ 13 マルクスは人類の歴史を（①）の歴史と述べ、格差で生じる政治権力の差異をなくし、労働者が生み出す資本を社会の共有財産とする（②）主義を唱えた。
①階級闘争
②共産

重要 □ 14 フランスの啓蒙思想家であるモンテスキューは、『（①）』で立法・司法・行政を分立させる（②）を唱えた。
①法の精神
②三権分立（権力分立）

□ 15 ドイツの社会学者である（①）は、正当的な権威として（②）的権威、伝統的権威、合理的権威の三類型を示した。
①ウェーバー
②カリスマ

□ 16 国籍、ジェンダー、民族などにとらわれず、全世界を一つの共同体とし世界の一員として位置づける考え方を（　）という。
コスモポリタニズム
世界主義、世界市民主義。

重要 □ 17 社会保障制度や完全雇用政策など、国民の生活基盤を整え、安定を図るよう国が積極的に活動する国家を（　）という。
福祉国家

重要 □ 18 （　）主義体制は、立憲主義、権力分立、参政権、社会権など自由主義と民主主義を統合し成立した政治体制である。
自由民主

□ 19 日本を代表する政治学者の（　）は、戦前日本の政治システムは「官僚精神」の蔓延であり「無責任の体系」と評した。
丸山眞男

□ 20 「鉄の女」と呼ばれたイギリス初の女性首相であるサッチャーは、（　）を掲げマネタリズム政策に基づき、国有企業の民営化や規制緩和に取り組んだ。
新保守主義

次の( )にあてはまる言葉を答えなさい。

| 問題 | 解答と解説 |

□ **1** 財政の役割は(①)の調整、(②)の再分配、景気の調整である。
①資源配分
②所得

□ **2** 中小企業への融資や社会資本の整備など、利潤が望めず民間が手を出さない分野に政府が融資することを( )という。
財政投融資

□ **3** ( )予算とは一般的に予算と呼ばれるものであり、租税などを財源として公共事業・社会保障・教育などを行っている。
一般会計

□ **4** ( )予算は国が特定の事業を行うもので、平成24年度から東日本大震災復興の予算が加わった。
特別会計

□ **5** 一般( )は、社会保障関係費、公共事業関係費、文教および科学振興費、防衛関係費といった政策経費が中心となる。
歳出

□ **6** 一般会計と特別会計の本予算が成立したあとに、必要に応じて本予算の内容を変更する予算を( )予算という。
補正

□ **7** 国債とは国が民間から資金を借り入れる目的で発行する一種の債務証書であり、建設国債と( )がある。
特例国債（赤字国債）

□ **8** 国債大量発行によって政府の支出が増加することで、民間投資の減少を引き起こしてしまうことを( )という。
クラウディング・アウト

□ **9** 日本の財政では社会保障費の自然増と国債費の増加により、歳出が税収を上回る財政( )が続いている。
赤字

□ **10** 所得税のうち、給料などに課せられる税金の一部はあらかじめ( )される。
源泉徴収

問題		解答と解説

重要 □ **11** 国債費を除いた歳出と公債金を除いた歳入の差額を基礎的財政収支、または（　）といい、財政状況の指標となる。 → **プライマリー・バランス**

□ **12** 国は地方公共団体の実情に応じて使途の限定されない（　）を支給している。 → **地方交付税交付金**

□ **13** 地方公共団体が行う特定の事業について国に申請し許可が出た場合、国は（　）を交付する。 → **国庫支出金**

□ **14** 租税には、所得税、法人税、相続税などの（　①　）税と、消費税、たばこ税、酒税などの（　②　）税がある。 → **①直接　②間接**

重要 □ **15** 所得税は、所得が多いほど税率が高くなる（　）の制度である。所得に応じて5%から45%の7段階に区分されている。 → **累進課税**

□ **16** 消費税は所得の多寡にかかわらず発生するため、所得の少ない人の負担が大きく（　）課税といわれている。 → **逆進**

□ **17** 「国庫補助負担金の廃止・縮減」「税財源の移譲」「地方交付税の一体的な見直し」を（　）の改革という。 → **三位一体**

□ **18** 累進課税制度や社会保障制度は自動的に景気を調整する機能を持ち、この機能を（　）と呼んでいる。 → **ビルト・イン・スタビライザー（自動安定装置）**

□ **19** 国によって税制は大きく異なっており、アメリカは直接税中心だが、（　）の多くの国は間接税の割合が大きい。 → **ヨーロッパ**

重要 □ **20** 東日本大震災の特別措置として、2013年1月1日から2037年12月31日まで（　）所得税が課せられることになった。 → **復興特別**

□ **21** 10%となる予定の消費税だが、一定の条件を満たした食品と新聞を8%に据え置きにする税率を何と言う。 → **軽減税率**

第1章　最新時事
第2章　国語
第3章　教養・スポーツ
第4章　英語
第5章　社会
第6章　数学
第7章　理科
第8章　仕事・業界

金融・株式

次の( )にあてはまる言葉を答えなさい。

問題		解答と解説

重要 □ **1** 一国に流通している現金通貨と預金通貨を合わせた通貨量を( )という。

マネーサプライ（通貨供給量）

□ **2** かつての貨幣制度は金が基準となる(①)制度が多かったが、1971年のニクソン・ショック以降に各国は(②)制度に移行した。

①金本位
②管理通貨

□ **3** 日本の中央銀行は( )で、国の通貨である( )券を発行し、民間の銀行の預金を受け、貸し付けも行う。

日本銀行

□ **4** 日本銀行は手持ちの公債や有価証券を売り出して通貨を吸収し、通貨量を減らす(①)とその逆の(②)を行う。

①売りオペレーション
②買いオペレーション

重要 □ **5** 外国為替や株式売買といった金融取引リスクを回避するためにできたものを( )といい、金融派生商品とも呼ばれる。

デリバティブ

□ **6** 大都市に営業基盤をおく都市銀行は1980年代に13行あったが、合併を繰り返して現在は三大( )体制になっている。

メガバンク

□ **7** 金融機関が破綻しても(①)制度によって1預金者あたり(②)万円までの預金とその利子は保護され、払い戻すことができる。

①ペイオフ
②1000

□ **8** 日本銀行が金融機関にお金を貸し出す際の基準金利を( )という。( )を変更することで通貨流通の調節をしている。

基準割引率および基準貸付利率

□ **9** 日本銀行は、金融機関が持っている預金の一定割合を日本銀行に無利子で預けさせ、金融を調整する( )操作を行う。

預金準備率

□ **10** 2014年1月から日本で新たに少額投資非課税制度、愛称( )が導入された。

NISA ニーサ

問題		解答と解説

□ **11** 市場で株式を売買できる最低単位を（　）といい、これに満たない株数は端株という。 → **単元株**

□ **12** （　）株価とは東証一部上場の代表的225社の平均株価である。 → **日経平均**

□ **13** 東京証券取引所と大阪証券取引所は経営統合し、2013年1月1日に（　）としてスタートした。 → **日本取引所**

□ **14** （　）とは東証株価指数であり、東京証券取引所の一部上場全銘柄を対象として、1秒ごとに算出・公表している株価指数をいう。 → **TOPIX（トピックス）**

□ **15** 当時のナスダック・ジャパンに対抗して、1999年に開設された新興企業向け証券市場が（　）である。 → **東証マザーズ**

□ **16** 『ウォールストリート・ジャーナル』発行元のダウ・ジョーンズ社は、アメリカの代表的な株価指数である（　）を算出している。 → **ダウ平均株価**

重要 □ **17** 企業の関係者しか知り得ない未公開の情報を基に株を売買することを（　）といい、証券取引法に反する違法行為である。 → **インサイダー取引**

□ **18** 株価を売買したときに発生する利益を（ ① ）といい、株を保有することで配当される収入を（ ② ）という。 → **①キャピタルゲイン　②インカムゲイン**

□ **19** 証券取引所を通さず、価格、株数、期間を不特定多数に公開して株を買い取る方法のことを（　）という。 → **TOB（株式公開買い付け）**

□ **20** 金融市場において不測の事態に備えて、損失の程度や回避策をシミュレーションしておくリスク管理手法を（　）という。 → **ストレステスト**

□ **21** 新興企業向け証券市場としてもっとも古いのは（　）である。 → **JASDAQ**

第1章　最新時事
第2章　国語
第3章　教養・スポーツ
第4章　英語
第5章　社会
第6章　数学
第7章　理科
第8章　仕事・業界

経済理論・経済史

次の（　）にあてはまる言葉を答えなさい。

問題		解答と解説

□ **1** 一定期間、国内の経済活動によって生産された価値額の合計を（　）という。
GDP（国内総生産）

□ **2** 価格が下がると需要が増え、価格が上がると（　）が増える。
供給

□ **3** 需要曲線と供給曲線が一致する点（価格）を（　）価格という。
均衡

重要 □ **4** 財やサービスを産出することを（ ① ）といい、土地・資本・（ ② ）が（ ① ）の3要素である。
①生産　②労働

□ **5** 完全な（ ① ）競争が行われる場合には、（ ② ）は需要と供給が一致する点に決まると考える。
①自由　②価格

□ **6** 国有企業の民営化や規制緩和を進めるなどして、民間の力を引き出すように環境を整える政府の経済政策を（　）という。
小さな政府

重要 □ **7** 同様のサービスや商品を持つ競合企業同士が、価格協定や生産制限などを行って市場競争を制限する行為を（　）という。
カルテル

□ **8** イギリスの経済学者アダム・スミスは主著『（ ① ）』の中で、市場価格の自動調整機能を「（ ② ）」と表現した。
①国富論　②見えざる手

□ **9** イギリスの（ ① ）は主著『（ ② ）』で人口増加が続くと、貧困・飢饉や晩婚化など人口を調整しようとする力が働くと述べた。
①マルサス　②人口論

□ **10** マルクスは『（　）』で資本主義の原理について独自の分析を行い、20世紀に多くの共産主義国が生まれるなど多大な影響を与えた。
資本論

□ **11** ケインズはマネーサプライの調整によって（ ① ）需要の創出と（ ② ）雇用の実現を説いた。
①有効　②完全

☐ **12** アメリカの大統領フランクリン・ルーズベルトは1929年に起こった世界恐慌に対処するため、ケインズ理論を取り入れて（　）政策を実施した。

ニューディール

☐ **13** 1976年にノーベル経済学賞を受賞した（　）は、貨幣量の固定化による経済政策を唱え、ケインズ学派と対立的な立場を主張した。この経済政策をマネタリズムという。

フリードマン

☐ **14** （　）では、1971年にアメリカのニクソン大統領が事前告知なしに発表した「金ドル交換停止」によって世界経済を激震させた。

ニクソン・ショック

☐ **15** 1980年代にアメリカのレーガン大統領は、大幅な減税による貯蓄増、規制緩和、自由競争を主張した。この政策を（　）という。

レーガノミクス

☐ **16** ドイツの統計学者（　）は「家族の所得が高くなるほど、家計の総消費支出に占める食料費の割合は低い」という（　）の法則を発見した。

エンゲル

☐ **17** 所得の増大に比例して住居費の支出も増えるが、家計支出全体に占める住居費の割合は低下する。これを（　）の法則という。

シュワーベ

☐ **18** 「約2割の高額所得者が所得総額の8割を占めている」という所得分布の経験則を（　）の法則という。

パレート

☐ **19** アメリカの経済学者（　）は「失業率が0.55%増加すれば、潜在的生産量に対して国内総生産量は約1%下回る」ことを導き出した。

オークン
これをオークンの法則という。

☐ **20** 経済拡張や後退を繰り返しながら景気は変動している。変動周期が約50年と長期的な景気変動を（　①　）の波といい、約40カ月で変動する周期を（　②　）の波という。

①コンドラチェフ
②キチン

国際連合

次の(　)にあてはまる言葉を答えなさい。

| 問題 | 解答と解説 |

□ **1** 世界初の国際平和組織は(　①　)年に設立された(　②　)だった。

①1920
②国際連盟

重要 □ **2** 国際連合(以下、国連)は1945年10月に発足。発足時の加盟国は(　)カ国だった。

51

□ **3** 国際連盟の本部は(　①　)だったが、国連の本部は、第1回総会でアメリカに置くことが決まり、(　②　)に設けられた。

①ジュネーブ
②ニューヨーク

重要 □ **4** 国連の目的は、世界の(　①　)の維持、国家間の(　②　)の発展、(　③　)および自由の尊重の奨励、各国の行動を調和すること。

①平和および安全
②友好関係
③基本的人権

□ **5** 国連の主要な審議機関の一つである(　)は、全加盟国が議席を持ち、各国一票の投票権を持っている。

国連総会

□ **6** 国連総会の通常総会は毎年(　①　)月の第3(　②　)曜日に始まる。通常総会以外に**特別総会**を招集することもある。

①9　②火

□ **7** 国連総会の議決は、重要問題については出席投票国の(　①　)の多数決で、その他の問題は(　②　)で決まる。

①3分の2
②過半数

重要 □ **8** 国際平和と安全を守る国連の主要機関が(　)であり、**5つ**の常任理事国と**10**の非常任理事国の計15カ国で構成される。

安全保障理事会
常任理事国の5カ国は、アメリカ・イギリス・フランス・ロシア・中国。

□ **9** 安全保障理事会の非常任理事国の任期は(　)年。毎年半数の**5カ国**が改選され、続けての再選はない。

2

□ **10** 安全保障理事会の主な任務は、(　①　)の平和的解決、平和の破壊または(　②　)の防止、それらの脅威に対して必要な措置を講じること。

①国際紛争
②侵略行為

問題	解答と解説

□ 11 国連の主要機関は、総会、安全保障理事会、経済社会理事会、国際司法裁判所、事務局、それから現在任務が終了している（　）の6つである。

信託統治理事会
1994年のパラオ独立を最後に信託統治領がなくなり、活動を停止した。

□ 12 安全保障理事会は指示に従わない国に対し、外交断絶、経済封鎖、（　）の派遣などの強制措置を取ることができる。

国連軍
国連軍は正規に組織されたことがなく、PKOの平和維持軍を国連軍と呼ぶことが多い。

重要 □ 13 安全保障理事会の決議は**9**カ国以上の賛成と、5つの常任理事国すべての賛成が採択の条件である。これを（　）の原則と呼ぶ。

5大国一致

□ 14 5つの常任理事国は（　）を持ち、安全保障理事会に提出された議題は一国でも反対すれば成立しない。

拒否権

□ 15 朝鮮戦争のときに（　）決議がなされ、安全保障理事会が機能しないときは**緊急特別総会**を開いて対応できるようにした。

平和のための結集

□ 16 国連の主要機関の一つである経済社会理事会は、国連総会によって選出される理事国（　）カ国で構成されている。

54
理事国の任期は3年で、毎年3分の1ずつ改選される。

□ 17 国連の通常経費を支えるために加盟国は（ ① ）を提供しており、拠出額の順位で日本は（ ② ）位である。

①国連分担金
②2
最大の国連分担金拠出国はアメリカ。

□ 18 国家間の紛争を裁く国際司法裁判所は、**オランダ**の（ ① ）にある。裁判官は（ ② ）人で構成され、その任期は**9**年である。

①ハーグ
②15
裁判官は同じ国から一人しか選ばれない。

□ 19 国連の各機関が決定した計画や政策などを実施するのが事務局であり、その最高責任者が（　）である。

国連事務総長
現在の事務総長は、ポルトガルのアントニオ・グテーレス氏。

重要 □ 20 国連が治安維持や紛争防止のために、当事者の同意に基づき軍隊を派遣し、紛争地域の平和的解決を促す活動を（　）という。

PKO
（国際連合平和維持活動）
派遣する軍隊はPKF（平和維持軍）と呼ばれる。

国際機関

次の( )にあてはまる言葉を答えなさい。

問題		解答と解説

□ **1** 多角的で無差別な自由貿易の促進を目的とし、環境保全や低賃金労働の是正にも努めている国際機関は( )である。

WTO
（世界貿易機関）
本部はジュネーブ。1955年に発足。

□ **2** 教育や科学、文化の発展と推進を目的とする国際機関( )は、遺跡、景観、自然など**世界遺産**の登録と保護を行っている。

UNESCO
（国連教育科学文化機関）
本部はフランスのパリにある。

□ **3** 国際原子力機関は( )と呼ばれ、原子力の平和的利用を促進し、軍事転用を防止することを目的としている。

IAEA
（国際原子力機関）
本部はオーストリアのウィーンにある。

□ **4** 世界の労働者の労働条件の改善や生活水準の向上を目的とする国際機関は( )である。

ILO
（国際労働機関）
日本は常任理事国。

重要 □ **5** 為替相場の安定と貿易拡大を推進し、赤字国に一時的融資を行う国際機関は( )である。

IMF
（国際通貨基金）
本部はワシントン。

重要 □ **6** 人間の健康を基本的人権と考え、その達成を目的に、感染症の撲滅、適正な医療・医薬品の普及などを行う国際機関は( )である。

WHO
（世界保健機関）
本部はジュネーブ。世界保健憲章に基づいて発足。

□ **7** 開発途上国や災害を受けた国の子供に対し、予防接種、食料・医薬品の提供などを行う国際機関は( )である。

UNICEF
（国連児童基金）
本部はニューヨーク。1946年に設立。

□ **8** 世界の貧困と飢餓の消滅を目的とし、食糧の生産と分配の改善を図っている国際機関は( )である。

FAO
（国連食糧農業機関）
本部はローマ。近年は食の安全保障も重要課題に掲げている。

□ **9** 戦争などで母国にいられなくなった難民を保護し、救済活動を行っている国際機関は( )である。

UNHCR
（国連難民高等弁務官事務所）
1954年と1981年にノーベル平和賞を受賞。

□ **10** 世界の電信・電話・無線通信サービスの使用を調整し、規格に関する協定をつくる国際機関は( )である。

ITU
（国際電気通信連合）
前身は、1865年に創設された万国電信連合。

問題　解答と解説

□ **11** 1874年、国際郵便条約によって設立。加盟国間の郵便事業の協力、調整を促進し、国際郵便制度をつかさどる国際機関は（　）である。

UPU
（万国郵便連合）
本部はスイスのベルンにある。

□ **12** 気象事業の国際的な標準化と改善および調整を行い、気象情報の伝達活動を統合する国際機関は（　）である。

WMO
（世界気象機関）
本部はジュネーブ。日本は1953年に加盟した。

□ **13** 国際民間航空の安全と発展を目的とし、運航の原則や航空技術を開発・制定している国際機関は（　）である。

ICAO
（国際民間航空機関）
本部はカナダのモントリオールにある。

□ **14** 海上航行の安全性はもちろん、海運技術の向上や海洋汚染の防止などを目指す国際機関は（　）である。

IMO
（国際海事機関）
本部はロンドンにある。

□ **15** 世界で知的財産の保護を促進することを目的とし、条約の作成や国際登録業務の管理・運営を行う国際機関は（　）である。

WIPO
（世界知的所有権機関）
本部はジュネーブ。1970年に設立。

□ **16** 開発途上国の食糧増産と農業開発を支援するため、緩和された条件で融資を行うことを目的とする国際機関は（　）である。

IFAD
（国際農業開発基金）
本部はローマ。1976年に設立。

□ **17** 開発途上国の経済発展のために、工業化を技術面から支援している国際機関は（　）である。

UNIDO
（国連工業開発機関）
本部はウィーン。日本の分担金は加盟国中でトップ。

□ **18** 先進国の復興と開発途上国の発展を目的として設立された国際復興開発銀行と国際開発協会を総称して（　）と呼ぶ。

世界銀行
（World Bank）
さらに3つの国際機関を加え、世界銀行グループと呼ぶ。

□ **19** 可能な限りの経済成長、開発途上国の発展、世界貿易の拡大、これら3つを活動目的としている国際機関は（　）である。

OECD
（経済協力開発機構）
本部はパリ。先進国クラブともいう。

□ **20** 2001年、中国、ロシア、カザフスタン、キルギスタン、タジキスタン、ウズベキスタンの6カ国で組織された軍事や経済協力を目的とした機構を（　）という。

SCO
（上海協力機構）
1996年にウズベキスタンを除く5カ国で成立した上海ファイブの後身がSCO。

第1章 最新時事
第2章 国語
第3章 教養・スポーツ
第4章 英語
第5章 社会
第6章 数学
第7章 理科
第8章 仕事・業界

条約・協定・宣言

次の（　）にあてはまる言葉を答えなさい。

| 問題 | | 解答と解説 |

□ 1 1919年に第1次世界大戦の連合国27カ国と（　）の間で**ヴェルサイユ**条約が締結された。

ドイツ
ドイツには莫大な賠償金が課された。

重要 □ 2 第2次世界大戦における連合諸国と日本の戦争状態を正式に終結させるため、両者間で（　）条約が締結された。

サンフランシスコ平和
条約に署名しなかったのはソ連・ポーランド・チェコスロバキアの3カ国。

□ 3 アメリカ・イギリス・ソ連が1963年に締結し、核兵器の一部の実験を禁止したのは（　）条約（PTBT）である。

部分的核実験禁止
条約締結後も地下核実験は続けられた。

□ 4 核軍縮を目的に、アメリカ・イギリス・フランス・ソ連・中国以外の核保有を禁止したのが（　）条約（NPT）である。

核拡散防止
核拡散防止条約は1995年に無期限に延長された。

□ 5 冷戦時代の1960年代末から1970年代にかけてアメリカ・ソ連間で進められた軍備管理に関する交渉が（　）（SALT）である。

戦略兵器制限交渉
弾頭ミサイルなどの戦略兵器の数と運搬手段が制限された。

□ 6 アメリカとソ連は1987年に（　）条約を締結し、射程距離500～5500kmの核ミサイルの廃棄を定めた。

中距離核戦力全廃

重要 □ 7 1989年、アメリカのブッシュ大統領とソ連のゴルバチョフ大統領の間で（　）会談が開かれ、東西冷戦の終了を確認した。

マルタ

□ 8 1991年、アメリカのブッシュ大統領とソ連のゴルバチョフ大統領の間で、戦略兵器の削減に合意した（　）が初めて調印された。

START
（戦略兵器削減条約）

□ 9 1996年、核爆発を伴う核実験を全面禁止する（　）条約（CTBT）が国連総会で採択された。

包括的核実験禁止
アメリカ、インド、中国、パキスタンは条約を批准していない。

重要 □ 10 1949年、ソ連を中心とする東側の軍事力に対抗するため、アメリカ、カナダ、西欧諸国の軍事同盟（　）条約機構が成立した。

北大西洋
一般にはNATO（ナトー）と呼ばれる。

問題	解答と解説

重要 □ **11** 1955年、ソ連を中心とした東側の軍事同盟（　）条約機構が成立したが、東西冷戦の終了に伴い1991年に解散した。

ワルシャワ

□ **12** 1948年、イギリスの委任統治下にあったパレスチナ地方で、（　）宣言が発せられ、ユダヤ人の国家が誕生した。

イスラエル独立
アラブ諸国は独立を認めず、現在でも紛争が続いている。

□ **13** 1996年、国連総会は対人地雷の使用・生産・蓄積・移転のすべてを禁じた（　）条約を決議した。

対人地雷全面禁止
オタワ条約とも呼ばれている。

重要 □ **14** 2002年、小泉純一郎首相と北朝鮮の金正日総書記が（　）に署名し、北朝鮮は拉致問題を認めた。

日朝平壌宣言

□ **15** 2002年、アメリカとロシアは戦略核弾頭の数を2012年までに1700〜2200発に削減する（　）条約を結んだ。

モスクワ
正式には戦略攻撃兵器削減条約。

□ **16** 不発弾が多く一般市民に甚大な被害をもたらす（ ① ）爆弾を禁止する条約のことを（ ② ）条約と呼ぶ。

①クラスター
②オスロ
またはクラスター爆弾禁止条約という。

□ **17** 1992年に欧州諸国で調印され、EUの創設と共通通貨ユーロの導入を定めたのが（　）条約である。

マーストリヒト
マーストリヒトはオランダの都市。

重要 □ **18** 1997年、EUの基本条約を市民権や個人の権利をより尊重する内容に変更した（　）条約が調印された。

アムステルダム

□ **19** 2009年、機構運営の効率化などを目指し、さらにEUの基本条約に修正が加えられた（　）条約が発効された。

リスボン

重要 □ **20** 第2次世界大戦後、サンフランシスコ講和会議以降も平和条約が結ばれていなかった日本とソ連間の戦争終結や国交回復などを決めた宣言を（　）という。

日ソ共同宣言
1956年に署名された。

第1章 最新時事
第2章 国語
第3章 教養・スポーツ
第4章 英語
第5章 社会
第6章 数学
第7章 理科
第8章 仕事・業界

次の（　）にあてはまる言葉を答えなさい。

| 問題 | | 解答と解説 |

重要 □ **1** 1944年、連合国44カ国による通貨金融会議で結ばれた（　①　）協定は、（　②　）と世界銀行の創設を定めた。

①ブレトン・ウッズ
②IMF
（国際通貨基金）

□ **2** ブレトン・ウッズ体制下では、世界の基軸通貨は（　）とされ、日本円は1ドル＝360円に固定されていた。

アメリカドル

□ **3** 1947年に調印された国際条約GATTの正式名称は、（　①　）および（　②　）に関する一般協定である。

①関税　②貿易
GATTは自由貿易推進のための国際条約で多国間貿易交渉のルールを定めている。

重要 □ **4** 2009年の政権交代を機に財政赤字が膨らむことが判明したギリシャ。そこから波及した一連の経済危機を（　）危機と呼ぶ。

ギリシャ
経済危機はイタリア、スペインにまで広がった。南欧危機ともいう。

□ **5** 日本は（　①　）年にGDP世界第2位になったが、（　②　）年に中国に抜かれ、現在は第3位である。

①1968
②2010

□ **6** 1967年に発足し、加盟国の経済協力、文化発展の促進などを目的とした東南アジア諸国連合の略称は（　）である。

ASEAN
現在の加盟国は10カ国である。

重要 □ **7** 1985年に行われた先進5カ国財務相・中央銀行総裁会議（G5）で、ドル高是正のため為替市場に協調介入を表明。これを（　）合意という。

プラザ
ニューヨークのプラザホテルが会場になったことからプラザ合意と呼ばれる。

□ **8** アメリカの金融機関が信用力の低い人に貸し出した住宅ローンの焦げ付き増大が引き金となり、国際的な金融危機を招いた問題を（　）という。

サブプライム
問題

重要 □ **9** 太平洋を取り囲む国の間で関税を撤廃し、投資の規制緩和をすることで貿易を促進させることを目的とする協定は。

TPP（環太平洋パートナーシップ協定）

□ **10** 2カ国間またはそれ以上の国や地域の間で結ばれる、貿易や投資の自由化などを目的とした協定の略称は（　）である。

FTA
Free Trade Agreementの頭文字を取ったもの。

□ **11** 2007年6月、アメリカと韓国は農畜産物や自動車、繊維などの貿易自由化を定めた（　）協定を締結し、2012年3月に発効した。

米韓自由貿易

□ **12** 1964年からジュネーブで開催されたGATTの第6回多角的貿易交渉は、提唱した大統領の名前から（　）と呼ばれている。

ケネディ・ラウンド
ケネディ大統領は1963年に暗殺され、交渉に参加していない。

□ **13** 日本でも1973年から第7回多角的貿易交渉が開催され、（　）と呼ばれた。

東京ラウンド
東京ラウンドは1973年から1979年まで開催された。

□ **14** 1980年代、レーガン政権下のアメリカで莫大な貿易赤字と財政赤字が並存していた状態を（　）の赤字と呼んだ。

双子

重要 □ **15** 経済発展が著しいブラジル、ロシア、インド、中国の4カ国のことを（　）と呼ぶ。

BRICs
南アフリカ共和国を含む場合もある。

□ **16** インド、パキスタン、バングラデシュ、スリランカ、ネパール、ブータン、モルディブ、アフガニスタンの8カ国が加盟する南アジアの地域協力を（　）という。

SAARC
南アジア諸国民の福祉増進、経済社会開発と文化面での協力、協調促進などを目的としている。

□ **17** アイスランド、ノルウェー、スイス、リヒテンシュタインの4カ国が加盟している欧州自由貿易連合の略称は（　）である。

EFTA
本部はジュネーブにある。

重要 □ **18** アメリカ、カナダ、メキシコの3カ国が加盟している北米自由貿易協定の略称を（　）という。EUを上回る世界最大の経済圏である。

NAFTA

□ **19** 1986年から1995年に開催されたGATTの第8回多角的貿易交渉（　）・ラウンドで、日本はミニマム・アクセス（最低輸入機会）の米の輸入を認めた。

ウルグアイ

次の( )にあてはまる言葉を答えなさい。

| 問題 | 解答と解説 |

重要 □ **1** 1948年、ユダヤ人による独立国家イスラエルが建国されたことから、多くの難民が生じて発生した一連の問題を( )という。

パレスチナ問題
イスラエル建国により第1次中東戦争(1948～1949年)が勃発した。

□ **2** ソ連の( )書記長は、1968年のチェコスロバキア軍事侵攻を正当化するために( )・ドクトリンを発表した。

ブレジネフ
社会主義陣営全体の利益のためなら、一国の主権を制限しても構わないという考え方。

重要 □ **3** 1955年、インドネシアのバンドンで開かれた( )会議で、反植民地主義の下、世界平和などをうたう平和十原則が決議された。

アジア・アフリカ
平和十原則はバンドン原則とも呼ばれる。

□ **4** 2001年の同時多発テロを受け、アメリカの( )大統領が述べた国家安全保障の基本原則を( )・ドクトリンと呼ぶ。

ブッシュ

□ **5** 2001年、アメリカは同時多発テロ事件を引き起こした首謀者をイスラム過激派組織(①)の指導者(②)と断定した。

①アルカイダ
②オサマ・ビン・ラディン

重要 □ **6** アメリカの同時多発テロを受け、NATOは第三国の防衛協力を認める( )権を発動した。

集団的自衛

□ **7** イスラム教スンニ派の武装組織を前身とするテロ組織( )は、イラクやシリアにまたがる地域で一方的に国家樹立を宣言している。

ISIL
2014年6月、ISIL(ISIS)の最高指導者アブ・バクル・バグダディがイスラム国樹立を宣言。

□ **8** 北半球に多い先進国と南半球に多い開発途上国の経済格差から生じる問題を総じて( )問題という。

南北

□ **9** 東西冷戦時代に独立したアジア・アフリカ・ラテンアメリカなどの開発途上国は( )世界(勢力)と呼ばれる。

第三

□ **10** 20世紀後半に経済成長した香港、台湾、シンガポール、韓国などの諸国を( )と呼ぶ。

NIES
(新興工業経済地域)

| 問題 | | 解答と解説 |

□ **11** 1950年代ごろから国境を越えて市場を形成する動きがヨーロッパで始まり、（　）の前身である欧州共同体が1967年に結成された。
欧州連合（EU）

□ **12** NIESや産油国、多くの貧困層を抱えるアフリカ・南アジアなど、経済格差から生じる諸国間の問題を（　）問題という。
南南

□ **13** 現在、朝鮮半島では（　）度線付近を軍事境界線と定め、韓国と北朝鮮の実効支配地域を分割している。
北緯38

□ **14** 1950年に勃発した（　）戦争後、両者間で休戦協定が調印されたが、2013年に北朝鮮が白紙化を宣言した。
朝鮮
休戦協定が調印されたのは1953年。南北間は現在も平和協定が結ばれていない。

□ **15** 国連主導の住民投票によって、2002年にポルトガルからの独立を果たしたインドネシア東部の国は（　）である。
東ティモール民主共和国

重要▶□ **16** 1991年、ソ連からの独立を宣言したが、エリツィン政権が独立を阻止するなど、ロシアとの紛争を続けている国は（　）である。
チェチェン共和国

□ **17** 2008年から2009年にかけて、イスラエル国防軍とパレスチナ自治区のガザ地区を支配するイスラム原理主義組織ハマスとの間で（　）紛争が起きた。
ガザ
2012年11月に再びイスラエルとハマスの大規模衝突が起きている。

□ **18** 2014年2月、ロシア軍がウクライナ南部の（　）を実効支配。プーチン大統領は同国を独立国と認め、ロシアへの編入を表明した。
クリミア自治共和国
ロシア人およびロシア語を母国語とするウクライナ人が人口の半数以上を占めている。

□ **19** 2003年、北アフリカのスーダン共和国の西部で、アラブ系政府軍と黒人系の反政府勢力の抗争が勃発。この抗争を（　）紛争という。
ダルフール
アラブ系政府軍による大量虐殺が行われ、「史上最悪の人道危機」といわれた。

□ **20** マレーシア、フィリピン、ベトナムなどの国々に囲まれる（　）の海洋資源を巡り実効支配を進める中国との領有権問題が懸念される。
南シナ海（南沙諸島）
中国が滑走路建設のために大規模な埋め立てを続けていることに、アメリカが猛反発の姿勢をみせる。

第1章 最新時事
第2章 国語
第3章 教養・スポーツ
第4章 英語
第5章 社会
第6章 数学
第7章 理科
第8章 仕事・業界

環境・エネルギー

次の（　）にあてはまる言葉を答えなさい。

| 問題 | | 解答と解説 |

□ 1 先進国が開発途上国に対して援助する開発資金の中で、環境保全を目的としたものを（　）といい、熱帯雨林の保護などに充てられている。

環境ODA

□ 2 （　）が1972年に発表した『成長の限界』という報告書では、地球の今後100年における環境・エネルギー問題を提起した。

ローマクラブ

『成長の限界』は環境汚染や経済成長の限界などを予測したもの。

重要 □ 3 1972年にスウェーデンのストックホルムで開催された国連（　）会議で、（　）宣言および環境国際行動計画が採択された。

人間環境

人間環境の保護・改善は政府の義務であることを明示した。

重要 □ 4 1987年に採択されたオゾン層を破壊する物質に関する（　）議定書は、フロンやハロンなどの製造、消費、貿易の規制を定めている。

モントリオール

□ 5 1992年に国連がブラジルのリオデジャネイロで開催した（　）では、地球環境保全と開発途上国の貧困改善を課題として挙げている。

地球サミット

正式には「環境と開発に関する国際連合会議」という。

□ 6 大気中の温室効果ガスを安定化させることを目的とする（　）条約は、1992年に制定された。

気候変動枠組

1995年から毎年締約国会議が開催されている。

重要 □ 7 世界気象機関（WMO）は、二酸化炭素やメタンといった（　）濃度について世界中の観測データを収集している。

温室効果ガス

□ 8 内分泌の働きを乱し、生体にとって障害や有害な影響を与える化学物質を内分泌攪乱物質といい、一般的には（　）と呼ばれている。

環境ホルモン

□ 9 日本の四大公害病とは、メチル水銀による（ ① ）病と新潟（ ① ）病、カドミウムによる（ ② ）病、亜硫酸ガスによる四日市ぜんそくである。

①水俣
②イタイイタイ

問題		解答と解説

10 1973年に（　）で開催された会議では、絶滅の恐れがある野生動植物種の国際取引に関する（　）条約が採択された。

ワシントン

重要 **11** 1992年にケニアのナイロビで採択された（　）条約では、（　）の保全や生物資源の持続可能な利用を目的として掲げている。

生物多様性

---

12 気候変動枠組や生物多様性に関する条約締約国会議を略して（　）という。第3回締結国会議は1997年に京都で開催された。

COP
Conference of the Partiesの略。

---

13 2015年のCOP21で採択された（　）で、今世紀後半に人間活動による温室効果ガス排出量実質ゼロを目指し世界の協力が約束された。

パリ協定
全ての国に排出量削減目標の提出を義務づけ、世界の平均気温上昇を2度未満に抑える。

---

14 （　）は主に地球温暖化に関する研究を行っており、温暖化対策やその結果などを調査・評価している政府間機構である。

IPCC
（気候変動に関する政府間パネル）

---

15 環境先進国である（　）は、2022年までの脱原発および再生可能エネルギーを主要電源とすることを宣言した。

ドイツ

重要 **16** エネルギーから電力を取り出す際に、二酸化炭素や窒素などの有害物質を排出しないエネルギーのことを（　）という。

クリーンエネルギー
太陽光や風力発電などの自然エネルギーのみを指す場合は、「グリーンエネルギー」といわれている。

---

17 （　）条約では、有害廃棄物の国境を越える移動およびその処分の規制に関する内容を定めている。

バーゼル
非締約国との廃棄物輸出入を原則禁止している。

---

18 化石燃料が燃えると硫黄酸化物や窒素酸化物が生じ、雨・雪・霧に溶けて（　）が発生する。

酸性雨
酸性雨は生態系に悪影響を与えたり、建造物にも被害を与える。

---

19 可燃ごみから作られるRDF（ごみ固形燃料）は熱源として利用されているが、ごみ焼却時に発がん性物質の（　）発生が懸念事項として指摘されている。

ダイオキシン

第1章　最新時事
第2章　国語
第3章　教養・スポーツ
第4章　英語
第5章　社会
第6章　数学
第7章　理科
第8章　仕事・業界

福祉・教育・医療

次の（　）にあてはまる言葉を答えなさい。

| 問題 | 解答と解説 |

重要 □ **1** 医療保険には政府管掌健康保険や国民健康保険があるが、国民はいずれかの公的医療保険に加入しなければならない。これを（　）という。

国民皆保険

□ **2** 健康保険被保険者の医療費自己負担は70歳未満であれば（ ① ）割、70歳以上75歳未満は（ ② ）割、75歳以上は（ ③ ）割である。

①3　②2
③1

ただし、70歳以上でも一定の所得がある場合は、自己負担が3割となる。

□ **3** 2006年の健康保険法改正に基づき、（ ① ）歳以上の高齢者および65 〜 74歳で障害を持つ人を対象とした（ ② ）医療制度が2008年に導入された。

①75
②後期高齢者

□ **4** デンマークで初めて提唱された（　）とは、高齢者や障害者が障害のない人と同じように地域社会で助け合いながら生活できる社会を目指すことをいう。

ノーマライゼーション

重要 □ **5** 生活保護法、児童福祉法、身体障害者福祉法、知的障害者福祉法、老人福祉法、母子および寡婦福祉法といったこれら6つの法を（　）という。

福祉六法

□ **6** 障害種別で異なる法律に基づいて実施されていた自立支援や福祉サービスを一本化する（　）法が2006年に施行された。

障害者自立支援

□ **7** 2011年に改正された（　）法は、障害者の自立や社会参加支援のための基本施策を推進することを目的としている。

障害者基本

□ **8** 2000年に開始された（　）制度は、介護を必要とする高齢者を社会全体で支えることを目的としている。

介護保険

| 問題 | 解答と解説 |

□ 9 2006年に制定された教育基本法は、(①)の完成を目指し、社会の形成者として心身共に健康な国民の(②)を目的としている。

①人格　②育成

□ 10 これまで国立大学は国の組織の一機関という位置づけだったが、2004年4月に国立大学( )に移行。( )化後も国が引き続き財政措置を行っている。

法人

重要 □ 11 ( )教育とは、子供自身が課題を発見し主体的に行動・判断できるような「生きる力」を身につけるようにする教育を指す。

キャリア

□ 12 1学級ないし1教科を、複数の教師が互いに協力し合って指導をすることを( )といい、近年広がりを見せている。

チームティーチング(TT)

□ 13 治療を始める前に医師から説明を受け、納得した上で本人が望む治療を受ける。これを( )という。

インフォームド・コンセント

重要 □ 14 がんに伴う心と身体の「痛み」を和らげて、患者・家族が自分らしく過ごせるようにサポートする治療を( )ケアという。

緩和
緩和ケアの定義は2002年に世界保健機関(WHO)により定められた。

□ 15 介護保険法は2005年の改定に伴い、介護予防サービスを導入。また、施設利用時の(①)および(②)が自己負担となった。

**①食費
②居住費
(順不同)**

□ 16 介護機関と介護者の間に立って、連絡調整や介護サービスなど専門的な支援を行う人を( )という。

ケアマネージャー
(介護支援専門員)

□ 17 高齢者や障害者が安心して生活できる環境をつくるため、障害・障壁となるものを取り除いていくことを( )という。

バリアフリー

□ 18 在宅の高齢者が生活指導、食事などを日帰りで受けられるサービスを( )という。

デイサービス

第1章 最新時事
第2章 国語
第3章 教養・スポーツ
第4章 英語
第5章 社会
第6章 数学
第7章 理科
第8章 仕事・業界

労働・社会保障・年金

次の（　）にあてはまる言葉を答えなさい。

問題	解答と解説

☐ **1** 日本の社会保障は、社会保険、公的（①）、社会（②）、（③）衛生からなる。

①扶助　②福祉
③公衆

☐ **2** 社会保険は、（①）保険、（②）保険、（③）保険、（④）保険、（⑤）保険の5種類で構成されている。

①医療　②年金
③雇用　④労災
⑤介護
（順不同）

☐ **3** 日本の年金制度は（①）歳から（②）歳未満のすべての人に年金保険（国民年金）の加入を義務づけている。

①20　②60

☐ **4** 年金保険は、（　）に厚生年金、厚生年金基金、共済年金（2015年10月に厚生年金に統一）、国民年金基金が上乗せされる構造になっている。

国民年金

重要 ☐ **5** これまで年金にかかわる業務を行っていた社会保険庁が2009年に廃止され、2010年から（　）が運営・管理を引き継いだ。

日本年金機構

☐ **6** 労働者が勤務中にけがをしたり、仕事が原因で働くことができなくなるといった業務上災害に見舞われた場合、（　）が支給される。

労災保険

☐ **7** （　）制度とは、新しい就職先を探す失業者や教育訓練を受ける人が一定期間お金を受給できる制度である。

雇用保険

☐ **8** （　）法は、憲法第25条の「すべての国民は、健康で文化的な最低限の生活を営む権利を有する」との定めに基づいている。

生活保護

重要 ☐ **9** 年金、医療保険、介護保険などの社会保障制度にかかわる1年間の公的支出を（　）費という。

社会保障給付
日本では年々増加傾向にある。

☐ **10** 憲法第22条は、居住と移転の自由のほかに（　）の自由が定められている。

職業選択

	問題	解答と解説

重要 ☐ **11** 労働三権(憲法第28条)のうち、労働者が労働組合の創設・加入などを認める権利を(　)権という。　　**団結**

重要 ☐ **12** 労働三権(憲法第28条)のうち、労働者団体が雇用者と賃金や解雇などの交渉・協定を結ぶ権利を(　)権という。　　**団体交渉**

重要 ☐ **13** 労働三権(憲法第28条)のうち、ストライキなど労働者が団結して行動する権利を(　)権(争議権)という。　　**団体行動**

☐ **14** 労働三法とは、労働条件の基準を定めた労働(　①　)法、労働協約などを定めた労働(　②　)法、労働関係(　③　)法である。　　**①基準　②組合　③調整**

☐ **15** 労働基準法では、労働時間を週(　①　)時間以内とし、1日(　②　)時間労働、週休制を原則として定めている。　　**①40　②8**

☐ **16** その他の労働基準法では、男女(　①　)の原則、(　②　)の禁止、公民権行使の保障などを定めている。　　**①同一賃金　②強制労働**

☐ **17** 国は労働条件の最低基準を企業に守らせるために(　)を、国民に安定した雇用機会を確保するために公共職業安定所を設置している。　　**労働基準監督署**

☐ **18** 1985年に制定された(　)法は、雇用者側に募集・採用・昇進で女性差別をなくすことを定めた。　　**男女雇用機会均等**

☐ **19** 女性差別廃止において、以前は努力義務規定だったが、1997年の男女雇用機会均等法改正により男女差別は(　)となった。　　**禁止規定**
違反企業が是正しない場合は、企業名が公表されるなどの制裁措置が取られる。

☐ **20** 育児・介護休業法は、子供が(　①　)歳に達するまで育児休業でき、通算(　②　)日以内の介護休業を取得可能としている。　　**①1　②93**
育児休業は1歳6か月(2017年10月からは2歳)まで延長することができる。

第1章　最新時事
第2章　国語
第3章　教養・スポーツ
第4章　英語
第5章　社会
第6章　数学
第7章　理科
第8章　仕事・業界

次の（　）にあてはまる言葉を答えなさい。

| 問題 | 解答と解説 |

□ **1** 一人暮らしをする高齢者の増加に伴い、誰にも気付かれず、死後に時間がたってから発見される（　）が増加している。

孤独死（孤立死）

□ **2** 同居している配偶者や恋人から受ける暴力を（　）といい、その行為を防止する法律が2001年に施行された。

ドメスティック・バイオレンス

□ **3** 特定の人間に執拗につきまとうなどの行為をする人を（　）といい、2000年に（　）規制法が公布・施行された。

ストーカー

□ **4** 2007年に施行された改正男女雇用機会均等法では、相手を不愉快にする性的な言動など（　）の防止措置を義務づけた。

セクシャル・ハラスメント

□ **5** 第2次世界大戦後の1947年から1949年の3年間に生まれた世代を（　）といい、合計で約806万人が生まれた。

団塊の世代

重要 □ **6** 2010年に衆議院本会議で可決・施行された改正（　）により、殺人など法定上限を死刑とする罪の公訴時効が廃止となった。

刑事訴訟法

重要 □ **7** 一人の女性が一生の間に産む子供の数を（　）といい、人口が安定的に維持されるには2.08程度が必要とされている。

合計特殊出生率

□ **8** 65歳以上の人口が総人口に占める割合を（　①　）という。7%以上を高齢化社会、14%以上を高齢社会、21%以上を（　②　）社会と呼ぶ。

①高齢化率
②超高齢
日本は2007年から超高齢社会に突入した。

□ **9** 生死を伴うような実際の危険体験によって強い恐怖を感じ、1カ月以上たったあとも生活面に重大な影響を与えるなどのストレス障害を（　）という。

PTSD
日本語では心的外傷後ストレス障害という。

問題

解答と解説

□ **10** 日本人の平均寿命は男性も女性も（　）歳を上回り、世界で第1位である。

80

□ **11** 子供の数が高齢者人口（65歳以上の人口）よりも少なくなった社会を（　）といい、日本では1997年から（　）となった。

少子社会

□ **12** 情報通信・輸送手段が発達し、資本・商品・サービス・人間・情報の相互交流が強まることを（　）と呼ぶ。

グローバリゼーション

□ **13** 悪性腫瘍（ガン）、心疾患、脳血管疾患を（　）というが、2011年から脳血管疾患を抜いて肺炎が第3位となった。

三大死因
1950年までは結核が死因のトップ。

□ **14** 末期ガンなどの不治かつ耐え難い苦痛を伴う患者の求めに対して、人為的に死に至らしめることを（　）という。

安楽死
日本では法的に認められておらず刑法の殺人罪の適用対象になる。

□ **15** 不治で末期の患者が自分の意思で延命措置を止め、人間としての尊厳を保って死ぬことを（　）という。

尊厳死

重要 □ **16** 人生の内容や生活の質のことをカタカナで（　）といい、頭文字を取ってQOLと表記される。

クオリティー・オブ・ライフ

□ **17** 人間としての尊厳とQOLを保ちつつ最期のときを待つ医療を（ ① ）といい、（ ① ）を行う施設などを（ ② ）という。

①ターミナルケア（終末期ケア）
②ホスピス

□ **18** （　）とは、リサイクル・リユース・リデュースを指し、環境と経済が両立した循環型社会を形成するためのキーワードである。

3R
リサイクルは「資源の再循環」、リユースは「再利用」、リデュースは「廃棄物減少」である。

□ **19** 都市部の気温が周辺に比べ異常な高温になる現象を（　）といい、東京では夏の熱帯夜の日数が増加している。

ヒートアイランド

第1章 最新時事
第2章 国語
第3章 教養・スポーツ
第4章 英語
第5章 社会
第6章 数学
第7章 理科
第8章 仕事・業界

☐ **20** （　）とは、仕事があればすぐにでも働く意志があり求職活動をしているが、就職の機会が得られないことをいう。　**完全失業者**

重要 ☐ **21** 完全失業率は（　）人口における完全失業者の割合をいう。　**労働力**

☐ **22** 国民年金保険料を払わない（　）問題が起きており、納付率の低下により将来の無年金者の増加が危惧される。　**年金未納**

☐ **23** オレオレ詐欺、架空請求詐欺、融資保証詐欺、還付金等詐欺などの特殊詐欺の統一名称を（　）といい、銀行などの金融機関でも注意喚起のポスターが掲示されている。　**振り込め詐欺（母さん助けて詐欺）**

☐ **24** （　）の定義は、「15 〜 34歳の男性または未婚の女性（学生を除く）で、パート・アルバイトとして働く者またはこれを希望する者」である。　**フリーター**

重要 ☐ **25** 就学、就労、職業訓練のいずれも行っていない若者の略称を（　）といい、「15 〜 34歳の非労働力人口のうち、通学、家事、求職活動を行っていない者」を指す。　**ニート**

☐ **26** 新概念の（　）は、「20 〜 59歳以下の在学中を除く未婚者で、普段の就業状態が無業のうち、一緒にいた人が家族以外に連続2日間いなかった人々」を指す。　**SNEP**（スネップ）

☐ **27** （　）の定義は「当該児童生徒が、一定の人間関係のある者から、心理的、物理的な攻撃を受けたことにより、精神的な苦痛を感じているもの」である。　**いじめ**

☐ **28** 教師や学校に対して、理不尽な要求や誹謗中傷を繰り返す、または自治体や教育委員会など強い権限を持つ機関にクレームをいうといった行為をする親を（　）という。　**モンスターペアレント**

第6章

因数分解、方程式、数列、図形、鶴亀算
定番の知識をチェックしよう

数学

基本の計算式・展開・因数分解

次の問いに答えなさい。

問題　　　　　　　　　　　　　　**解答と解説**

□ **1** 次の式を計算しなさい。

$(-3)^2 \times (-5) + (-3^2) \times (-7)$

18
$9 \times (-5) + (-9) \times (-7)$
$= -45 + 63$
$= 18$

重要 □ **2** 次の式を計算しなさい。

$a \times 3 \div x + c \div (-3) \times y$

$\dfrac{3a}{x} - \dfrac{cy}{3}$

$a \times 3 \times \dfrac{1}{x} + c \times (-\dfrac{1}{3}) \times y = \dfrac{3a}{x} - \dfrac{cy}{3}$
「÷」は「×」に直して計算する。「×」
「÷」は「+」「−」よりも先に計算する。

□ **3** 次の式を展開しなさい。

$(x+5)(x-2)$

$x^2 + 3x - 10$
$x^2 - 2x + 5x - 10 = x^2 + 3x - 10$

□ **4** 次の式を展開しなさい。

$(a-b)^2$

$a^2 - 2ab + b^2$
$(a \pm b)^2 = a^2 \pm 2ab + b^2$は重要公式。

□ **5** 次の式を展開しなさい。

$(a+b)^2 + (a-b)^2$

$2a^2 + 2b^2$
$(a \pm b)^2 = a^2 \pm 2ab + b^2$の公式を利用する。

□ **6** 次の式を展開しなさい。

$(a+b)(x+y+z)$

$ax + ay + az$
$+ bx + by + bz$
$a(x+y+z) + b(x+y+z)$
$= ax + ay + az + bx + by + bz$

□ **7** 次の式を計算しなさい。

$|3-9|$

6
絶対値は0からの距離にあたるもの。
よって正負符号は不要。

□ **8** 次の式を計算しなさい。

$2\sqrt{5} \times 8\sqrt{7}$

$16\sqrt{35}$
$2 \times 8 \times \sqrt{5} \times \sqrt{7} = 16 \times \sqrt{35} = 16\sqrt{35}$

問題　　　　　　解答と解説

重要 □ **9** 次の式を計算しなさい。

$\sqrt{60} \div \sqrt{5}$

$2\sqrt{3}$

$\frac{\sqrt{60}}{\sqrt{5}} = \sqrt{12} = \sqrt{4} \times \sqrt{3} = 2\sqrt{3}$

□ **10** 次の式を簡単にしなさい。

$\sqrt{3+2+2\sqrt{6}}$

$\sqrt{3}+\sqrt{2}$

$\sqrt{3+2+2\sqrt{6}}$
$=\sqrt{(\sqrt{3}+\sqrt{2})^2}$
$=\sqrt{3}+\sqrt{2}$

□ **11** 次の式を因数分解しなさい。

a^2-b^2

$(a+b)(a-b)$

$a^2-b^2=a^2-ab+ab-b^2$
$=a(a-b)+b(a-b)$
$=(a+b)(a-b)$

重要 □ **12** 次の式を因数分解を用いて計算しなさい。

43×37

1591

$(a+b)(a-b)=a^2-b^2$を用いる。
$43\times37=(40+3)(40-3)$
$=40^2-3^2=1600-9=1591$

□ **13** 次の式を因数分解しなさい。

a^3-b^3

$(a-b)(a^2+ab+b^2)$

$a^3-b^3=(a-b)^3+3a^2b-3ab^2$
$=(a-b)^3+3ab(a-b)$
$=(a-b)\{(a-b)^2+3ab\}$
$=(a-b)(a^2-2ab+b^2+3ab)$
$=(a-b)(a^2+ab+b^2)$

□ **14** 次の式を因数分解しなさい。

$x^2+2x-80$

$(x-8)(x+10)$

$x^2+(a-b)x-ab$の公式より、
$a-b=2$, $a\times b=-80$の整数を見つけて解く。

□ **15** 次の式を因数分解しなさい。

$25x^2-1$

$(5x+1)(5x-1)$

$a^2-b^2=(a+b)(a-b)$の公式より、
$25x^2-1=(5x)^2-1^2$
$=(5x+1)(5x-1)$

□ **16** 次の式を因数分解しなさい。

$(x+a)^2-(y+3)^2$

$(x+a+y+3)(x+a-y-3)$

$a^2-b^2=(a+b)(a-b)$の公式より、
$(x+a)^2-(y+3)^2$
$=\{(x+a)+(y+3)\}\{(x+a)-(y+3)\}$
$=(x+a+y+3)(x+a-y-3)$

□ **17** 虚数単位iを使って次の式を表記しなさい。

$-\sqrt{-18}$

$-3\sqrt{2}\,i$

虚数単位を使う。$i=\sqrt{-1}$より、
$-\sqrt{-18}=-\sqrt{18}\times i$
$=-\sqrt{3^2\times2}\times i=-3\sqrt{2}\,i$

次の問いに答えなさい。

| 問題 | 解答と解説 |

□ **1** 次の方程式を解きなさい。

$x+12=3x+6$

x=3
$x-3x=6-12$
$-2x=-6$ よって x=3

□ **2** 次の方程式を解きなさい。

$2(x+4)=5(x+1)$

x=1
$2x+8=5x+5$
$2x-5x=5-8$ よって x=1

□ **3** 次の方程式を解きなさい。

$\frac{2}{3}x+\frac{1}{4}=\frac{1}{2}x-1$

$x=-\frac{15}{2}$(または$-7\frac{1}{2}$)
$12\times\frac{2}{3}x+12\times\frac{1}{4}=12\times\frac{1}{2}x-12\times1$
$8x+3=6x-12$ → $8x-6x=-12-3$
$2x=-15$ → $x=-\frac{15}{2}(-7\frac{1}{2})$

□ **4** 次の2次方程式を解きなさい。

$x^2-25=0$

x=±5
$(x-5)(x+5)=0$ → $x=5, x=-5$

□ **5** 次の2次方程式を解きなさい。

$3x^2+4x-1=0$

$x=\frac{-2\pm\sqrt{7}}{3}$
$ax^2+bx+c=0(a\neq0)$ のとき
$x=\frac{-b\pm\sqrt{b^2-4ac}}{2a}$ より、
$x=\frac{-4\pm\sqrt{16+12}}{6}=\frac{-4\pm\sqrt{28}}{6}$
$=\frac{-4\pm2\sqrt{7}}{6}=\frac{-2\pm\sqrt{7}}{3}$

重要 □ **6** 2次方程式 $x^2+ax+b=0$ で、解が $x=2, x=-3$ であった。aとbの値を求めなさい。

a=1, b=-6
$(x-2)(x+3)=x^2+ax+b$ より、
$(x-2)(x+3)=x^2+x-6$
よって a=1, b=-6

□ **7** 次の連立方程式を解きなさい。

$\begin{cases} x+y=5 \\ 3x-y=23 \end{cases}$

x=7, y=-2
$x+y=5$ より $x=5-y$
$3x-y=23$ に代入すると
$3(5-y)-y=23$
$4y=-8$ より $y=-2$
$x=5-(-2)$より x=7

問題 | 解答と解説

□ 8　$\begin{cases} ax+2by=19 \\ bx+3ay=-19 \end{cases}$　の解が　$\begin{cases} x=5 \\ y=-1 \end{cases}$

a=3, b=-2

x=5、y=-1を式に代入し、
$\begin{cases} 5a-2b=19 \\ 5b-3a=-19 \end{cases}$
の連立方程式を解く。

のとき、aとbの値を求めなさい。

重要 □ 9　2進法の1000を10進法に変換して表記しなさい。

8

n進法から10進法への変換は、
○×nの累乗の和で求められる。
$1000 \rightarrow 2^3 \times 1 + 2^2 \times 0 + 2^1 \times 0 + 2^0 \times 0 = 8$
数字の0乗は1になることに注意する。

重要 □ 10　1から100までの自然数の和を求めなさい。

5050

$\begin{array}{r} 1+\ \ 2+\cdots\cdots+50 \\ +)100+\ 99+\cdots\cdots+51 \\ \hline 101+101+\cdots\cdots+101 \end{array}$

よって　$101 \times 50 = 5050$

□ 11　7で割り切れる2桁の整数はいくつあるかを求めなさい。

13

1〜99の整数を7で割ると、
99÷7=14余り1で14個ある。
1〜9までで割り切れるのは1個なので、14-1=13　となる。

□ 12　数列{1, 2, 4, 7, 11, 16, (　), 29, ……}のとき、(　)の数字は何か答えなさい。

22

n+1ずつ増えている数列であることに気付けば解ける。

第1章　最新時事
第2章　国語
第3章　教養・スポーツ
第4章　英語
第5章　社会
第6章　数学
第7章　理科
第8章　仕事・業界

SPI問題

4進法の31を10進法に変換するといくつになるか、A 〜 Hの中から選びなさい。

A　9　　B　10　　C　11　　D　12
E　13　　F　14　　G　15　　H　16

解答　**E**

n進法から10進法への変換は、○×n の累乗の和で求められる。
$31 \rightarrow 4^1 \times 3 + 4^0 \times 1 = 13$
数字の0乗は1になることに注意する。

数学 3
約数・倍数

次の問いに答えなさい。

| 問題 | 解答と解説 |

☐ **1** 18の約数を求めなさい。

1, 2, 3, 6, 9, 18
約数とはある数を割り切れる整数のこと。

☐ **2** 24, 36, 54の最大公約数を求めなさい。

6

公約数
↓
$\begin{array}{r} 2\,)\overline{24\quad 36\quad 54} \\ 3\,)\overline{12\quad 18\quad 27} \\ \quad 4\quad\;\; 6\quad\;\; 9 \end{array}$

最大公約数＝公約数の積　より2×3＝6

☐ **3** 6の約数の和を求めなさい。

12
6の約数……1, 2, 3, 6　より、
1＋2＋3＋6＝12

重要 ☐ **4** 360に含まれる約数の数を求めなさい。

24
約数の数は、素因数分解したときの「各指数の数＋1の積」で求められる。
$360=2^3\times3^2\times5^1$ より、
$\left.\begin{array}{l} 3+1=4 \\ 2+1=3 \\ 1+1=2 \end{array}\right\}$ 4×3×2＝24

☐ **5** 素因数分解を用いて、12と18の最大公約数を求めなさい。

6
最大公約数＝共通する素因数の積
$12=2^2\times3^1$　$18=2^1\times3^2$
　→　共通する素因数は2^1と3^1
よって　$2^1\times3^1=6$

☐ **6** 296と185の最大公約数を求めなさい。

37
$296=2^3\times37^1$　$185=5^1\times37^1$
2つに共通する数＝37^1
よって最大公約数は37

重要 ☐ **7** 371と265の最大公約数を求めなさい。

53
最大公約数＝A　としたとき、
371＝Ax　265＝Ay　となる。
371－265＝106＝A(x－y)
A(x－y)の約数は1, A, (x－y), A(x－y)
371と265の差には必ず最大公約数Aが入ることが分かる。
106の約数……1, 2, 53, 106
よって最大公約数は53

	問題	解答と解説

□ **8** 1～1000の整数の中に17の倍数はいくつあるかを答えなさい。

58
1000÷17=58余り14
よって17の倍数は58

□ **9** 18と27の最小公倍数を求めなさい。

54

公約数
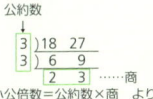

最小公倍数＝公約数×商　より、
3×3×2×3=54

□ **10** 12, 15, 30の最小公倍数を求めなさい。

60

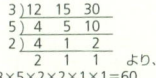

3×5×2×2×1×1=60　より、
3つ以上の最小公倍数を求める場合は、2つ以上割り切れる整数があれば割り進める。

重要　□ **11** $\frac{1}{135}, \frac{2}{135}, \frac{3}{135}, \cdots\cdots\frac{135}{135}$ で約分できない分数の数を求めなさい。

72
$135=3^3\times5$　なので、3の倍数と5の倍数は約分できる。
3の倍数……135÷3=45
5の倍数……135÷5=27
3と5が重複する15の倍数は
135÷15=9
よって　135−(45+27−9)=72

□ **12** 500にある整数を加えて4でも18でも27でも割り切れるようにする場合の、一番小さい整数を求めなさい。

40
4, 18, 27の最小公倍数……108
108の倍数で500を超える最小数は
540　よって整数は40

□ **13** クラスの人数は30人以上40人未満で、5人で分けても6人で分けても2人余る。このときのクラスの人数を求めなさい。

32人
5と6の最小公倍数……30
これに余る2人を加えて32人

□ **14** 鉛筆50本とノート40冊を何人かの生徒に平等に分けたところ、鉛筆2本、ノート4冊余った。このとき、生徒数が10人以上の場合の人数を求めなさい。

12人
鉛筆48本とノート36冊が割り切れる人数。
48と36の公約数は{1, 2, 3, 4, 6, 12}
余りが4より大きいのは6と12。
よって生徒数は12人

□ **15** クッキーをたくさん焼いた。袋に18個ずつ詰めても24個ずつ詰めても余らなかった。クッキーの数が100個以下の場合の数を求めなさい。

72個
18と24の最小公倍数を求める。
2)18　24
3) 9　12
　　3　4
2×3×3×4=72

次の問いに答えなさい。

| 問題 | 解答と解説 |

□ 1 赤球6個、白球4個が入っている箱から無作為に2個を取り出した。両方が赤球である確率を求めなさい。

$\dfrac{1}{3}$

1個目が赤球である確率……$\dfrac{6}{10}=\dfrac{3}{5}$

2個目が赤球である確率……$\dfrac{5}{9}$

よって$\dfrac{3}{5}\times\dfrac{5}{9}=\dfrac{1}{3}$

□ 2 2個のサイコロを同時に転がしたとき、サイコロの目の和が9になる確率を求めなさい。

$\dfrac{1}{9}$

起こり得る組合せは$6\times6=36$通り

目の和が9になる組合せは4通り

よって$\dfrac{4}{36}=\dfrac{1}{9}$

重要 □ 3 白球4個、黒球2個が入っている袋から同時に3球を取り出すとき、全部白球である確率を求めなさい。

$\dfrac{1}{5}$

起こり得るすべての事象は

$_6C_3=\dfrac{6\times5\times4}{3\times2\times1}=20$

すべてが白球になる事象の数は

$_4C_3=\dfrac{4\times3\times2}{3\times2\times1}=4$

よって$\dfrac{4}{20}=\dfrac{1}{5}$

□ 4 袋の中に赤ペン5本と黒ペン7本がある。同時に2本のペンを取り出すとき、赤ペン1本と黒ペン1本になる確率を求めなさい。

$\dfrac{35}{66}$

12本のペンから2本のペンを取り出す

事象の数 $_{12}C_2=\dfrac{12\times11}{2\times1}=66$

このうち、赤ペン1本と黒ペン1本が出る場合は $_5C_1\times_7C_1=5\times7=35$

よって$\dfrac{35}{66}$

重要 □ 5 8人の生徒がいる。5人を選んで一列に整列させる並び方は何通りあるかを求めなさい。

6720通り

【順列の公式】

$_nP_r=n(n-1)(n-2)\cdots(n-r+1)$

$_8P_5=8\times7\times6\times5\times4=6720$

□ 6 0から9までの数字が書かれた10枚のカードから3枚を選んで3桁の整数をつくるとき、何通りできるかを求めなさい。

648通り

百の位と、十と一の位を分けて考える。

100の位は1～9までの9枚のカードになるので

$9\times_9P_2=9\times9\times8=648$

重要 □ 7 丸いテーブルに6脚の椅子がある。6人の客が座る場合、並び方は何通りかを求めなさい。

120通り

【円順列の公式】

$(n-1)!=(n-1)(n-2)\times\cdots\times1$

$(6-1)!=5\times4\times3\times2\times1=120$

重要 □ 8 赤、青、紫、透明の4色のガラス玉を輪にして腕輪をつくるとき、ガラス玉の並び方が何通りかを求めなさい。

3通り

腕輪や数珠は裏返すと同じ順番になるので、円順列で求めた数の半分になる。

$\dfrac{(4-1)!}{2}=3$

問題

解答と解説

□ **9** 点Pから点Qに移動するとき、最短経路は何通りあるかを求めなさい。

462通り

縦5マス、横6マスの計11マスを進む。
縦の経路を先に決めるとすると
$_{11}C_5 = 462$通り
次に横の経路を決めるとすると
$_6C_6 = 1$通り
縦と横の組合せが最短経路となるので
$_{11}C_5 \times _6C_6 = 462$通り

重要 □ **10** 点Pから点Qに移動するとき、点Rを通らない最短経路は何通りあるかを求めなさい。

262通り

すべての最短経路から点R経由の最短経路を引けばよい。
点R経由の最短経路は 点P→点Rと点R→点Qの組合せなので、
点P→点R $_6C_3 = 20$通り
点R→点Q $_5C_2 = 10$通り
よって$462 - (20 \times 10) = 262$通り

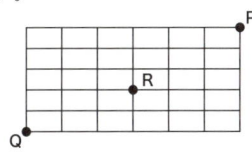

SPI問題

袋の中に赤球4個と白球7個が入っている。同時に3個を取り出すとき、少なくとも1個が赤球である確率をA ～ Hの中から選びなさい。

A $\dfrac{14}{33}$　　B $\dfrac{16}{33}$　　C $\dfrac{25}{33}$　　D $\dfrac{26}{33}$

E $\dfrac{14}{55}$　　F $\dfrac{16}{55}$　　G $\dfrac{24}{55}$　　H $\dfrac{26}{55}$

解答　**D**

組合せの公式　$_nC_r = \dfrac{n \times (n-1) \times (n-2) \times \cdots \times (n-r+1)}{r \times (r-1) \times (r-2) \times \cdots \times 1}$

「少なくとも赤球が1個出る」確率＝「1－すべて白球が出る」確率

11個から3個を取り出す事象の数　$_{11}C_3 = \dfrac{11 \times 10 \times 9}{3 \times 2 \times 1} = 165$

白球7個から3個を取り出す事象の数　$_7C_3 = \dfrac{7 \times 6 \times 5}{3 \times 2 \times 1} = 35$

したがって「すべて白球が出る」確率は　$\dfrac{35}{165} = \dfrac{7}{33}$

よって　$1 - \dfrac{7}{33} = \dfrac{26}{33}$

第1章 最新時事

第2章 国語

第3章 教養・スポーツ

第4章 英語

第5章 社会

第6章 数学

第7章 理科

第8章 仕事・業界

次の問いに答えなさい。

問題 / 解答と解説

□ 1 大学生100人を対象に、直近1年間の旅行に関するアンケートを実施した。その結果、国内旅行をした学生は65人、海外旅行をした学生は35人、まだ旅行をしていない学生は25人だった。国内・海外どちらも旅行したと答えた学生は何人いたかを求めなさい。

25人

	海外○	海外×	合計
国内○	③		65
国内×	②	25	①
合計	35		100

与えられた情報を表にして①～③の順に計算する。
①100−65=35
②35−25=10
③35−10=25

□ 2 200人を対象に商品Aに関するアンケート調査を実施した。下記表がその結果である。価格・品質共に満足している人が45人の場合、両方に満足していない人数は何人かを求めなさい。

15人

	品質○	品質×	合計
価格○	45	①	120
価格×		②	80
合計	110	90	200

与えられた情報を表にして①～②の順に計算する。
①120−45=75
②90−75=15

価格	満足している	120
	満足していない	80
品質	満足している	110
	満足していない	90

重要 **□ 3** 舞台鑑賞後の男女各100人にアンケートを実施し、結果は下記表の通りだった。「俳優のみ良い」と回答した男性は40人、「物語のみ良い」と回答した女性は5人いた。「両方良い」と回答した男女は合計何人かを求めなさい。

87人

男性	物語○	物語×	合計
俳優○	①	40	62
俳優×			38
合計	55	45	100

女性	物語○	物語×	合計
俳優○	②		72
俳優×	5		28
合計	70	30	100

①62−40=22
②70−5=65　より
①+②=22+65=87

	回答	男性	女性
俳優	良い	62	72
	良くない	38	28
物語	良い	55	70
	良くない	45	30

□ 4 50人の学生を対象にアルバイト経験に関する調査を実施した。コンビニ店員の経験者は35人、飲食店員の経験者は18人だった。両方で働いた経験のある学生は最大で何人になるかを求めなさい。

18人

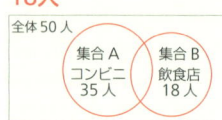

集合Bが集合Aに完全に含まれるとき最大になる。

問題	解答と解説

☐ **5** A＝{1, 2, 3, 4, 6, 8, 12, 24}
P＝{1, 2, 3, 4, 6, 9, 12, 18, 36}
のとき、A∩Pを示しなさい。

A∩P＝{1, 2, 3, 4, 6, 12}

∩は集合の共通部分を表す記号。

☐ **6** A＝{1, 4, 8, 12}
P＝{1, 2, 3, 6, 9, 12, 18, 36}
のとき、A∪Pを示しなさい。

A∪P＝{1, 2, 3, 4, 6, 8, 9, 12, 18, 36}

∪は和集合を表す記号。和集合とは少なくとも一方に属する要素全体の集合のこと。

☐ **7** 次の命題の真偽を判定しなさい。

命題:
$x^2=4$ であるならば x＝2 である。

命題は偽

$x^2=4$を解くと、x＝±2になる。

重要 ☐ **8** 以下の2条件について、命題 p⇒q の真偽を集合を用いて調べなさい。

条件1 「p：xは16の約数」
条件2 「q：xは32の約数」
（xは正の整数）

p⇒q は真

「p⇒q」は「pならばq」という命題。
条件 p を満たすもの全体の集合をP、
条件 q を満たすもの全体の集合をQとすると、
P＝{1, 2, 4, 8, 16}
Q＝{1, 2, 4, 8, 16, 32}
P⊂Qが成り立つので、命題 p⇒q は真である。
⊂は「PはQに含まれる」という包括関係を表す記号。

SPI問題

100人にコーヒーと紅茶の好みを聞いた。コーヒーが好きな人は38人、紅茶が好きな人は28人、両方好きな人は10人だった。両方好きではない人数をA〜Hの中から選びなさい。

A　11人　　B　18人　　C　22人　　D　28人
E　33人　　F　38人　　G　44人　　H　48人

解答　**G**

どちらも苦手という人数は全体から
コーヒーまたは紅茶好きを引いた数。
よって
100 −（38 + 28 − 10）= 44 人

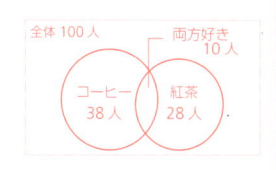

次の問いに答えなさい。

問題 | 解答と解説

□ 1 傾きが2で原点を通る直線の式を求めなさい。

$y=2x$
【1次関数の公式】
$y=ax+b$

a＝傾き、b＝切片(y軸との交差点)
原点を通る式でなのでb＝0。
よって $y=2x$

□ 2 点(0, 5)を通り、傾きが−2である直線の式を求めなさい。

$y=-2x+5$
$y=ax+b$に(0, 5)を代入する。
5＝0×a+b よってb＝5 a＝−2

a＞0のとき直線は右上がり、
a＜0のとき直線は右下がりになる。

□ 3 点(1, 1)と点(4, 7)を通る直線の式を求めなさい。

$y=2x-1$
$y=ax+b$に2点(1, 1)と(4, 7)を
代入し連立方程式で解く。

$\begin{cases} 1=a+b \\ 7=4a+b \end{cases}$ より、a＝2 b＝−1

よって$y=2x-1$

重要 □ 4 $y=3x+7$に平行の直線で、点(4, 6)を通る直線の式を求めなさい。

$y=3x-6$
直線が平行なので傾き＝3の直線ということが分かる。

$y=3x+b$の式に(4, 6)を代入して、
6＝3×4+b より b＝−6
よって $y=3x-6$

□ 5 頂点の座標が(0, 0)で点(2, 12)を通る2次関数を求めなさい。

$y=3x^2$
【2次関数の公式】
$y=ax^2$

$y=ax^2$に(2, 12)の座標を代入する。
12＝a×2^2 より a＝3
よって $y=3x^2$

重要 □ 6 $y=2x^2+3$のグラフをx軸方向に−1、y軸方向に−3平行移動した放物線の式を求めなさい。

$y=2x^2+4x+2$
$y=ax^2+b$ のグラフをx軸方向にp、y軸方向にqだけ平行移動した式は
$y-q=a(x-p)^2+b$

この式に移動した数字を代入すると、
$y-(-3)=2\{x-(-1)\}^2+3$
$y=2x^2+4x+2+3-3$
よって $y=2x^2+4x+2$

問題

□ 7 $y=2x^2-4x+1$のグラフをx軸方向に2、y軸方向に−1平行移動させた放物線の式を求めなさい。

解答と解説

$y=2x^2-12x+16$

$y=2x^2-4x+1$ の2次関数グラフを
$y=(x-p)^2+b$ の形にして計算する。

$y=2x^2-4x+1$　→　$y=2(x-1)^2-1$
$y-q=a(x-p)^2+b$　の式より、
$y=2(x-1-2)^2-1-1$
$y=2(x-3)^2-2$
よって　$y=2x^2-12x+16$

重要 **□ 8** $y=x^2-2x-2$（$0\leqq x\leqq3$）の最大値と最小値を求めなさい。

$x=3$ のとき最大値1
$x=1$ のとき最小値−3

$y=x^2-2x-2$の2次関数グラフを
$y=(x+a)^2+b$の形にして計算する。

$y=(x-1)^2-3$　より、
頂点(1, −3)の2次関数グラフということが分かる。

与式の場合、頂点が最小値となる。
$x=3$のとき最大値となるので、
$y=(3-1)^2-3=1$

よって、
$x=3$ のとき最大値1、
$x=1$ のとき最小値−3　となる。

SPI問題

ア〜ウの不等式が表す領域を図中にあるA 〜 Hの中から選びなさい。

ア　$y>\dfrac{1}{4}x^2-4$
イ　$y<x-1$
ウ　$y<2$

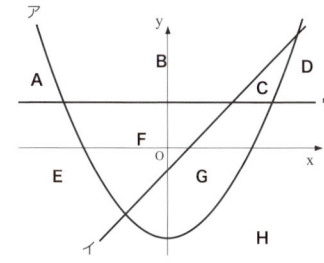

解答　**G**

ア〜ウの不等式において $x=0$ の場合で考えていくと、

$y>\dfrac{1}{4}x^2-4$　→　$y>-4$　……　アの領域は放物線の内側

$y<x-1$　　　→　$y<-1$　……　イの領域は直線より下側

$y<2$　　　　→　$y<2$　……　ウの領域は直線より下側

ア〜ウの領域がすべて重なる部分は G となる。

次の問いに答えなさい。

| 問題 | 解答と解説 |

□ 1 直角三角形の底辺は4cm、高さは3cmである。斜辺の長さxを求めなさい。

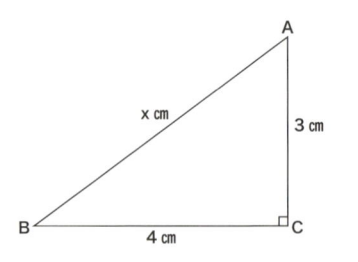

5cm

【三平方の定理の公式】
$AC^2 + BC^2 = AB^2$
よって $AB^2 = 3^2 + 4^2 = 25 = 5^2$

□ 2 図のlとmが平行のとき、∠xの値を求めなさい。

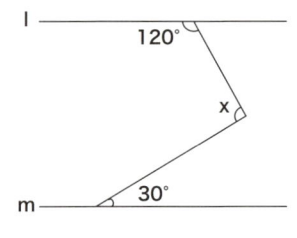

90°

図のように、l、mに平行な直線を引くと分かりやすい。

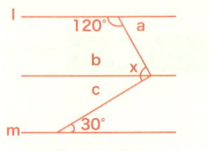

$∠a = 180° - 120° = 60°$
平行線の錯角は等しいので
$∠a = ∠b = 60°$ $∠c = 30°$
よって
$∠x = ∠b + ∠c = 60° + 30° = 90°$

□ 3 △ABCの2辺AB・ACをそれぞれ1辺とする正方形を図のようにつくる。このとき△ABG≡△ADCであることを証明しなさい。
（∠BAC＜90°）

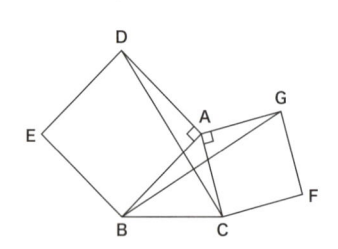

△ABGと△ADCは
正方形の辺なので
$AB = AD$ ……①
$AG = AC$ ……②
$∠BAG = ∠BAC + 90°$
$∠DAC = ∠BAC + 90°$ ……③

①、②、③より、2辺とその間の角がそれぞれ等しい。
よって
△ABG≡△ADC

第1章 最新時事

第2章 国語

第3章 教養・スポーツ

第4章 英語

第5章 社会

第6章 数学

第7章 理科

第8章 仕事・業界

問題　解答と解説

重要 □ **4** 点A、B、C、Dは円Oの周上の点であり、点Eは弦ACと弦BDの交点である。このとき、∠xの値を求めなさい。

100°

円周角の定理より、同じ弧に対する円周角は等しい。
∠BDC＝∠BAC＝40°
△ABEの内角と外角の関係から、
∠x＝∠EAB＋∠EBA
　　＝40°＋60°＝100°

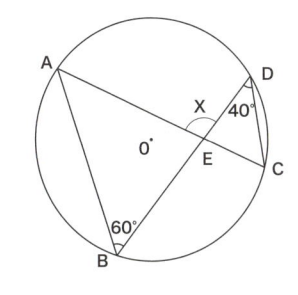

□ **5** 図を見てAとBの面積の和を計算しなさい。

212cm²

【三角形の面積の公式】
底辺×高さ÷2

三角形Aの面積　16×14÷2＝112
三角形Bの面積　20×10÷2＝100
A＋B＝112＋100＝212

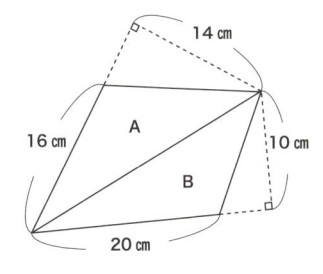

重要 □ **6** 図の立体の底面△ABCはAC＝BC＝5cm、AB＝8cmの二等辺三角形であり、高さAD＝BE＝CF＝10cmである。この立体の体積を求めなさい。

120cm³

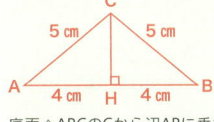

底面△ABCのCから辺ABに垂線を引き、交わる点をHとする。
△ABC＝二等辺三角形より
AH＝BH＝4cm

三平方の定理より
CH²＝5²−4²＝9　CH＝3cm
△ABC＝8×3÷2＝12cm²
立体の体積＝12×10＝120cm³

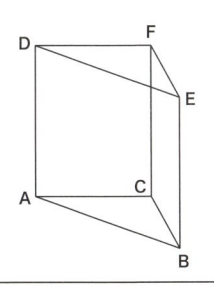

展開図

次の問いに答えなさい。

| 問題 | | 解答と解説 |

重要 □ **1** 下の展開図を組み立てたときにできる立方体はどれか。次のA～Dの中から選びなさい。

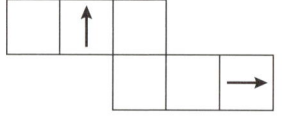

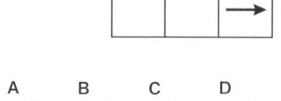

A　　B　　C　　D

A

展開図の一辺を切り取り90°回転させても立方体の展開図になる。
これを応用して下図のように考える。

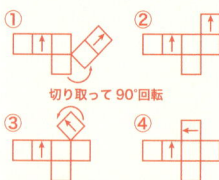

① 切り取って 90°回転　　②

③ 切り取って 90°回転　　④

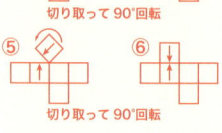

⑤ 切り取って 90°回転　　⑥

□ **2** 下図から立方体をつくったとき、辺ABと重なる辺を答えなさい。

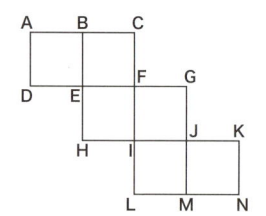

辺MN

辺FIを切り取って90°回転させる。
そのあと辺ABを持つ正方形を3回転させると、辺MNと重なることが分かる。

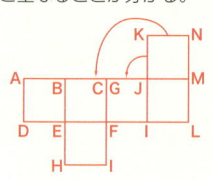

□ **3** 下図から立方体をつくったとき、Eと向かい合う面を答えなさい。

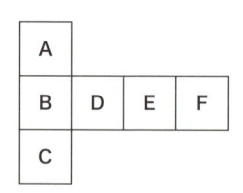

B

一つの面を挟んだ面同士は向かい合う。図はAとC、BとE、DとFが向かい合って立方体をつくる。

□ **4** 下の展開図からできるサイコロはどれか。次のA～Dの中から選びなさい。

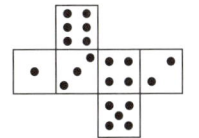

D

展開図を見ると、1の面と向かい合っているが、Aは隣り合っているので違う。3の面と2の面は向かい合うので、BとCも違う。よって答えはD。

□ **5** 次のA～Eの展開図から、立方体がつくれるものを選びなさい。

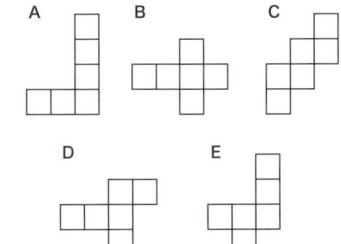

B、C、D

AとEは重なった面と空いた面ができてしまう。
たとえば、★の2面が重なってしまう。

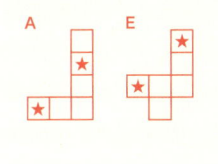

□ **6** 下の展開図を組み立てたとき、辺AJと重なる辺を答えなさい。

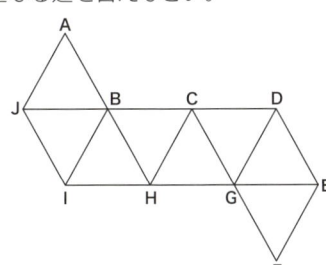

辺CD

立方体の展開図は90°回転だが正八面体の場合は120°回転させる。

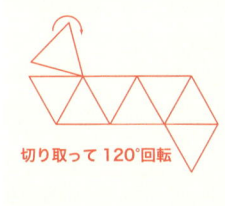

切り取って 120°回転

第1章 最新時事
第2章 国語
第3章 教養・スポーツ
第4章 英語
第5章 社会
第6章 数学
第7章 理科
第8章 仕事・業界

数学 9
割合・濃度・損益・仕事算

次の問いに答えなさい。

| 問題 | | 解答と解説 |

□ **1** 次の( )に入る数字を答えなさい。

600円は500円の( )倍である。

1.2
$600 \div 500 = 1.2$

□ **2** 次の( )に入る数字を答えなさい。

( )gの3.6倍が、3000gの30％である。

250
$(3000 \times 0.3) \div 3.6 = 250$

□ **3** 次の( )に入る数字を答えなさい。

Aチームは50人、Bチームは52人。
BチームはAチームより( )％多い。

4
$(52 - 50) \div 50 = 0.04$

□ **4** 次の( )に入る数字を答えなさい。
昨日490ページの本を全体の$\frac{3}{7}$読み、残りページの$\frac{3}{5}$を本日読んだ。未読部分は( )ページである。

112
$490 - 490 \times \frac{3}{7} - 490 \times \frac{4}{7} \times \frac{3}{5} = 112$

□ **5** 次の( )に入る数字を答えなさい。

Aさんは毎日朝8時に家を出て午後5時に帰宅する。家にいる時間は1日の( )％である。

62.5
朝8時から夕方5時までは9時間。
よって$(24-9) \div 24 \times 100 = 62.5$

重要 □ **6** 次の( )に入る数字を答えなさい。

6％の食塩水150gと12％の食塩水250gを混ぜると、( )％の食塩水になる。

9.75
食塩の量は
$0.06 \times 150 + 0.12 \times 250 = 39$
これを食塩水全体の重さで割る。
$39 \div 400 = 0.0975$

□ **7** 次の( )に入る数字を答えなさい。

8％の食塩水200gに20％の食塩水を混ぜて16％の食塩水をつくる。20％の食塩水の量は( )gである。

400
20％の食塩水をa、16％の食塩水をbとする。
$200 + a = b$
$0.08 \times 200 + 0.2 \times a = 0.16 \times b$
よって a=400

問題

□ **8** 商品を仕入れたら1日目で全体の6割5分が売れ、2日目は残りの7割にあたる245個が売れた。このときの仕入れ個数を求めなさい。

1000個
仕入れ数をAとする。
2日目の販売前の個数
0.7x＝245　x＝350
2日目の販売前の個数＝1日目の残数
より、0.35A＝350
A＝350÷0.35＝1000

□ **9** 定価5000円の商品を2割5分引きで売ると、150円の利益が出る。この商品の原価を求めなさい。

3600円
売り値　5000×0.75＝3750円
原　価　売り値−利益
よって　3750−150＝3600円

□ **10** ある仕事をAさんは10日、Bさんは15日で終わらせることができる。2人で仕事をすると何日で終わるかを求めなさい。

6日
Aさんは1日に仕事の$\frac{1}{10}$をやり、Bさんは$\frac{1}{15}$をやる。
よって　$\frac{1}{10}+\frac{1}{15}=\frac{1}{6}$

重要 □ **11** 6人で1日8時間働くと15日かかる仕事がある。20人が8時間働くと何日で終わるかを求めなさい。また、端数が出たらそれも記しなさい。

4日半
仕事の総量
6(人)×8(時間)×15(日)＝720
20(人)×8(時間)×日数＝720　より
720÷(20×8)＝4.5

SPI問題

AさんとBさんは2人である仕事を終えるのに36分かかる。この仕事をAさんが16分働いて$\frac{1}{3}$が終わったところでBさんに引き継いだ。Bさんは何分で仕事を終えるかA～Hの中から選びなさい。

A　26分　　B　36分　　C　46分　　D　56分
E　66分　　F　76分　　G　86分　　H　96分

解答　**H**

全体の仕事を1としたときの仕事量 ＝ $\frac{1}{かかる時間}$

AさんとBさんの2人の仕事量　→　A＋B＝$\frac{1}{36}$

Aさん1人でした場合の仕事量　→　$\frac{1}{48}$（16分×3＝48分）

Bさんの仕事量＝$\frac{1}{36}-\frac{1}{48}=\frac{1}{144}$　なので144分で仕事を終える。

残りの仕事量＝$\frac{2}{3}$より　144分×$\frac{2}{3}$＝96分　となる。

鶴亀算・年齢・速度・植木算

次の問いに答えなさい。

問題 | **解答と解説**

□ **1** 鶴と亀が合わせて11匹いる。足の数は合わせて36本だったとき、鶴と亀は何匹いるかを求めなさい。

鶴4匹、亀7匹
鶴をa、亀をbとする。
鶴の足は2本、亀の足は4本なので
$\begin{cases} a+b=11 \\ 2a+4b=36 \end{cases}$
よって　a=4, b=7

 □ **2** 88円のかき氷と198円のアイスクリームを合計17個買うと2596円かかった。買ったかき氷とアイスクリームの数を求めなさい。

かき氷7個、アイスクリーム10個
17個すべてがかき氷の場合
　→　88×17=1496円
実際の金額との差
　→　2596－1496＝1100円
これをアイスクリームとかき氷の価格の差で割るとアイスクリームの数になる。
よって　1100÷(198－88)＝10個、
かき氷は7個。

□ **3** あるクイズでは正解すると10点もらえ、不正解だと－5点になる。23問を答えたところ155点だった。何問正解したかを答えなさい。

18問
全問正解の場合　→23×10=230点
実際との点数の差→230－155＝75点
正解と不正解の差→10－(－5)＝15点
よって　75÷15=5　が不正解の数。

□ **4** Aさんのアルバイト時給は840円で、深夜勤務はその2割5分増しになる。ある月にAさんは130時間働き、118650円を受け取った。Aさんが深夜に働いた時間を求めなさい。

45時間
深夜勤務なしの場合
　→　840×130＝109200円
実際の金額との差
　→　118650－109200＝9450円
深夜勤務の割り増し額
　→　840×0.25＝210円
よって　9450÷210＝45　が深夜勤務の時間数。

□ **5** 10km離れた地点にバスと徒歩で移動した。バスは時速30km、徒歩は時速4.5kmの速度で移動し、全体で37分かかった。バスに乗っていた時間を求めなさい。

17分
バスは500m/分、徒歩は75m/分で移動する。
37分すべて徒歩の場合
　→　75×37＝2775m
実際の距離との差
　→　10000－2775＝7225m
バスと徒歩の速度の差
　→　500－75＝425m/分
よってバスに乗ったのは、
7225÷425＝17分

□ **6** Aさんと父の年齢の合計は46歳である。10年後に父の年齢はAさんの2倍になる。現在のAさんの年齢を求めなさい。

12歳
Aさんの年齢をaとすると
父の年齢は46－a。
10年後の父の年齢　→　(46－a)＋10
これがAさんの2倍の年齢になるので
(46－a)＋10＝2(a＋10)　よってa＝12

□ **7** Aさんの年齢は10歳、父の年齢は38歳である。父の年齢がAさんの3倍になるのは何年後かを求めなさい。

4年後
x年後として式を立てる。
38＋x＝3(10＋x)
38＋x＝30＋3x　より　x＝4
4年後にAさんは14歳になり、父は42歳になる。

問題　　　　　　解答と解説

□ **8** 現在の子供2人の年齢の和は10歳で、父は40歳である。父の年齢が子供の年齢の和の3倍になるのは何年後かを求めなさい。

2年後
x年後として式を立てる。
2人の子供はそれぞれx年増えるので
子供の年齢の和　10＋x＋x＝10＋2x
x年後に3倍になるので
40＋x＝3(10＋2x)
よって　x＝2

□ **9** 母の年齢は子供の年齢の5倍で、18年後には2倍になる。現在子供は何歳か。また母の年齢も合わせて求めなさい。

子供は6歳、母は30歳
子供の年齢をxとすると母の年齢は5x。
5x＋18＝2(x＋18)
3x＝18　より　x＝6
よって子供は6歳、母は30歳。

重要 □ **10** 湖の周回ランニングコースは11㎞ある。このコースを時速9㎞で走るAさんと時速7.5㎞で走るBさんが同時に逆方向に走り出した。2人が出会うのは走り始めて何分後かを求めなさい。

40分後
Aさんは150m/分、Bさんは125m/分。
2人の分速を合計し、11㎞を割ればいいので
11000÷(150＋125)＝40

□ **11** 周囲の距離が300mある池に長さが3mある柵をつけたい。このとき、柵はいくつ必要になるか答えなさい。ただし、柵と柵の間は隙間がないものとする。

100個
池の周囲の距離を柵の長さで割ったものが柵の数となる。
よって　300÷3＝100

SPI問題

自宅から近くの百貨店まで片道6kmある。行きは時速3kmで歩き、帰りは疲れたので時速2kmの速さで歩いた。このとき、往復の平均時速は何kmになるかA〜Hの中から選びなさい。

A　2.1km/h　　B　2.4km/h　　C　2.7km/h
D　3.0km/h　　E　3.3km/h　　F　3.6km/h
G　3.9km/h　　H　4.2km/h

解答　**B**

速度＝距離÷時間　／　距離＝速度×時間　／　時間＝距離÷速度

行きの時間＝6÷3＝2時間　　帰りの時間＝6÷2＝3時間
往復12kmの距離を5時間で移動したことになるので
12÷5＝2.4km/h

□ 12 100mの道の端から端まで4mごとに木を植えていく。このとき木を何本用意すればよいかを求めなさい。

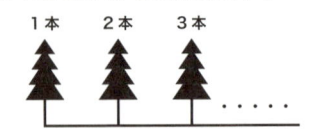

26本

両端を植える場合、木の本数は間隔よりも1本多くなる。

木の本数　100÷4＋1＝26
よって26本の木を用意すればよい。

重要 □ 13 縦20m、横40mの長方形の土地がある。ここに4m間隔で木を植えていく場合、木を何本用意すればよいかを求めなさい。

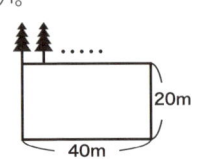

30本

周囲に木を植えていく場合は「木の本数＝間隔の数」となる。
(40×2)＋(20×2)÷4＝30
よって30本の木を用意すればよい。

SPI問題

AさんとBさんの家は4km離れている。Aさんは時速12kmの自転車でBさんの家に向かった。同時にBさんは時速4kmで歩いてAさんの家に向かった。2人は何分後に出会うか、A～Fの中から選びなさい。

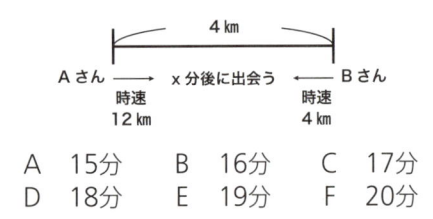

| A | 15分 | B | 16分 | C | 17分 |
| D | 18分 | E | 19分 | F | 20分 |

解答　**A**

2人が出会う時間をx分後として立式する。

$4km＝12x＋4x$　よって　$x＝\dfrac{1}{4}$

このときxは「時間」になっているので「分」に置き換える。

$\dfrac{1}{4}$時間＝15分　よって15分後に2人は出会う。

第7章

物理、化学、生物、地学
定番の知識をチェックしよう

理科

次の(　)にあてはまる言葉を答えなさい。

問題　　　　　　　　　　　　　　　　　　　　**解答と解説**

□ **1**　鏡に映った像を(　①　)という。また光が鏡などの物体に当たるときの(　②　)と反射角は等しい。

①虚像　②入射角
入射角は鏡などの物体に立てた垂線と入射光のなす角、反射角は鏡などの物体に立てた垂線と反射光のなす角を指す。

重要 □ **2**　太陽光、電波などは波を持つ電磁波であり、波が1秒間に往復する回数を(　)という。(　)が高くなるほど電磁波のエネルギーは大きくなる。

周波数
ラジオ、テレビ、携帯電話に使われる電磁波も電磁波であり、ガンマ線、X線などの放射線も電磁波の一種である。

□ **3**　電磁波の速度は真空中では30万km/秒であり、一般的に(　)という。月までの距離は38万kmなので、見上げる月は1秒強前の姿。

光速

□ **4**　人間の目で感じる可視光の色は波長によって異なっており、波長が短いほど(　①　)、長いほど(　②　)。

①青く　②赤い
赤外線は可視光より波長が少し長く、紫外線は少し短い。どちらも人間の目には見えない。

□ **5**　音も波の一種であり、空気中では約340m/秒の速さで進む。水中では空気中より(　)く進む。

速
音や観測者自身が移動するとき、音源が近づいてくると高く聞こえ、遠ざかると低く聞こえる。これをドップラー効果という。

□ **6**　雷が光ってから7秒後に雷鳴が聞こえた。このとき、雷が落ちた場所までの距離は(　)kmである。

2.38
音速は340m/秒なので、7秒を掛けると2380m。つまり2.38kmとなる。

□ **7**　音の周波数は高いほど人間には高音に聞こえ、低いほど低音に聞こえる。人間の可聴周波数は20 ～(　)Hzである。

20000
人間の可聴域よりも高い周波数のことを超音波という。

□ **8**　光は(　)中を進むことができるが、物体を媒質として伝わる音は(　)中を伝わらない。

真空
音は固体、液体、気体を媒質として伝搬する。

重要 □ **9**　運動の三法則は(　)力学とも呼ばれ、物体に働く力と運動の関係を明らかにする物理学の基本法則である。

ニュートン
ニュートンは近代物理学の祖であるが、哲学者、自然哲学者、数学者、神学者でもあり微積分の発見者でもある。

問題		解答と解説

重要 □ **10** 運動の三法則の第一法則は（　）の法則と呼ばれ、物体は力が加わらない限り、そのままの状態を続けることを指す。

慣性
ほかから加わる合力が0の場合も慣性の法則が成立している。

重要 □ **11** 運動の三法則の第二法則は（　）の法則という。物体に加わる力の合力が増えるほど物体の加速度は増す。また、物体の質量が増えるほど物体の加速度は減少する。

運動
第一法則と裏表の関係にあり、物体に力を加えると加速度が生じるが、重いものは動きにくい。

重要 □ **12** 運動の三法則の第三法則は（　）の法則で、物体に力が加わると、物体は同じ大きさの力で押し返す。

作用・反作用
机を押し、力を強めると手が感じる力が強くなる。これは机が同じ力で押し返しているからだ。

重要 □ **13** 力には、力の**大きさ**・力の**向き**・力の**作用点**の三つの要素があり、これらを「力の（　）」という。

三要素

□ **14** 1kgの質量を持つ物体に1m/秒^2 の加速度を生じさせる力が1（　）である。

N
Nはニュートンと読む。アイザック・ニュートンから命名された単位。

□ **15** 単位面積当たりにかかる力を（ ① ）と呼び、その単位は（ ② ）。読みはパスカルである。

①圧力　②Pa
パスカルは「パンセ（瞑想）」で知られるフランスの思想家、数学者、物理学者ブレーズ・パスカルから命名された。

□ **16** 1m^{2}の面積につき1N の力が作用する圧力は1Paで、100Pa＝1（　）である。（　）は気圧の単位として使用されている。

hPa（ヘクトパスカル）
空気が1m^{2}の海面を押す力は1000hPa＝100000Pa＝100000N/m^2。

□ **17** 一方を閉じた1mのガラス管に水銀を満たし、それを水銀の入った容器に逆さまにして立てる。そのとき、ガラス管内の水銀は下がって**76**cmの高さになる。これを（　）の実験という。

トリチェリ
この実験によって真空と大気圧の存在が分かった。単位はTorr（トル）で1気圧＝760Torrとなる。

□ **18** 1気圧（ ① ）hPaで水銀柱が76cmである。水銀柱が73cmのとき、気圧は（ ② ）hPaである。

①1013　②973
1013:76＝x:73。
73×1013＝76x。x＝973。

重要 □ **19** 運動エネルギーと（ ① ）エネルギーの和を（ ② ）エネルギーといい、その和は一定である。

①位置　②力学的
この法則を力学的エネルギー保存の法則といい、熱力学の第一法則と呼ぶこともある。

□ 20 物体の重さをm(kg)、地面から物体までの高さをh(m)、重力をgとするとき、位置エネルギーは「U=（　）」の式で求められる。

mgh

□ 21 質量2kgの物体Aが地面から2mの高さにあり、質量8kgの物体Bが6mの高さにあるとき、Bの位置エネルギーはAの（　）倍である。

12

A → $2×2×g$(重力)$=4g$
B → $8×6×g$(重力)$=48g$
$48g÷4g=12$
よって12倍となる。

□ 22 物体の重さをm(kg)、物体が動く速度をv(m/秒)とするとき、運動エネルギーは「K=（　）」の式で求められる。

$\dfrac{1}{2}mv^2$

□ 23 2m/秒で運動していた物体Cに力を加え、10m/秒に加速させた。このときCの運動エネルギーは（　）倍になった。

25

2m/秒 → $K=m×2^2=4m$
10m/秒 → $K=m×10^2=100m$
$4m×x=100m$より $x=25$倍となる。

□ 24 （　）はエネルギー、仕事、熱量、電力量の単位であり、「1Nの力が力の方向に物体を1m動かすときの仕事」である。

J（ジュール）

1J(発熱量)＝電力(W)×秒(s)

重要 □ 25 液体や気体の中の物体は、その物体が押しのけた流体の重さと同じ大きさの浮力を受ける。これを（　）の原理という。

アルキメデス

アルキメデスは入浴中に湯船からあふれ出る水を見て、この原理を発見したという。

□ 26 電気工学で使用される単位は、電圧＝V（ボルト）、電流＝A（アンペア）、抵抗＝（　）である。

Ω（オーム）

C(クーロン)は1秒間に1Aの電流によって運ばれる電荷(電気量)を指す単位。

□ 27 電気工学でもっとも重要な公式の一つが**オームの法則**であり、電流Aは加えた電圧Vに（ ① ）し、抵抗Ωに（ ② ）する。

①比例　②反比例

電圧V＝電流A×抵抗Ω
電流A＝電圧V÷抵抗Ω
抵抗Ω＝電圧V÷電流A

□ 28 抵抗に16Vの電圧をかけたところ、0.8Aの電流が流れた。このときの抵抗は（　）Ωである。

20

オームの法則より
$16V÷0.8A=20Ω$

□ 29 電圧V×電流Aで得られる電力の単位は（　）であり、電気器具の消費電力として表示されている。

W（ワット）

$1W=1V×1A$であり、家庭用電源は100Vなので、100Wの電球を流れる電流は1Aと分かる。

問題 | 解答と解説

□ **30** 10Ωの電熱線に10Vの電圧をかけた際、この電熱線の電力は（　）Wである。

10
電流A＝電圧V÷抵抗Ωより電流は1A。10V×1A＝10W となる。

重要 □ **31** 磁場内で電流が流れるとき、導体にかかる力・磁力線・電流それぞれの方向の関係を表したものが（ ① ）の法則。親指は（ ② ）の向き、人さし指は（ ③ ）の向き、中指は電流の向きを示す。

①フレミング左手
②力　③磁界
フレミングの法則を考案したのはイギリスの物理学者ジョン・フレミング。

□ **32** 磁石には北を指す（ ① ）極と南を指す（ ② ）極があり、異なる極は引き合い、同じ極は反発する。

①N　②S
地球も巨大な磁石である。N極が指す北極は実はS極、南極がN極である。

□ **33** 乾電池には＋極と－極があり直流の電流が流れている。家庭用のコンセントでは（　）の電流が流れている。

交流
交流電流は周期的に電流の大きさや向きが変化している。

□ **34** 1.5Vの乾電池2つを直列接続すると3Vになり、（　）すると1.5Vのままである。

並列接続

□ **35** 3Ωと7Ωの抵抗を直列接続すると、その合成抵抗は（　）Ωになる。

10
3ΩをR_1、7ΩをR_2としたとき、直列接続の合成抵抗Rは$R＝R_1＋R_2$

□ **36** 3Ωと7Ωの抵抗を並列接続すると、その合成抵抗は（　）Ωになる。

2.1
並列接続の合成抵抗Rは$R＝\dfrac{R_1 R_2}{R_1＋R_2}$

□ **37** 電気を通しやすい導体と、電気を通さない絶縁体の中間の性質を持つ物質を（　）という。

半導体
半導体はコンピュータ、太陽電池、LEDなど多種多様な用途に使われている。

重要 □ **38** 電線をぐるぐる巻いたコイルのそばで磁石を動かすと、（　）によって電気が発生する。

電磁誘導
電磁誘導があるので発電できるし、モーターを回すこともできる。

□ **39** 電気を蓄えたり放出したりする受動素子を（　）という。構造は絶縁体を2枚の導体で挟み、電荷を蓄える。

コンデンサ

□ **40** 2種類の絶縁体の摩擦によって生じる電気を（　）という。

静電気

□ **41** はく検電器に＋に帯電した物体を近づけるとはくが開く。このとき、はくは（　）に帯電している。

＋

第1章 最新時事 / 第2章 国語 / 第3章 教養・スポーツ / 第4章 英語 / 第5章 社会 / 第6章 数学 / 第7章 理科 / 第8章 仕事・業界

次の( )にあてはまる言葉を答えなさい。

問題		解答と解説

☐ **1** (①)は水の電気分解で得られるもっとも軽い元素。元素記号は(②)である。

①水素　②H
燃料電池に使用される。

☐ **2** ダイヤモンドは(①)の結晶である。元素記号は(②)である。

①炭素　②C

☐ **3** 空気の78%を占める(①)。元素記号は(②)である。

①窒素　②N
冷却剤は液化したもの。

☐ **4** ビルの骨格や自動車車体に使われる(①)。元素記号は(②)である。

①鉄　②Fe
原子番号26の金属元素。

☐ **5** 動物の呼吸に不可欠な(①)は空気の21%を占め、元素記号は(②)である。

①酸素　②O
オゾンO_3は同位体。

☐ **6** 常温で刺激臭を持つ黄緑色の気体である(①)。元素記号は(②)である。

①塩素　②Cl
漂白・殺菌作用を持つ。

☐ **7** 骨や歯の主成分である(①)。元素記号は(②)である。

①カルシウム　②Ca
原子番号20の金属元素。

☐ **8** 1円硬貨の材料である(①)。元素記号は(②)である。

①アルミニウム　②Al
原子番号13の金属元素。

☐ **9** 電線に使用されている赤色の金属は(①)。元素記号は(②)である。

①銅　②Cu
原子番号29の金属元素。

☐ **10** 金属中最大の電気伝導率と熱伝導率を持つ(①)。元素記号は(②)である。

①銀　②Ag
1gを2200mに延ばせる。

☐ **11** 金属中最大の展性と延性を持つ(①)の元素記号は(②)である。

①金　②Au
1gを3000mに延ばせる。

☐ **12** 塩素と化合して塩になる(①)。元素記号は(②)である。

①ナトリウム　②Na
原子番号11の金属元素。

　　　　　　　　　　　　　　　解答と解説

□ **13** 金属には特有の光沢である（　①　）、熱を伝え電気を通す（　②　）、展性と延性という3つの特徴がある。

①金属光沢　②伝導性
黒鉛・ケイ素は金属光沢と熱と電気の伝導性を持っているが、展性と延性を持たないので非金属である。

□ **14** 温度は絶対温度であるゼロK（ケルビン）を下回ることがない。ゼロKは日本で使われる摂氏で（　）℃である。

－273
絶対温度の0℃を絶対零度といい、原子の振動がゼロの状態になる。

重要▶□ **15** 同一の圧力・温度・体積のすべての種類の気体には、同じ数の分子が含まれる。これを（　）の法則という。

アボガドロ
アボガドロ定数の単位はmol（モル）であり、1mol中の分子数は6.02×10^{23}である。

□ **16** 水溶液の性質を酸性にするのは（　①　）であり、アルカリ（塩基）性にするのは（　②　）である。

①H^+　②OH^-
H^+は水素イオンと呼ばれ、OH^-は水酸化物イオンと呼ばれる。

□ **17** 水溶液の酸性やアルカリ性の強さを示す指数として（　）が使われる。7より小さいと酸性、大きいとアルカリ性。

pH（ペーハー）
pHは水素イオン指数と呼ばれ、0～14までに分けられている。pH0は塩酸、pH14は水酸化ナトリウム。

□ **18** リトマス試験紙を水溶液につけて、試験紙の色が赤なら（　①　）、青なら（　②　）である。

**①酸性
②アルカリ性**

重要▶□ **19** 物質は圧力や温度の変化によって、固体、液体、気体の三態になる。固体が液体になることを（　①　）、液体から気体になることを（　②　）という。

①融解　②蒸発

重要▶□ **20** 物質の三態変化で液体が固体になることを（　①　）、気体が液体になることを（　②　）、気体が固体になることを昇華という。

①凝固　②凝縮
凝固は固化、凝縮は液化や凝結ともいう。

□ **21** 代表的な酸性物質である塩化水素の元素記号は（　①　）、硝酸は（　②　）である。

①HCl　②HNO_3
塩化水素の水溶液が塩酸。硫酸の化学式はH_2SO_4。

□ **22** 代表的なアルカリ物質である水酸化ナトリウムの化学式は（　）である。

NaOH
水酸化カリウムの化学式はKOHであり、水酸化ナトリウムと同じ構造。

第1章　最新時事

第2章　国語

第3章　教養・スポーツ

第4章　英語

第5章　社会

第6章　数学

第7章　理科

第8章　仕事・業界

□ **23** 炭素が燃焼する際の化学反応式は（　）である。

$C + O_2 \longrightarrow CO_2$

一酸化炭素が燃焼する化学反応式
$2CO + O_2 \longrightarrow 2CO_2$

□ **24** 酒の材料や消毒に使われるエタノールが燃焼するときの化学反応式は（　）である。

$C_2H_6O + 3O_2 \longrightarrow 2CO_2 + 3H_2O$

化学反応式の左辺と右辺の元素の数は必ず同じになる。

□ **25** 石灰岩の主成分は炭酸カルシウムであり、化学式は$CaCO_3$。これに塩酸を反応させる化学反応式は（　）である。

$CaCO_3 + 2HCl \longrightarrow CaCl_2 + H_2O + CO_2$

炭酸カルシウムと塩酸を反応させると、塩化カルシウムと水、二酸化炭素が発生する。

重要 □ **26** 電子を放出して正の電荷を帯びた原子を（ ① ）、電子を受け取って負の電荷を帯びた原子を（ ② ）という。

①陽イオン　②陰イオン

陽イオンや陰イオンが結びつくことをイオン結合、できた化合物をイオン化合物という。

□ **27** アンモニアは刺激臭を持つ無色の液体で水によく溶け、水溶液は（　）性である。

アルカリ

水に溶けると、
$NH_3 + H_2O \longrightarrow NH_4^+ + OH^-$の状態になる。

□ **28** 有機物は炭素を骨格原子とする化合物だが、燃えると発生する（　）は有機物に分類されない。

二酸化炭素

有機物を構成する元素は、炭素、水素、酸素、窒素など。

□ **29** 6個の炭素原子が平面上に正六角形の環状構造となっているものを（　）という。

ベンゼン環

ベンゼンの化学式はC_6H_6である。ベンゼン以外にベンゼン環を持つ物質にはトルエン、キシレンなどがある。

□ **30** 石油の主成分は炭化水素であり、加熱すると沸点の低い炭化水素から順に蒸発する。この工程を（　）という。

分留

分留とは、液体混合物から各物質の沸点の差を利用してそれぞれ分けて精製すること。

□ **31** （　）は物質としての基本的構造単位。分子は複数の（　）が結合して物質としての性質を持った最小の構成単位。

原子

2つの水素原子Hと酸素原子Oが結合し水の分子H_2Oとなる。

重要 □ **32** （ ① ）は、正の電荷を持った陽子と、電荷を持たない陽子とほぼ同質量の（ ② ）で構成されている。

①原子核　②中性子

原子核の周りに負の電荷を持つ電子が回っている。陽子数と電子数は等しいので、原子は電気的に中性となる。

問題　　　　　　　　　　　　　　　　　　解答と解説

□ **33** 酸素がほかの物質と結合することを（ ① ）といい、激しい（ ① ）によって熱や光を出す現象を（ ② ）という。

①**酸化**　②**燃焼**

□ **34** $2CuO+C \longrightarrow 2Cu+CO_2$の変化を（ ）と呼ぶ。（ ）は酸化と正反対の化学反応である。

還元
金属鉱物の多くは酸化しているため、利用するには還元によって酸素を取り除く工程が必要。

□ **35** 使い捨てカイロは粉末状の鉄が酸化されるときの**酸化熱**を利用している。このように熱を出す反応を（ ）という。

発熱反応

□ **36** 塩酸と水酸化ナトリウム水溶液を混合したときに発生する熱を（ ）という。

中和熱
酸性のものとアルカリ性のものを混ぜることで互いの性質が消失することを中和という。

□ **37** 携帯用冷却パックの主成分は（ ① ）、（ ② ）、水であり、（ ① ）と（ ② ）が水に溶けるときに多量の熱を吸収する。これを**吸熱反応**という。

①**尿素**
②**硝酸アンモニウム**
（順不同）

重要 □ **38** 塩酸の水溶液中に銅板と亜鉛板を浸して、2つの板を導線でつなぐと、亜鉛板は（ ① ）極になり、銅板は（ ② ）極になる。

①**－**　②**＋**
このように化学変化によって直接電気エネルギーが得られる装置を電池（化学電池）という。

□ **39** 銅1.2gをステンレス皿に置き十分に加熱したところ、1.5gになった。このとき化合した酸素の質量は（ ）gである。

0.3
この実験では銅は1.2gから1.5gに増えているから、空気中の酸素0.3gが化合している。

□ **40** 薄い酸性水溶液にマグネシウムや亜鉛などの金属小片を入れると（ ）が発生する。

水素
どの酸も電離して水素イオンを出し、マグネシウムや亜鉛と電子のやりとりを行い水素が発生する。

重要 □ **41** 水溶液中のイオンが結合して難溶性の塩（えん）ができて容器の底にたまる。このような反応を（ ）という。

沈殿反応
塩（えん）とは酸由来の陰イオンと、アルカリ（塩基）由来の陽イオンがイオン結合した化合物を指す。

□ **42** 水を電気分解すると、＋極に（ ① ）、－極に（ ② ）が発生し、その体積比は1:2である。

①**酸素**　②**水素**

第1章 最新時事

第2章 国語

第3章 教養・スポーツ

第4章 英語

第5章 社会

第6章 数学

第7章 理科

第8章 仕事・業界

次の( )にあてはまる言葉を答えなさい。

| 問題 | 解答と解説 |

□ 1 桜を観察すると、花の外側に花弁とがくがあり、花の内側には中央に1本の(①)と複数の(②)がある。

①めしべ ②おしべ
めしべは柱頭、花柱、子房で構成され、おしべは花粉を形成するやくとそれを支える花糸からできている。

□ 2 種子は表面を包む種皮、発芽して苗になる(①)、(①)が発芽するための栄養分になる(②)で構成されている。

①胚(はい) ②胚乳
胚乳を持たない植物を無胚乳種子という。エンドウなどがそれにあたり胚の子葉に栄養分を蓄えている。

□ 3 植物から水が水蒸気として空気中に出ていく現象を(①)と呼び、主として葉の(②)で行われる。

①蒸散 ②気孔
気孔は時間帯によって開閉し、植物体内の水分量を調整している。

重要 □ 4 植物の葉の(①)では、太陽の光エネルギーを使って水と二酸化炭素から炭水化物を合成する。この働きを(②)と呼ぶ。

①葉緑体 ②光合成
光合成で炭水化物がつくられるとき、その副産物として酸素も発生する。

重要 □ 5 光合成を行う葉緑体に含まれている緑色の色素は( )である。

クロロフィル(葉緑素)
クロロフィルで光エネルギーを吸収し、水と二酸化炭素の化学反応を起こす。

□ 6 単子葉類と双子葉類の特徴の一つとして根の違いがある。単子葉類は(①)、双子葉類は主根と(②)がある。

①ひげ根 ②側根

重要 □ 7 植物の茎には栄養素を通す(①)と、水分を通す(②)があり、2つが集まった部分を維管束という。

①師管 ②道管

□ 8 植物細胞だけが持つ特徴的な構造物は、葉緑体、細胞を隔てる(①)、物質や水を蓄える(②)である。

①細胞壁 ②液胞

□ 9 すべての生物は細胞からできており、一つの細胞の生物を(①)生物、多くの細胞を持つ生物を(②)生物と呼ぶ。

①単細胞 ②多細胞
細胞の発見者はイギリスのロバート・フック。顕微鏡でコルク片を観察し細胞を発見した。

□ 10 遺伝に関する優性の法則、分離の法則、独立の法則を( )の法則という。

メンデル

問題　　　　　　　　　　　　　　　　　　　　　　　解答と解説

☐ **11** （　）体は動植物の細胞内に存在する細胞小器官の一つで、数枚の積み重なった扁平な囊(のう)とそれに結合した小胞からなる。

ゴルジ
ゴルジ体は、細胞内で合成された物質を濃縮、一時的に蓄え、細胞外に分泌・排出する。

重要☐ **12** 細胞は、染色体が入っている（①）、**細胞質**とそれを包む（②）で構成されている。

①核　②細胞膜
核・細胞質・細胞膜という細胞のつくりは、形や大きさにかかわらず共通している。

重要☐ **13** 一つの細胞には1個の核があり、核の中には細胞の遺伝情報を伝える（①）と仁(じん)ともいわれる（②）がある。

①染色体　②核小体
核の大きさは直径が数～数十μm(マイクロメートル)で、形が楕円状の球。

☐ **14** 人間の体細胞1個に含まれる染色体数は（　）であり、22の**常染色体**と、性別を決める一対の性染色体がある。

46
男性の性染色体はXY、女性の性染色体はXXであり、一対の性染色体が性別を決める。

☐ **15** 染色体にあるデオキシリボ核酸は、英語名の頭文字を取って（　）ともいう。

DNA

☐ **16** （　）は「ある生物をその生物たらしめるのに必須な遺伝情報」と定義されている。

ゲノム
人間のゲノムであるヒトゲノムには、約22000個の遺伝子があるとされている。

重要☐ **17** 細胞質にある（　）は、細胞のエネルギーを発生させる重要な働きを担っており、（　）DNAという独自のゲノムを持っている。

ミトコンドリア
ミトコンドリアDNAは、常に母親のものが遺伝されることが分かっている。

☐ **18** 背骨を持つセキツイ動物は、ホ乳類、鳥類、ハ虫類、（　）、魚類である。

両生類
セキツイ動物は頭、胴、尾の3つの部分からできており、背骨を中心に左右対称になっている。

☐ **19** 食物によってセキツイ動物を分けると、ウマなどの草食動物、トラやサメなどの肉食動物、人間などの（　）動物になる。

雑食

☐ **20** 親が卵を産んでその卵から子がかえる生まれ方を（①）、子が母親の胎内で育って生まれる生まれ方を（②）という。

①卵生　②胎生
ほとんどのホ乳動物は胎生だが、例外としてカモノハシ、ハリネズミなど卵生のホ乳動物もいる。

第1章　最新時事
第2章　国語
第3章　教養・スポーツ
第4章　英語
第5章　社会
第6章　数学
第7章　理科
第8章　仕事・業界

□ **21** 草食動物は目が離れて顔の側方に付き、肉食動物の目は顔の（　）に付いている。両眼で獲物までの距離を的確に知る。

前方
肉食動物は両眼視で獲物までの距離を的確に知り、草食動物は広い視野を持つ。

□ **22** 昆虫類などの節足動物は体内に骨がなく、（　）という体の外側にある骨が皮膚を覆い、体を支えている。

外骨格
外骨格を持つ動物は昆虫類以外に、甲殻類、クモ類、ムカデ類など。

□ **23** 水中で生活する魚類は（①）で呼吸し、陸上で生活するホ乳類、鳥類、ハ虫類は（②）で呼吸する。

①えら　②肺

重要 □ **24** ホ乳類や鳥類の多くは恒温（定温）動物であり、体温を一定に保つ。これを恒常性、あるいは（　）という。

ホメオスタシス
恒温動物とは逆に、環境の温度変化に応じて体温が変化する動物を変温動物と呼ぶ。

□ **25** 人間の眼球には、外界の光を屈折させ網膜に像を映す**水晶体**、水晶体を保護している（①）、光を感じる（②）などがある。

①角膜　②虹彩

□ **26** 人間の耳の内耳にある（①）は傾きの向きや大きさを感じ、（②）は体の回転の方向や速度を感じる平衡感覚器官である。

①前庭　②三半規管
三半規管は半規管ともいう。管の中にリンパ液が入っており、リンパ液の動きで平衡感覚を感知する。

□ **27** 人間の皮膚には4種類の感覚点があり、それらの名称は温点、冷点、圧点、痛みを感じる（　）である。

痛点

重要 □ **28** 神経を構成する主な細胞を神経細胞と呼び、核を持つ細胞体から（　）が飛び出している。

樹状突起
細胞体からは1本の長く伸びた神経繊維がくっついている。

□ **29** ある刺激に対して無意識に体が反応することを（①）反射、ある条件を繰り返すことで後天的に得られたものを（②）反射という。

①脊髄　②条件
条件反射を発見したのは生理学者のパブロフ。パブロフの犬実験がそれである。

重要 □ **30** 神経系は大脳、小脳、延髄などの脳と脊髄からなる（①）、細い多数の神経繊維が束になっている（②）がある。

①中枢神経
②末梢神経

問題		解答と解説

☐ **31** （　①　）神経は感覚器官からの刺激情報を中枢神経に伝え、（　②　）神経は中枢神経からの指令を骨格筋などの運動器官に伝える。

①感覚　②運動

☐ **32** 主に内臓に分布する自律神経には血圧を上昇させる（　①　）神経と、血圧を下降させる（　②　）神経がある。

①交感　②副交感
交感神経は興奮、副交感神経はリラックスと正反対の働きをする。

☐ **33** ごく微量で体の働きを整えるホルモンは、体内の（　　）という場所でつくられる。

内分泌腺
ホルモンはつくられると血管に直接分泌されて必要な器官に運ばれる。

☐ **34** すい臓でつくられるホルモンは（　①　）、副腎では（　②　）がつくられる。

①インスリン
②アドレナリン
インスリンはすい臓のランゲルハンス島という器官から分泌される。

重要 ☐ **35** 血液は、血液細胞や老廃物を運ぶ（　①　）、肺から酸素を運び二酸化酸素を戻す（　②　）血球、食菌作用を持つ（　③　）血球、血液を凝固させる血小板からなる。

①血しょう
②赤　③白
赤血球や白血球は主に骨髄でつくられる。また、血小板の寿命は数日間と短く、寿命が尽きるとひ臓で破壊される。

☐ **36** 血管には心臓から血液を全身に届ける（　①　）、全身に回った血液を心臓に送り返す（　②　）、（　①　）と（　②　）をつないでいる（　③　）がある。

①動脈
②静脈
③毛細血管

☐ **37** 心臓に血液が流入する部屋を（　①　）、血液を送り出す部屋を（　②　）という。

①心房　②心室
心房と心室は交互に収縮と拡張を繰り返し、血液を一定方向に循環させている。

☐ **38** 唾液に含まれるアミラーゼは（　①　）を麦芽糖に変え、胃液に含まれるペプシンは（　②　）をペプトンに分解する。

①デンプン
②タンパク質

☐ **39** 肝臓内で分泌される（　　）は消化を手助けする役割を果たす。ただし、消化酵素は含まない。

胆汁
その他の肝臓の役割として、解毒作用やアンモニアを尿素に変える働きなどがある。

☐ **40** 血液型は遺伝子の組み合わせによって決まる。B型同士の夫婦の子供はB型か（　　）型になる。

O
B型の遺伝子は[BB]か[BO]であり、両親が[BO]なら[OO]の子が生まれる可能性がある。

第1章 最新時事
第2章 国語
第3章 教養・スポーツ
第4章 英語
第5章 社会
第6章 数学
第7章 理科
第8章 仕事・業界

次の( )にあてはまる言葉を答えなさい。

問題	解答と解説

□ 1 地球の半径は( )kmであり、中心にある核の半径は約3500kmである。

6400

重要 □ 2 地球の中心には核(**内核**と**外核**)があり、その周りに(①)、一番外側に(②)がある。

①マントル ②地殻
核は固体の内核と液体の外核に分かれている。

□ 3 地球の表面は(①)という岩板で覆われている。(①)が少しずつ動くことで地震や火山噴火といった地質現象が起こる。この理論を(②)理論という。

①プレート
②プレートテクトニクス

重要 □ 4 地球の内的エネルギーによって地殻が動くことを( )という。

地殻変動
ヒマラヤ山脈なども地殻変動によって隆起してできた地形である。

□ 5 火山の噴火にはマグマの噴出を伴う噴火のほかに、地下水がマグマによって熱せられて気化し爆発する( )爆発もある。

水蒸気
噴火や水蒸気爆発によって火砕流が生じる。火砕流とは、高温の火山ガスや火山灰などが混合し高速で流れる現象。

□ 6 火山活動によってできたくぼ地を( )という。火山物が噴出して火山内部が空洞化し陥没したものや、小規模な噴火で山頂付近がくぼむ爆発型などがある。

カルデラ
日本国内で有名なカルデラとして、熊本県の阿蘇山がある。

重要 □ 7 **火成岩**はマグマが急速に冷えて固まった(①)と、ゆっくりと冷えて固まった(②)に分けられる。

①火山岩 ②深成岩
代表的な深成岩として、花こう岩、閃緑岩(せんりょくがん)がある。

□ 8 代表的な火山岩としては(①)と(②)がある。

①安山岩 ②玄武岩
(順不同)

□ 9 火成岩の造岩鉱物の中で色が白っぽいのは(①)と(②)である。

①石英 ②長石
(順不同)

□ 10 地震が起こるとまず(①)という小さい揺れが起きて、そのあと大規模な揺れの(②)がやってくる。

①初期微動 ②主要動
震源までの距離(km)は、7.5〜8.0×初期微動継続時間(秒)で知ることができる。

問題 / **解答と解説**

重要 □ **11** 最初に到着する地震波を（ ① ）波（疎密波）といい、遅く到着する地震波は（ ② ）波（ねじれ波）という。

①P ②S
P波は揺れが波の進行方向と平行な縦波、S波は垂直な横波である。

重要 □ **12** （ ① ）とは地震が発生した場所（地下）をいい、（ ② ）とはその真上である地表の場所をいう。

①震源 ②震央
震源の深さとは、震源と震央の距離になる。

□ **13** 震度とは観測地点の揺れの大きさを表し、0〜7の（ ）段階の震度がある。

10
0〜7では8段階になるが、5弱、5強、6弱、6強があるので10段階。

□ **14** 地震のエネルギーの大きさを表す尺度が（ ① ）であり、（ ① ）が1増えるとエネルギーは約（ ② ）倍になる。

①マグニチュード ②32
マグニチュードは地震の規模、震度は地震の揺れの度合いを表している。

□ **15** 2011年3月11日に発生した東日本大震災は、（ ）プレートが北アメリカプレートに潜り込んでいる境界で発生した。

太平洋
東日本大震災は、マグニチュード9.0の巨大地震で日本国内観測史上最大のものだった。

□ **16** 地殻の変動によって地層に割れ目ができ、この割れ目を境に両側がずれる現象を（ ）という。

断層
正断層、逆断層、横ずれ断層に大別される。

□ **17** 昔から現代まで繰り返し活動しており、今後も活動すると考えられる断層を（ ）という。

活断層
断層が活動することで地震が発生する。

重要 □ **18** 浸食によってできた谷など起伏の多い山地に海水が入り込み、沈水してできた複雑な海岸線を（ ）海岸という。

リアス式
日本の代表的なリアス式海岸は東北地方の三陸海岸で、その長さは南北600kmにわたる。

重要 □ **19** 地表の岩石は流水の作用によって削られ、河川によって運ばれ、堆積作用によって河原、扇状地、（ ）ができる。

三角州
三角州はデルタとも呼ばれる。広島平野が有名。

□ **20** 地球が誕生した約46億年前から、体に固い殻を持つ生物が現れるまでの40億年間を（ ）時代という。

先カンブリア
この時代に海が形成され、生命が誕生し、藻類が光合成によって酸素をつくった。

□ **21** 約5億4000万年前から、さまざまな生物が誕生したことが化石によって分かっている。これを（ ）爆発という。

カンブリア
この時期に扁形動物門や節足動物門など生物の門がほぼ出そろったといわれている。

□ 22 地上11〜50kmまでの層を**成層圏**という。また、地上約20〜30kmを中心に（　）層がある。

オゾン
オゾン(O_3)は酸素の同位体。地球に注ぐ有害な紫外線をオゾン層で遮断している。

□ 23 日本語で極光といわれる（　）はアラスカやフィンランドなどで見られ、地上80km以上の**熱圏**で発生する現象である。

オーロラ
太陽から吹き出す粒子が大気中の物質を刺激することで発光し、オーロラが起きる。

重要 □ 24 気圧の等しい地点を結んだ線を（　）といい、この間隔が狭いと気圧傾度が急になるため強い風が吹く。

等圧線
気圧を測定した2点間に対し、等圧線から垂直方向を気圧差p、水平方向を2点間の距離dとしたとき、気圧傾度G＝p÷dで求められる。

□ 25 温度や湿度が水平方向に一様な大気の大きな塊を気団といい、冬期には寒冷な（　）気団が日本にやってくる。

シベリア
北西季節風にのって日本にやってくるシベリア高気圧。日本海通過時に水蒸気を含み、山脈を越えるときに大量の雪などを降らせる。

□ 26 夏期に日本の南東海上からやってきて梅雨をもたらすのは（　）気団である。

小笠原
暖かく湿った空気を日本に運んでくる太平洋高気圧。

□ 27 低気圧は上空の（　）に乗って西から東に移動する。（　）とは、30〜60度の中緯度で一年中吹いている。

偏西風
赤道付近を東から西に移動する風を貿易風という。

重要 □ 28 天気図で用いられる記号で⚫︎⚫︎⚫︎⚫︎⚫︎⚫︎⚫︎は（ ① ）、▲▼▲▼▲▼は（ ② ）である。

①**温暖前線**
②**停滞前線**

重要 □ 29 太陽は自ら光を出している（　）であり、半径は70万kmと地球の100倍以上である。

恒星
恒星の明るさを示す等級の値は、小さくなるほどより明るい。1等級の星は、6等級の100倍の明るさを持つ。

□ 30 太陽系には8つの惑星があり、太陽に近い順に水星・金星・地球・火星・木星・（ ① ）・天王星・（ ② ）。

①**土星** ②**海王星**
8惑星のほかに火星と木星の軌道の間を公転する小惑星があり、また、海王星の外側を公転する太陽系外縁天体がある。

重要 □ 31 太陽の表面全体を（ ① ）と呼び、温度は約（ ② ）℃である。（ ① ）の厚さは300〜400kmで周囲を100万℃以上のコロナが取り囲むように輝いている。

①**光球** ②**6000**
表面に出現する黒っぽい広がりは黒点である。

第8章

面接でも生かせる!

仕事・業界キーワード

キーワード	意味
☐ 1 バーゼル合意（BIS規制）	バーゼル委員会によって定められた国際的な活動を行う銀行の自己資本比率に関する国際統一基準。自己資本比率が8％以上になるよう求められている。
☐ 2 自己資本比率	総資本に占める自己資本（純資産）の割合。自己資本の構成比率が高いほど、金融機関の経営は健全で安定する。
☐ 3 プライムレート	銀行が信用度の高い優良企業に融資する際に、もっとも優遇する金利のこと。最優遇貸出金利。プライムレートは各銀行で異なる。
☐ 4 TOB（Take Over Bid）	株式公開買い付け。証券取引所を通さず、価格、株数、期間を公開して、不特定多数の株主から株式を買い取る方法のこと。
☐ 5 プロジェクトファイナンス	組織の信用力や担保に依存せず、企業が行おうとしている特定の事業に対して融資を行う。融資の返済はプロジェクトから発生するキャッシュフローから支払われる。
☐ 6 デリバティブ	金融取引、実物商品、債券取引の価格変動によるリスクを回避、低減させるために開発された金融商品。金融派生商品ともいう。
☐ 7 不良債権	融資先が経営破綻や業績不振などで、銀行が融資した資金の回収が不可能になったり、滞っている債権のこと。
☐ 8 LIBOR（London InterBank Offered Rate）	ロンドンの銀行間取引金利。英国銀行協会が複数銀行の金利を平均値化して毎日発表する。短期金利の指標として国際的に使用されている。
☐ 9 危機対応融資	金融危機や自然災害などの予期せぬ事態が発生した場合、政府指定金融機関が企業に低利で融資を行う制度。
☐ 10 資本注入	自己資本が不足している金融機関に対して、政府が公的資金を使って資本を注入し、自己資本の増強・経営の安定化を図ること。

キーワード	意味
☐ 11 中央銀行	一国における金融組織の中核をなす銀行。「銀行の銀行」、または「政府の銀行」として、諸銀行への資金供給や金融政策を行う。
☐ 12 金融緩和	中央銀行が金融市場への資金供給や政策金利の引き下げを行う政策。金融機関が企業や個人への融資をしやすくなることで、景気回復を狙う。
☐ 13 ソルベンシーマージン比率	保険会社の支払い余力を数値化したもの。保険会社の健全性を見るのに役立つ。一般的には200%を超えていれば支払い能力があるとされている。
☐ 14 再保険会社	ほかの保険会社が持っている保険責任を引き受ける保険会社のこと。保険会社が持つリスクの軽減・回避を担う。
☐ 15 予定利率	生命保険の契約時に約束する保険金の運用利回り率。予定利率が高いほど、保険料は安くなる。
☐ 16 第三分野	医療・傷害保険など、生命保険（第一分野）と損害保険（第二分野）のどちらも取り扱うことのできる保険分野のこと。
☐ 17 逸失利益	事故で死亡または後遺障害を負うことで被害者が本来得られたはずの財産上の利益、または、後遺障害で今後発生するであろう収入減の額のこと。
☐ 18 合算率（コンバインドレシオ）	損害保険会社の収益力を示す指標の一つ。保険料収入に対する保険金の支払いや事業費の支出の割合（正味損害率と正味事業費率の合計値）を示す。
☐ 19 正味収入保険料	契約者から直接受け取った保険料（元受保険料）から保険解約者への払戻金と再保険料を調整し、積立保険の積立部分の保険料を控除した保険料をいう。
☐ 20 リビングニーズ特約	被保険者が医者から余命6カ月以内と診断された場合、死亡保険金の前払いを請求できるという生命保険の特約の一つ。
☐ 21 保険約款（やっかん）	保険契約の内容や条件を定めたもので、保険契約者の保険料支払いや告知・通知の義務、また保険会社が保険金を支払う場合の条件や支払い額などについて書かれている。

第1章　最新時事
第2章　国語
第3章　教養・スポーツ
第4章　英語
第5章　社会
第6章　数学
第7章　理科
第8章　仕事・業界

キーワード	意味
□ 1 関税	輸入品に対して掛けられる税金のこと。国の財政収入にするための財政関税と、国内産業を保護する目的の保護関税がある。
□ 2 FT（自由貿易）	Free Tradeの略。特定の国・地域で関税を掛けたり輸出入量を限定するといった貿易制限を取り除いた貿易のこと。
□ 3 経済連携協定（EPA）	Economic Partnership Agreementの略。特定の国・地域間で、貿易や投資などを自由化する協定。
□ 4 FOB	Free On Boardの略。輸出契約の一つ。輸出業者が買い手の指定する船に荷積みした段階で契約が完了すること。「本船渡し」ともいう。
□ 5 口銭（こうせん）	商社がメーカーの製品を販売して得る手数料のこと。内口銭は売値の内側に手数料を含み、外口銭は価格に手数料を加えて売値とする。
□ 6 フェアトレード	開発途上国の原料・製品を適正価格で継続的に輸入・消費購入する取り組み。「オルタナティブ・トレード」とも呼ばれる。
□ 7 プラント輸出	工場施設や電力施設などの生産設備をプラントといい、その設備一式を輸出することをプラント輸出という。
□ 8 フルターンキー	生産設備の設計から保証責任まですべてを請け負う方法。鍵を回すだけで全設備が運転できるような状態で納品する。
□ 9 バリューチェーン（川上から川下まで）	製品やサービスを顧客に提供するまでの企業の連鎖的活動によって、最終的な価値が生み出されるという考え方。
□ 10 CFP（カーボンフットプリント）	Carbon Footprintの略。原材料調達から廃棄に至るまでの製品ライフサイクル全体のCO_2排出量を把握して表示する仕組み。

キーワード	意味
□ 11 静脈物流	使用済みの製品や商品をリサイクルするために回収し、再資源化拠点に輸送すること。回収物流ともいう。
□ 12 グリーン物流	環境への負荷を低減し、効率的な輸配送を実現する物流システム。共同輸配送、モーダルシフト、低公害車導入などがある。
□ 13 クロスドッキング	物流センターに入荷した商品を保管せず、店ごとに仕分け・出荷するシステム。日本で主流の物流システム。
□ 14 ロジスティクス	企業が原材料調達から生産・販売に至るまでの物流の効率化を図ること。もともとは兵站（へいたん）を意味する軍事用語。
□ 15 3PL	3rd Party Logisticsの略。荷主に物流改革を提案し、一連の物流業務を受託・遂行する物流業務のアウトソーシングサービス。
□ 16 POSシステム	物品販売の売り上げ実績を単品単位で集計するシステムのこと。商品の在庫管理をはじめ、マーケティング材料にも利用されている。
□ 17 クイックレスポンス・システム	メーカーや小売店が生産から販売、在庫までの情報を共有し、在庫不足や売り逃しといった機会損失を最小限にするシステムのこと。
□ 18 サプライチェーンマネジメント	主に製造業や流通業において、原材料の仕入れから販売までその過程の情報を管理し、商品供給の流れを効率化する経営手法。
□ 19 マーチャンダイジング	商品購買層、販売時期、価格などを分析し、戦略的な商品調達を行うための計画・管理のこと。商品力を高める重要な施策。
□ 20 ボランタリーチェーン	独立した複数の小売店が仕入れや広告などの活動を共同で実施する形態。任意連鎖店ともいう。
□ 21 フランチャイズ	親会社が加盟店に対し、商号や商標、経営ノウハウと販売の権利を与える一方、加盟店は見返りとして対価を支払う関係のこと。

第1章 最新時事
第2章 国語
第3章 教養・スポーツ
第4章 英語
第5章 社会
第6章 数学
第7章 理科
第8章 仕事・業界

キーワード	意味
□ 1 ローミング	スマートフォンやインターネット接続サービスなどの業者間で提携し、エリア外でもエリア内同様のサービスを利用できること。
□ 2 ギャランティー型	通信速度やサービスの品質が保証されている通信ネットワーク、あるいは通信サービスのこと。
□ 3 ラストワンマイル	通信事業者の最寄りの加入局からユーザーの建物までのネットワークを接続するための手段。もしくは最終行程のこと。
□ 4 コモンキャリア	自社で通信設備を所有している通信事業者のことで、NTT、KDDI、ソフトバンクなどがこれにあたる。
□ 5 サーバ	情報データやサービスを管理し、要求に応じてそれらを提供するコンピュータ、またはソフトウェアのこと。
□ 6 ドミナント規制	総務省が、一定以上のシェアを獲得した通信事業者に対して、市場競争が正常に行われなくなることを防ぐ目的で適用する規制。
□ 7 POP	Post Office Protocolの略。インターネット上で電子メールを保存しているサーバからメールを受信するためのプロトコル。
□ 8 インターフェース	コンピュータと周辺機器の間に立って情報のやりとりを仲介するもの。またはその規格。
□ 9 プロバイダー	プロバイダーは「供給者」という意味。情報通信でいう「プロバイダー」はインターネット接続事業者を指すのが一般的。
□ 10 AR	Augmented Realityの略。拡張現実。現実世界の情報にコンピュータで作り出した情報を付加して表示する技術。

キーワード	意味
□ 11 サードパーティー	他社のソフトウェアや周辺機器などに対応する製品を作るメーカー。純正品と比べて、機能や性能面で幅を持たせた製品が多い。
□ 12 バンドル	パソコンにOSやアプリケーションソフトを事前にインストールするなど、ある製品に別の製品をあらかじめ付属・配布すること。
□ 13 トラフィック	ネットワーク上を移動する音声や文書、画像などのデジタルデータやネットワーク上の通信量のこと。
□ 14 ユビキタス	「あまねく存在する」という意味で、IT業界ではコンピュータの存在を意識せず、その機能を利用できる環境を指す。
□ 15 シームレス	ユーザーが複数のサービスを違和感なくインタラクティブに利用できること。「シームレス」は「継ぎ目のない」という意味。
□ 16 LTE	Long Term Evolutionの略。第3世代(3G)携帯のデータ通信を高速化した規格。さらに、2020年をめざし5G(第5世代)の研究がすすんでいる。
□ 17 IP	Internet Protocolの略。コンピュータ機器同士がお互いにデータ交換を可能にするための通信手順で「IPプロトコル」ともいう。
□ 18 ハイエンド端末	製品シリーズや同一ジャンルの中で、新しい技術を採用した高機能・高性能を追求した最上位クラスの製品・端末のこと。
□ 19 OTT	Over The Topの略。テレビや電話などの動画・音声コンテンツを、その通信事業者を使わずにインターネット回線で提供すること。
□ 20 ユーザー・エクスペリエンス	意識・無意識を問わず、ユーザーが本当にやりたいことを「楽しく」「心地よく」実現できるかどうかを重視した概念。
□ 21 SIM	Subscriber Identification Moduleの略。携帯電話に使うICカード。SIMで電話番号などが割り当てられる。

第1章　最新時事
第2章　国語
第3章　教養・スポーツ
第4章　英語
第5章　社会
第6章　数学
第7章　理科
第8章　仕事・業界

キーワード	意味
□ 1 ゼネコン（ゼネラル・コントラクター）	発注者から元請負者として土木・建築工事一式を請け負い、設計から工事の進捗管理までのすべてを取りまとめる建設業者のこと。
□ 2 ジョイントベンチャー	大規模な建設工事などを複数の企業が共同して請け負うこと。それぞれの企業が得意分野を生かして総合的な受注・施工を行う。
□ 3 REIT（不動産投資信託）	Real Estate Investment Trustの略。投資家から集めた資金で不動産を購入し、その収益を分配する金融商品。リートと読む。
□ 4 第三セクター	国や地方公共団体と民間企業の共同出資によって設立された法人。国土交通インフラや街づくりなどでこの形態が見られる。
□ 5 PFI	Private Finance Initiativeの略。公共施設の建設・管理・運営などを、民間の資金・技術・経営能力を活用して行う手法のこと。
□ 6 エコ住宅	外壁や窓の断熱性機能、高機能給湯器や太陽光パネルといった省エネ設備が整っている環境に配慮した住宅のこと。
□ 7 環境アセスメント	大規模開発事業による環境への重大な影響を事前に調査し、環境保全についてあらかじめ予測、評価を行うこと。環境影響評価。
□ 8 バリアフリー	高齢者や障害者はもちろん、生活者の暮らしを妨げるような物理的・精神的障害を取り除く施策、また障害を取り除いた事物のこと。
□ 9 ヒートアイランド現象	大都市圏の都市部の気温が周辺部に比べて島状に高くなる現象。特に夏季はビル熱やエアコン室外機などで著しく上昇する。
□ 10 談合	競争入札が行われる公共事業などで、複数の建設会社が事前に入札価格や落札者を相談して入札内容を調整する違法行為。

キーワード	意味
☐ 11 構造計算	建物自体の重さや地震や風といった外力に対して、安全な建築物を造るために必要な資材量を計算すること。
☐ 12 公示地価	国土交通省が公表する土地の評価価格。公的な土地の価格には、公示地価以外に基準地価（都道府県）と路線価（国税庁）がある。
☐ 13 電子入札	公共事業の入札に関して、情報公開、入札手続き、結果公表といった一連の流れをすべてインターネット上で行うこと。
☐ 14 スプロール	都市が発展するにつれて、計画的な街路形成をせず虫食い状態で都市郊外の宅地開発が広がっていく様子。
☐ 15 インテリジェントビル	電力・通信インフラを強化し、各種配線取り回しに配慮した高付加価値なオフィスビル。セキュリティー機能も強化されている。
☐ 16 コンバージョン	テナントの入らなくなったオフィスビルをマンションにリフォームするなど、既存建物を別用途に変換・転用すること。
☐ 17 大深度地下使用法	地下40m以深、あるいは基礎杭の支持地盤上面から10m以深の大深度の地下を公共のために使うことができる旨を定めた法律。
☐ 18 耐震構造	建物の構造（柱、梁、壁）が地震の揺れに抵抗できる強度を持って建築されている建物のこと。
☐ 19 免震構造	地盤と建物の間に積層ゴムなどの装置を設置して、地震の揺れを吸収する構造。空気圧で建物を浮かせる技術もある。
☐ 20 制震構造	建物内にダンパーなどの制振器を設置し、地震の揺れを減衰させて建物の振動を低減させる構造。
☐ 21 中心市街地活性化法	中心市街地の衰退を抑え、都市機能の増進と経済活力の向上を推進するために制定された法律。

第1章　最新時事
第2章　国語
第3章　教養・スポーツ
第4章　英語
第5章　社会
第6章　数学
第7章　理科
第8章　仕事・業界

キーワード	意味
□ 1 ITS（高速道路交通システム）	Intelligent Transport Systemsの略。交通の効率と快適性を向上させる技術の総称。自動車ではVICSやETCなどがある。
□ 2 VICS	Vehicle Information and Communication Systemの略。カーナビなどで、渋滞や交通規制をリアルタイムに送信するシステム。
□ 3 ETC	Electronic Toll Collection Systemの略。高速道路の渋滞緩和を目的とした電子料金収受システム。2001年から全国で導入された。
□ 4 ハイブリッドカー	異なる複数の動力を持つ車で、ガソリンエンジンと電気モーターが協調して走る自動車。従来のガソリン車よりも燃費がよい。
□ 5 燃料電池自動車	搭載した燃料電池で水素と空中の酸素を反応させて電気を取り出し、モーターで走行する自動車。走行時に排気ガスが出ない。
□ 6 電気自動車	電気をエネルギー源としてモーターで走行する自動車。電池式電気自動車や燃料電池自動車などがある。
□ 7 ASV（先進安全自動車）	Advanced Safety Vehicleの略。先進技術を駆使して、車両周辺や路面状況などを検知し、ドライバーの安全運転を支援する自動車。
□ 8 パークアンドライド	自家用車で最寄りの駅やバス停まで行き、駐車したあと、公共交通機関を利用して目的地に向かう移動方法のこと。
□ 9 エコカー減税	ハイブリッド自動車や電気自動車などの環境負荷の少ないエコカーに対する自動車重量税や自動車取得税を対象とした減税措置。
□ 10 自動車リサイクル法	廃棄される自動車のリサイクルを自動車メーカーに義務づけた法律。ユーザーも新車の登録時にリサイクル料金を支払う。

キーワード	意味
□ **11** カーシェアリング	登録した会員が特定の自動車を共同使用するサービス。マンションなどの集合住宅などで採用されている。
□ **12** アイドリングストップシステム	信号待ちや駐停車の際にエンジンを停止させ、アイドリングをしないことで排出ガスの抑制や燃費の向上を図る技術。
□ **13** ディーゼルエンジン	燃費がよく、ガソリンよりも安い軽油を燃料とするエンジン。トラック、バスなどに使われている。
□ **14** ECU	Electronic Control Unitの略。エンジンを制御するコンピュータ。最近ではエアバッグやバッテリーの管理など機能が拡大している。
□ **15** リコール	販売された自動車に設計・製造上の欠陥や不具合が見つかった際、メーカーが国土交通省に届け出て回収し無料修理すること。
□ **16** イモビライザー	電子的なキーの照合システムで自動車の盗難を防止する装置。専用のキー以外ではエンジンの始動ができない。
□ **17** アクティブセーフティー	事故を未然に防ぐ技術の総称。予防安全。ABS（アンチロック・ブレーキ・システム）などが代表的なものとして挙げられる。
□ **18** ドライブレコーダー	運転席近くに搭載し、運転の状況を映像と音声で録画する装置。事故発生の要因を分析する材料になる。
□ **19** 自動車NOx・PM法	「自動車から排出される窒素酸化物及び粒子状物質の特定地域における総量の削減等に関する特別措置法」のこと。
□ **20** NOx	窒素酸化物の総称。自動車排出ガス規制で排出量の上限が決まっている。ほかにSOx（硫黄酸化物の総称）も規制対象となっている。
□ **21** PM（粒子状物質）	Particulate Matterの略。自動車の排気ガスなどに含まれる粒子状物質などを指すことが多い。

キーワード	意味
☐ 1 モーダルミックス政策	自動車、鉄道、船などの各交通機関が連携し、効率的な交通体系を築く政策のこと。トラックから鉄道や海運にシフトさせる政策が多い。
☐ 2 トラフィック・ゾーン・システム	都市をいくつかのゾーンに分け、ゾーン間の移動は自動車の使用を禁じ、歩行空間を確保するシステム。ヨーロッパに導入実績が多い。
☐ 3 ロードプライシング	公道は本来無料だが交通量の抑制を図る施策として、特定の道路や時間帯において自動車での利用に課金・課税すること。
☐ 4 アセットマネジメントシステム	橋梁やトンネルなどを道路の資産とし、それらの損傷や劣化を把握・維持管理を行うこと。または、その方法。
☐ 5 道の駅	一般道路沿いにある休憩所で、市町村と道路管理者が協力して運営する施設。地域の魅力を紹介したり、特産物の販売などを行う。
☐ 6 整備新幹線	全国新幹線鉄道整備法に基づいて整備計画が決定した線区。北海道・東北・北陸・九州新幹線の特定区間がこれにあたる。
☐ 7 リニア中央新幹線	東京・大阪間を結ぶリニアモーターカー式の新幹線で2014年着工。2027年に東京・名古屋間を結び、2045年に全線開業の予定。
☐ 8 LRT	Light Rail Transitの略。次世代型路面電車。気軽に乗り降りができ、バリアフリーに対応しやすい。富山ライトレールなど。
☐ 9 高規格幹線道路	全国的な自動車交通網を形成する自動車専用道路。高速自動車国道、本州四国連絡高速道路、自動車専用道路など総延長1万4000km。
☐ 10 耐空証明	航空機の安全性や騒音などに関する基準を満たしていることを証明する文書。耐空証明がなければ航空機は運航できない。

キーワード	意味
□ 11 ハブ空港	広域航空網の中心として機能する中核空港のこと。アメリカのジョン・F・ケネディ国際空港、ロンドンのヒースロー空港などが有名。
□ 12 航空交通管制	航空機が安全かつ円滑に飛行するよう指示したり、効率的な運航が可能になるように管理・指導すること。
□ 13 LCC（ローコストキャリア）	Low Cost Carrierの略。効率的な運営により低価格の運賃で運航サービスを提供する航空会社。
□ 14 コンテナターミナル	コンテナ輸送における海上輸送と陸上輸送の結節点、中核的港湾施設のこと。貨物の積み降ろしや、コンテナの保管などを行う。
□ 15 カボタージュ	他国の国内2地点間、もしくは海外領土間を運送すること。日本では外国船舶によるカボタージュを原則禁止している。
□ 16 ミッドデッキタンカー	石油タンカーが衝突や座礁事故などで外壁を損傷しても原油の大規模流出が起きない二重船殻構造にしたタンカー。日本発の技術。
□ 17 ハイドロフォイル（水中翼船）	船腹が水面に接する境界線に翼を取り付けることで水の抵抗を減らし、船体を浮き上がらせて高速で進む船のこと。
□ 18 バルク輸送	穀物や油類などの液状・粉末状の品物を梱包せずに輸送すること。タンクローリーを使うことが多い。
□ 19 国際複合輸送	国際間において、特定の運送品を鉄道、航空、船、トラックなどさまざまな運送手段を使って輸送すること。
□ 20 アイドリングタイム	作業員が実際に業務を行っていない時間のこと。運輸業界だけでなく、外食産業や物流業界などでも使われる。
□ 21 ホーム	運輸業界のホームとはトラックに荷物を積みやすくするためにかさ上げされた地面のこと。

第1章 最新時事
第2章 国語
第3章 教養・スポーツ
第4章 英語
第5章 社会
第6章 数学
第7章 理科
第8章 仕事・業界

キーワード		意味
□ 1	コジェネレーション システム	エネルギーから電力などを取り出すときに発生した別のエネルギーを利用すること。熱電併給ともいう。
□ 2	バイオマス	生物に由来する再生可能なエネルギーや資源のこと。海藻、木材、プランクトンなど多様な種類がある。
□ 3	バイオエタノール	トウモロコシやサトウキビなどのバイオマス材料から製造されるエタノール。ブラジルでは車の燃料として使われている。
□ 4	化石燃料	地質時代に堆積した動植物の死骸が化石になったもので、その中でも燃料として用いられる物質の総称。原油と石炭が代表的。
□ 5	LNG（液化天然ガス）	Liquefied Natural Gasの略。天然ガスを−162℃以下に冷却して液体にしたもの。気体よりも体積が軽いので、輸送・保管しやすい。
□ 6	再生可能エネルギーの固定価格買取制度	2012年7月より、太陽・風力・水力・地熱などの再生可能エネルギーから発電した電力の買い取りを電力会社に義務づけた制度。
□ 7	温室効果ガス	地表から放射された赤外線の一部を吸収して、地球に温室効果をもたらす気体。代表的なものは二酸化炭素とメタン。
□ 8	WTI	West Texas Intermediateの略。アメリカのテキサス州とニューメキシコ州で産出する軽質原油。北米の原油価格の指標となる。
□ 9	スマートグリッド	通信・制御機能などIT技術を駆使した次世代送電力網のこと。電力ネットワークを構築するキーテクノロジー。
□ 10	発送電分離	電力会社の発電と送電を分離することで電力自由化を目指す施策。政府は2020年までをめどに実施すると表明した。

キーワード	意味
□ 11 ゼロ・エミッション	すべての廃棄物を有効活用し、最終的に廃棄物をゼロにする資源循環型の社会システム、もしくは概念。
□ 12 メタン・ハイドレート	メタンの周囲を水分子が囲んだ氷状の物質。日本の太平洋側、日本海側の海底に埋蔵されていることが分かっている。
□ 13 シェールガス	頁岩(けつがん)から採取される天然ガス。シェールガスの採取が容易になったことで世界のエネルギー事情が変化しつつある。
□ 14 リアクターバイオシステム	排水中の有機性汚濁物質を微生物によって分解する排水浄化法。臭気が発生せず、窒素やリンも処理できる。
□ 15 太陽光発電	太陽光が太陽電池に当たって直接電力を発生させる発電方式。再生可能エネルギーの一つ。
□ 16 クリーンエネルギー	エネルギーから電力を取り出す際に、二酸化炭素や窒素などの有害物質を排出しないエネルギーのこと。
□ 17 3R	資源の再循環(Recycle)、再利用(Reuse)、廃棄物減少(Reduce)を指す。環境配慮に関する言葉。
□ 18 カーボンニュートラル	ある生産や活動、またはライフサイクルにおいて、二酸化炭素の排出量と吸収量が同量のことをいう。
□ 19 核燃料サイクル	原子力発電所から出る使用済み核燃料から、プルトニウムや燃え残りのウラン235を抽出して再利用すること。
□ 20 IAEA	International Atomic Energy Agencyの略。国際原子力機関。1957年に発足した原子力の平和利用を促進する国際機関。
□ 21 OAPEC	Organization of the Arab Petroleum Exporting Countriesの略。アラブ石油輸出国機構。1968年にアラブ産油国の連帯強化のために設立された。

第1章 最新時事

第2章 国語

第3章 教養・スポーツ

第4章 英語

第5章 社会

第6章 数学

第7章 理科

第8章 仕事・業界

電子機器・精密機械

キーワード	意味
□ 1 デジタル家電	デジタルカメラ・DVDレコーダー・薄型大型テレビといったデジタルデータを扱う家電製品の総称。
□ 2 リチウムイオン電池	1980年代に旭化成が開発した非水系電解液2次電池。携帯電話やノートパソコンなどの製品で使われている。
□ 3 バイオメトリクス認証	生体認証のこと。指紋、手のひらや指の血管、瞳の虹彩などを読み取り、本人を認証するシステム。
□ 4 ナノテクノロジー	ナノメートル(10^{-9}m)の原子や分子のスケールで、物質や形態を加工・製作する技術のこと。
□ 5 ギガ	10^9の量を表す単位。通常はパソコンやスマートフォンなどのメモリ容量を示す単位として使われる。
□ 6 フラッシュメモリ	書き換え可能で、電源を切ってもデータが消えないメモリ。RAMとROMの2つの要素を兼ね備えている。
□ 7 LSI	Large Scale Integrationの略。トランジスタやダイオードといった電子部品を、一つの半導体チップに組み込んだ集積回路。
□ 8 有機EL	有機エレクトロルミネセンスのこと。電気を流すと発光する有機物質を使った技術で、次世代ディスプレイの有力候補。
□ 9 受動素子	電子回路の素子の一つで、増幅・整流などの能動的機能を持たないもの。抵抗器・コンデンサ・コイルなどがそれにあたる。
□ 10 コンデンサ	電気を蓄えたり放出したりする受動素子のこと。絶縁体を2枚の導電体で挟み、電荷を蓄える装置。

キーワード	意味
☐ **11** LED	Light Emitting Diodeの略。二酸化炭素の排出量が少なく寿命が長い半導体素子。発光ダイオード。
☐ **12** Bluetooth	近距離無線通信規格の一つ。携帯電話やパソコン、音楽再生機器などさまざまな製品で取り入れられている。
☐ **13** MPEG	Moving Picture Experts Groupの略。映像データを圧縮する国際標準方式で、専門家組織名が規格そのものの名称になった。
☐ **14** EMS	Electronics Manufacturing Serviceの略。電子機器の受託生産をするサービス。EMS企業の最大手は台湾の鴻海精密工業。
☐ **15** ガラパゴス	日本市場という限定されたところで最適化された家電商品などの技術や規格が、世界では通用しない現象を指す。
☐ **16** CAD	Computer Aided Designの略。機械や電子回路などの設計をコンピュータで行うシステムの総称。
☐ **17** ダイカスト	精密な金型に溶融金属を圧入して鋳造する方法。または、自動車や家電製品などその方法で製造された製品のこと。
☐ **18** ハウジング	部品を囲んでいる箱形の部分、もしくは機械装置などを覆う箱形の部分。保護の役割を持つ。
☐ **19** ショットブラスト	砥粒や鋼製・鋳鉄製の小球などを工作物に吹きつけて表面を仕上げる加工方法で、特殊加工の一種。
☐ **20** マニピュレーター	人的作業を代替するために人間の手腕と同等の機能を持たせた機械・ロボットのこと。医療機関などで使用されている。
☐ **21** インターロック	機器の誤動作や作業者が誤った操作をするなどの不正確な手順をしたときに、自動で機械が停止すること。安全技術装置。

第1章 最新時事

第2章 国語

第3章 教養・スポーツ

第4章 英語

第5章 社会

第6章 数学

第7章 理科

第8章 仕事・業界

素材（鉄鋼・非鉄金属・化学）

キーワード	意味
☐ 1 プラント	発電所、工場などの大規模施設。もっとも典型的なのは鉄鋼プラントや化学プラントであり、大量のエネルギーを使って素材を作る。
☐ 2 銑鉄（せんてつ）	鉄鉱石を高炉などで還元して取り出した鉄。鋳物に使われる。転炉や平炉を用いて炭素含有量を落として鋼にする。
☐ 3 粗鋼	転炉などで精錬され、圧延・鍛造などの加工を施す前の鋼。粗鋼生産量は景気動向を示す指標として使われる。
☐ 4 アモルファス金属	ガラスと同じく結晶構造を持たない金属。溶融金属をリボン状に射出、急冷して製造する。電源用トランスほか、用途は広い。
☐ 5 金属ガラス	アモルファス金属はリボン状の箔だが、金属ガラスはバルク（塊）。1990年に東北大学金属材料研究所で発見された。
☐ 6 軽金属	比重が4～5以下の軽い金属。工業用に使われるものでは、アルミニウム、マグネシウム、チタンなどが代表的。
☐ 7 重金属	一般的には鉄の比重（7.85）以上の金属を指す。精錬が容易なものが多く、鉄、鉛、金、銀、銅などが代表的。
☐ 8 ベースメタル	埋蔵量・産出量が共に多く、精錬が容易な金属。鉄、銅、亜鉛、アルミニウムなど。コモンメタルとも呼ばれる。
☐ 9 レアメタル	工業での使用量が少ない金属。リチウム、マンガンなど多数の金属が含まれ、特に希少な17種の希土類元素はレアアースと呼ばれる。
☐ 10 超硬合金	切削工具に使われる、とても硬度が高く、耐摩耗性に優れている合金。硬質の金属炭化物の粉末を焼結して作られる。

キーワード	意味
□ 11 特殊鋼	鉄に炭素以外のさまざまな元素を加えた合金の鋼。添加する元素により、硬度・強度・耐磨耗性などが向上する。
□ 12 水素貯蔵合金	水素吸蔵金属ともいう。自己体積の1000倍以上の水素を吸収する金属。長時間充電式電池などに利用されている。
□ 13 形状記憶合金	変形してもある温度（変態点）以上に加熱すると元の形に戻る金属。一般的なものとしてニッケルとチタンの合金などがある。
□ 14 高炉	鉄鉱石から銑鉄（せんてつ）を取り出すための炉のことで大型のものは高さが100mを超える。溶鉱炉ともいう。
□ 15 電磁鋼板	鉄の特性である磁性を改良し開発された磁性材料のこと。電気と磁気エネルギーの交換を効率的に行う。
□ 16 ナフサ	沸点範囲35〜180℃の段階で原油から蒸留して得られる成分。粗製ガソリン。石油化学製品の原材料として利用されている。
□ 17 エチレン	ナフサを熱分解して製造された引火性・発火性を持つ気体。石油化学は多様な化合物を生成するが、その出発点となるもの。
□ 18 汎用樹脂	合成樹脂の総称で汎用プラスチックのこと。安価で大量生産しやすく、包装材料・家庭用品など用途は広い。
□ 19 触媒	接触する物質の化学反応を促進または抑制する物質のこと。触媒となる物質自身は変化しない。
□ 20 石油化学産業	石油や天然ガスを原料とし、化学反応によって合成繊維や合成樹脂などを製造する産業のこと。
□ 21 ファインケミカル	多品種・少量生産で高機能かつ付加価値の高い化学工業製品、もしくは精密化学品のこと。医薬品、界面活性剤などがそれにあたる。

第1章 最新時事
第2章 国語
第3章 教養・スポーツ
第4章 英語
第5章 社会
第6章 数学
第7章 理科
第8章 仕事・業界

キーワード	意味
☐ 1 地産地消	地域で生産された食材をその地域で消費すること。道の駅や地元市場などで販売しており、地場産業の活性化にもつながる。
☐ 2 ベンダー	売り手や販売店など「売る側」の総称。特定業者の製品を扱うのはシングル・ベンダー、複数業者を扱うのはマルチ・ベンダー。
☐ 3 フードマイレージ	食料品が消費者に届くまでの輸送距離を数字で表したもの。遠くから運べば大きくなり、地産地消では小さくなる。
☐ 4 プライベートブランド（PB）	小売店や卸売業者が企画し、独自の商標で販売する商品。近年、スーパーやコンビニエンスストアのPB商品が増加している。
☐ 5 バウチャービジネス	飲食店やコンビニエンスストアで利用できる食券を利用したビジネス。バウチャーは引換券やクーポンのこと。
☐ 6 特定保健用食品（トクホ）	身体の生理学的機能などに関与する保健機能成分を含み、特定の作用が期待できる食品。消費者庁によって認可される。
☐ 7 トレハロース	キノコや酵母などに含まれる天然糖質で、食品の乾燥・凍結を抑制する特長を持つ。また保水性も高く、化粧品にも使用されている。
☐ 8 アルミ蒸着フィルム	プラスチックなどの基材フィルムにアルミニウムを蒸着させたもの。光や空気を通さないので食品用パッケージに使用されている。
☐ 9 第4のビール	ビールや発泡酒に分類されないように製造し、酒税法ではリキュールに分類される飲料のこと。
☐ 10 エージレス	脱酸素剤のこと。食品が持つ酸素や包装フィルムを透過する酸素を除去し、微生物の繁殖、油脂の酸化を防ぐ。三菱ガス化学の登録商標。

キーワード	意味
☐ 11 遺伝子組換え食品	遺伝子を組換えた農産物を原材料にした加工食品。使用した遺伝子組換え農産物を包装に表示することが義務づけられている。
☐ 12 セントラルキッチン	原材料の下処理や調理の一部を行う調理場、もしくは施設のこと。調理されたものを各チェーン店に運送する。
☐ 13 買掛金	すでに原材料や商品を仕入れているがまだ支払いを済ませていない金額のこと。営業上の未払い料金。
☐ 14 棚卸し	商品や原材料など店内にある物品の在庫数や金額を確認すること。定期的に棚卸しすることで適正在庫や売り逃しを防ぐ。
☐ 15 スーパーバイザー	チェーン組織において企業方針に沿って店舗運営ができているかどうかを管理する責任者。店長や店員の指導なども行う。
☐ 16 FLコスト	フード・レイバー・コスト。食材原価と人件費の合計額。外食チェーンではこのコストが売上高の60%までになることが適正とされる。
☐ 17 バッチ処理	売上金額や売れ筋品目などのデータをある程度蓄積しておき、一定量に達したらまとめて処理をすること。
☐ 18 OES	Order Entry Systemの略。注文受付時に使われる端末システムで、厨房に置かれたプリンターからオーダー内容が出力される。
☐ 19 デシャップ	厨房とホールの間にあり、注文されたメニューを受け渡す所、あるいはここで行う検品作業を指す。
☐ 20 アイドルタイム	お客がなく労働力が空費されている状態の時間。主に客足が少ないランチとディナー間の時間など。
☐ 21 食材ロス	仕入れた食材が賞味期限切れや管理ミスなどから、廃棄処分となって発生した損失のことを指す。

第1章　最新時事
第2章　国語
第3章　教養・スポーツ
第4章　英語
第5章　社会
第6章　数学
第7章　理科
第8章　仕事・業界

キーワード	意味
□ 1 MR	Medical Representativeの略。医薬情報担当者。医師などの医療従事者を訪ね、医薬品情報を提供、収集する営業職。
□ 2 ヒトゲノム計画	人間の全遺伝子情報であるヒトゲノムを解読・研究する計画で2003年に解読が終了した。医療発展の情報として期待されている。
□ 3 バイオ医薬品	組み換えDNA、細胞融合などのバイオテクノロジーで製造された医薬品。ヒトインスリン、インターフェロンなどがある。
□ 4 カテーテル	医療に用いられる管で、血管や消化管の中に挿入し、体液を排出したり薬物を注入するときなどに使われる。
□ 5 内視鏡	消化器や腹腔などに挿入して内部を観察・治療する医療機器。1950年に日本で開発され、初期には胃カメラと呼ばれていた。
□ 6 CSO	Contract Sales Organizationの略。製薬企業と契約し、医薬品のマーケティング・販売活動など一連のサービスを提供する企業。
□ 7 生活改善薬	治療ではなく、生活の質を向上させる医薬品。育毛剤、禁煙補助薬、食欲抑制剤、睡眠改善薬などがある。
□ 8 医薬品のネット販売	一般医薬品のネット販売規制を最高裁判所が無効としたため、2013年1月よりネット販売が再開された。
□ 9 ジェネリック医薬品	特許が切れた医薬品をほかの製薬会社が製造・供給する後発医薬品。同じ成分や薬効を持つが、価格は異なる。
□ 10 分子標的薬	がん細胞などの腫瘍細胞が持つ特異的な性質を分子レベルでとらえて、その増殖・転移を防ぐ薬。

キーワード	意味
☐ 11　インフォームド・コンセント	「医師の説明に基づく同意」。医師は病気について十分な説明を行い、患者はそれを了承した上で治療を行うこと。
☐ 12　ケア・マップ	入院後の治療計画。その治療内容や治療担当者などが把握できるように入院後のケアを時系列にまとめたもの。
☐ 13　再生医療	人体組織が欠損した場合、その組織を外部で培養し、体組織に戻して治療する医療分野。iPS細胞が切り札として期待されている。
☐ 14　QOL	quality of lifeの略。「生活の質」や「生命の質」という意味。患者の生活において満足感や充実感を高めていこうとする考え方。
☐ 15　ビューティーアドバイザー(BA)	デパートの化粧品売り場にいる美容部員のこと。多くの化粧品メーカーが美容部員制度を持ち、売り場に派遣している。
☐ 16　セクション／フリー	セクションは特定店舗に勤務するBAのことで、フリーはさまざまな店舗に出向いて活動するBAのこと。
☐ 17　セルフ化粧品	スーパーやドラッグストアで販売されている化粧品。専門スタッフが販売している化粧品よりも比較的安価な商品が多い。
☐ 18　ドクターズコスメ	皮膚科、美容外科、形成外科などの医師が開発した化粧品のこと。専門医療機関でも販売されている。
☐ 19　カウンセリング	BAなどの専門店員が肌質のチェックや美容の悩みなどを聞いた上で、専門的な視点から解決策を提案すること。
☐ 20　ターンオーバー	肌が生まれ変わる周期のことで、正常な皮膚であれば通常28日間がそのサイクルといわれている。
☐ 21　ノープリントプライス	商品パッケージに標準小売価格やメーカー希望小売価格を印字しないこと。資生堂「マキアージュ」で初めて採用された。

第1章　最新時事
第2章　国語
第3章　教養・スポーツ
第4章　英語
第5章　社会
第6章　数学
第7章　理科
第8章　仕事・業界

キーワード	意味
☐ 1 観光立国推進基本計画	観光立国を実現するために、2012年3月に閣議決定された計画。2016年までに国内旅行消費額を30兆円にする目標を掲げている。
☐ 2 インバウンド施策	外国人旅行者を日本へ誘致する施策。観光業界でいう「インバウンド」は国外から来る外国人旅行者のこと。
☐ 3 アウトバウンド施策	日本人の海外旅行を支援する施策。「アウトバウンド」は一般的に日本国内からの海外旅行を指すことが多い。
☐ 4 MICE	ビジネストラベルの一形態で、会議・研修（Meeting）、報奨・招待（Incentive）、大会・学会（Convention）、展示会（Exhibition）の頭文字を取ったもの。
☐ 5 ニューツーリズム	人や自然との触れ合いを重視する新しいタイプの旅行。旅行会社主導ではなく、地域が特性を生かして先導する。
☐ 6 アロット	ホテルや航空会社が客室ないし座席の一部を旅行会社に提供すること。「割りあてる・分配する」という意味。
☐ 7 燃油サーチャージ	燃料価格が急に変動するとき、航空会社が運賃とは別に徴収する料金のこと。2002年以降、恒常化しつつある。
☐ 8 オーバーブッキング	ホテルや航空会社などが、空席などのリスクを減少させるために客室・座席の予約を定数以上受けること。
☐ 9 ツーリズムGDP	ツーリズム産業の旅客輸送、宿泊などのサービスを数値化したもの。ツーリズム経済の主要な指標となっている。
☐ 10 アゴ、アシ、マクラ	旅行の3要素である食事、交通、宿泊のこと。これらのサービスの質と非日常体験の演出が旅行の質を決める。

キーワード	意味
□ 11 旅行業務取扱管理者	旅行取引に関する業務の管理・監督を行う責任者。旅行業法で営業所ごとの配置を定められている。国家試験合格で取得できる。
□ 12 テクニカルビジット	産業視察や行政視察など専門技術を学ぶ旅行。旅行会社は視察分野ごとの専門知識を持たなければならない。
□ 13 バリアフリーツアー	障害者や高齢者など、身体に不安を抱える人のための旅行・観光。国内外問わずサポートする旅行代理店がある。
□ 14 ホスピタリティー・マインド	顧客に合わせた質の高いサービスを提供すること。ホスピタリティーは「おもてなし」の意味。
□ 15 ロードファクター	航空機において座席の販売状況を把握するための指標、有償座席利用率。航空会社の路線ごとに損益分岐点が設定されている。
□ 16 客室稼働率	ホテルや旅館などの宿泊施設が持つ全客室のうち、実際に顧客に利用されている客室の割合のこと。
□ 17 ADR	Average Daily Rateの略。平均客室単価。客室売上を販売客室数で割った値。ホテルの業績を示す指標の一つ。
□ 18 RevPAR	Revenue Per Available Roomの略。販売可能客室1室あたりの売り上げを表す値。客室稼働率と平均客室単価を掛けたもの。
□ 19 インハウス・エージェント	業務渡航が多い企業で出張や旅行業務を請け負うために設立された旅行会社のこと。出張コスト削減などのメリットがある。
□ 20 テーマパーク	あるテーマに沿って施設全体を演出する大規模な娯楽施設。日本では東京ディズニーランドが最大手。
□ 21 シネマコンプレックス	一つの建造物の中に複数の上映スクリーンがある施設。またはショッピングモールなどが併設されている複合商業施設。

第1章 最新時事
第2章 国語
第3章 教養・スポーツ
第4章 英語
第5章 社会
第6章 数学
第7章 理科
第8章 仕事・業界

面接でも生かせる!

アパレル・服飾

キーワード	意味
☐ 1 DCブランド	デザイナーズ&キャラクターズの略で、有名なデザイナーやメーカーの商標を持ったファッション商品のこと。
☐ 2 オートクチュール	デザイナーが購入者のためにオリジナル衣装をデザインすること。または高級衣装店。生地、仕立てなど最高級の完成度を持つ。
☐ 3 アフォーダブル・ラグジュアリー	アフォーダブルは「手ごろな」、ラグジュアリーは「ぜいたく」の意味。高級感を保ちながらも比較的安い価格帯のブランドを指す。
☐ 4 マス・ファッション	大多数の人々に支持されるようになったファッションのこと。大衆ファッションともいう。
☐ 5 ディフュージョンライン	セカンドラインともいわれ、ブランドのアイデンティティーを保ちつつ、低価格で商品を製造し販売すること。
☐ 6 シーズン	季節ごとに衣服の企画、生産、販売を行っており、一般的に春夏のS/S、秋冬のA/Wの2つのサイクルを指す。
☐ 7 継続商品	シーズンを問わない商品のこと。通常はシーズンごとに商品を変更していくが、売れ行きのよい商品などは継続商品になりやすい。
☐ 8 フェイス	店頭の棚やラックに陳列された商品など購入者の目に触れる部分、ないし店内全体のレイアウトのこと。
☐ 9 セット率	購入者一人あたりの購入数量、もしくは売り上げ点数を購入人数で割った数値。店舗目標の一つとしてセット率の向上がある。
☐ 10 ステッチ	縫い目のこと。手縫い、刺繍、ミシン縫い、レース、ニット、手芸の刺し目など針目の総称をいう。

キーワード	意味
□ 11 ダーツ	体形に合わせて立体的な丸みを出したり、デザイン上の効果を出すために、布の一部をつまんで縫い消すこと。
□ 12 Aライン	A字形のシルエットで、上部は小さく裾広がりになっているラインのこと。テントラインやピラミッドラインも同様。
□ 13 アシンメトリー	ファッションでは特に左右非対称という意味。遊び心やエッジのあるデザインで、シャツやジャケットの裾などによく見られる。
□ 14 ユニセックス	男女問わず、どちらでも着ることができる衣服やスタイルのこと。モノセックス、ノンセックスも同様。
□ 15 アバンギャルド	「前衛的な」「先駆け」「革新的」の意味。ファッションでは独創的なデザインを指して使用していることが多い。
□ 16 アーキテクチャー	「建築術」「建築学」という意味で、建築的なイメージを持ったシルエットやデザインなどに対して使用される。
□ 17 アール・デコ	1920〜30年代に流行した装飾様式で直線的かつ幾何学的な模様が特徴。直線的で幾何学的な柄をアール・デコ柄という。
□ 18 OEM	Original Equipment Manufacturingの略。発注元のブランドとして販売される製品を製造するメーカーのこと。
□ 19 ワードローブ	衣装ダンス、衣装部屋のこと。もしくはその人の持っている衣装または衣装の組み合わせのこと。
□ 20 ドメスティックブランド	国内のファッションブランド。ドメスティックブランドに対し、国外からの輸入ブランドをインポートブランドという。
□ 21 Qマーク	Qはクオリティーの略で、繊維製品品質総合検査制度に基づいて審査し、合格したものに付けられる品質保証マーク。

キーワード	意味
□ 1 トレードオフ	一方を追求するとき、その利益を得る代わりに他方が犠牲になるという二律背反の関係のこと。
□ 2 SWOT分析	企業戦略を立案する際に用いる現状分析の手法。Strength（強み）、Weakness（弱み）、Opportunity（機会）、Threat（脅威）の頭文字。
□ 3 コア・コンピタンス	他社が簡単にまねできないような、優れた独自技術、スキル、ノウハウ。企業の中核となる強みのこと。
□ 4 成長マトリックス	「市場浸透戦略」「市場開発戦略」「商品開発戦略」「多角化戦略」といった企業が成長するための4つのフレームワーク。
□ 5 イシューツリー	問題発生時に原因と解決方法を見つけるための方法。問題を頂点にして原因をその下に書き出していくと木のような構造になる。
□ 6 アジェンダ	予定・課題・行動計画といった意味で、会議や打ち合わせで挙げられた議題・検討事項をまとめた書面を指すことが多い。
□ 7 サステナビリティ	経済面だけでなく、社会貢献、法令遵守などにも重点を置いた上で企業が将来存続する可能性のこと。持続可能性。
□ 8 ベンチマーク	優良企業の優れた部分を分析し、自社の経営を改善する経営戦略手段および方法論のこと。
□ 9 アライアンス	同盟、連合という意味。企業経営上で使用される場合では、複数企業の業務提携を指す。
□ 10 ナレッジマネジメント	個人が保有する知識も含め、社内にあるさまざまな情報を管理し、社内全体で共有すること。情報を有効活用する経営方法の一つ。

キーワード	意味
□ 11 M&A	Merger and Acquisitionの略。企業合併、企業買収のこと。広義では資本提携や業務提携なども含まれる。
□ 12 アカウンタビリティ	学校の教育目標・教育計画・経営方針などを保護者や地域住民に対して説明すること。説明責任。
□ 13 ALT	Assistant Language Teacherの略。外国語指導教員の助手として外国語を指導する外国人（ネイティブ・スピーカー）のこと。
□ 14 エコスクール	環境を考慮して設計・建設・運営され、環境教育にも生かせるような施設が整っている学校のこと。
□ 15 地域の人材の活用	保護者が学校外の活動に協力したり、地域の人を学校に招いて講義をしてもらうなど、地域と学校の連携を高める取り組み全般。
□ 16 異年齢集団編成	年齢・学年が異なる子供を学習・生活集団として編成すること。総合的な学習の時間などに編成されることが多い。
□ 17 在宅サービス	自宅で生活する高齢者や身体障害者に対して、訪問看護、訪問入浴、通所看護といった援助を提供するサービスのこと。
□ 18 デイサービス	在宅の高齢者が生活指導、食事、入浴といったさまざまなサービスを日帰りで受けられる施設やサービスのこと。
□ 19 社会的支援ネットワーク	社会福祉関連機関や、家族、地域住民、ボランティアなどさまざまな人々が連携してつくる支援ネットワーク。
□ 20 ターミナルケア	死期が近づいている患者に対し、人間としての尊厳を保ちながら安らかに死を迎えることができるよう援助すること。
□ 21 エコロジカル・アプローチ	援助が必要な人を、家族・職場・地域住民といった集団の一員として、環境との相互関係を基に援助を行おうとするアプローチ。

第1章 最新時事／第2章 国語／第3章 教養・スポーツ／第4章 英語／第5章 社会／第6章 数学／第7章 理科／第8章 仕事・業界

キーワード	意味
□ 1 民放連	日本民間放送連盟の略。テレビ、ラジオ、衛星放送など民放全社が加盟している社団法人。1951年に発足した。
□ 2 あいのり	番組制作費を1社で提供するのが難しい場合などに、競合しない複数のスポンサーが一つの番組を共同で提供すること。
□ 3 アンタイム	正確な放送時間が特に決まっていないこと。スポーツの生中継など予測不可能な番組はアンタイムでCMを入れていく。
□ 4 ブッキング	興行・出演の契約を取得すること。映画配給においては買いつけた映画を上映するための場所を確保すること。
□ 5 インタラクティブ・メディア	テレビ、電話、パソコンなど双方向に情報交換ができる媒体のこと。「インタラクティブ」は双方向的という意味。
□ 6 ISBNコード	ISBNコードはISO(国際標準化機構)で制定された国際標準図書番号。国籍・出版社・書名がコード化されている。
□ 7 直販	書店や取次などを介さず、出版社が直接読者に本を販売すること。出版社主催のイベント会場や自社サイトなどで販売している。
□ 8 電子書籍	書籍や出版物の情報をデジタル化し、電子機器のディスプレイで読めるようにした出版物のこと。
□ 9 DRM	Digital Rights Managementの略。デジタルデータで公開されているコンテンツの著作権を保護し、複製を制御・制限する技術。
□ 10 著作隣接権	著作権所有者と似たような権利を行使することができる権利。隣接権所有者も著作物の無断利用を阻止することができる。

キーワード	意味
□ 11 本屋大賞	読者に近い立場で読者をよく知る書店員自身が、一番読んでほしいと思う小説を投票式で選ぶ文学賞。2004年から始まった。
□ 12 入稿	印刷所やDTPなどに原稿、写真、イラスト、図などの素材を渡すこと。または、素材を次行程の作業者に渡すこと。
□ 13 ゲラ刷り	原稿、写真、イラスト、図などを入稿したあと、本刷り（実際の印刷）前に校正用として仮刷りしたもの。
□ 14 校正／校閲	校正は、編集・執筆された原稿の修正、誤字脱字チェックをする作業。校閲は内容の事実確認まで行うこと。
□ 15 校了／責了（責任校了）	校了は校正を完全に終えた状態。責了は、わずかな修正はあるが、ゲラ刷り不要の場合に印刷所責任で修正してもらうこと。
□ 16 委託販売	委託契約を結んでいる販売店が出版物を一定期間販売し、売れ残ったものを出版社に返本する販売方法。
□ 17 責任販売	販売店のマージン率を上げる代わりに仕入れ・返本条件が課されるなど、販売側がこれまで以上に責任を負担する販売方法。
□ 18 取次（出版取次）	出版社と書店との間に入って出版物を流通させる業者。どの書店にどの程度の書籍を配布するかは取次が決める。
□ 19 日本ABC協会	公正な広告取引が行えるよう、新聞、雑誌、フリーペーパーといった出版・刊行物の販売・配布部数を公査・認定する機構。
□ 20 三六／三八広告	新聞に掲載する広告スペース、掲載範囲のこと。三六広告は3段×$\frac{1}{6}$、三八広告は3段×$\frac{1}{8}$のスペース。
□ 21 記事体広告	編集者が取材し、記事と同様の体裁で制作される広告。編集記事と区別するために広告である旨が記載されている。

オフィスで使われる単語集

キーワード	意味
☐ 1　ほう・れん・そう	報告、連絡、相談のこと。「ほう・れん・そう」を徹底することで業務をスムーズに行うことができる。
☐ 2　5W1H	When（いつ）、Where（どこで）、Who（誰が）、What（何を）、Why（なぜ）、How（どのように）という情報伝達の5要素。
☐ 3　プライオリティー	優先順位のこと。仕事を進める際は、プライオリティーを考えて業務計画を立てることが重要。
☐ 4　PDCAサイクル	Plan（計画）→Do（実施・実行）→Check（点検・評価）→Act（改善）の略。業務や事業活動を円滑に行うマネジメント・サイクル。
☐ 5　ターゲティング	セグメントされた消費者集団の中から、商品や事業を展開していきたい市場を選ぶこと。購買者（ターゲット）を定めること。
☐ 6　カニバリゼーション	製作した商品が、自社の他商品もしくは他社の商品と類似しており、市場を互いに奪い合っている状態。
☐ 7　コンプライアンス	法令遵守。法律や企業規則に反せず企業活動を行うこと。コーポレートガバナンス（企業統治）の基本原理の一つ。
☐ 8　IR	Investor Relationsの略。企業が投資家向けに実施する広報活動のこと。経営状況や財務状況といった情報を発信する。
☐ 9　CS	Customer Satisfactionの略。自社商品・サービスに対する顧客満足のこと。CSを調査・分析することでサービス向上につながる。
☐ 10　ES	Employee Satisfactionの略。従業員満足という意味で、業務内容や職場環境に対する満足度を指すときに使用される。

キーワード	意味
□ 11 ペンディング	「未定・保留・先送り」という意味。進行業務の中断を迫られたり、結論が出せなくなった場合に使われることが多い。
□ 12 コンセンサス	意見が一致すること。または複数人が合意をすること。「コンセンサスを取る」というのは、同意を得るという意味。
□ 13 CRM	Customer Relationship Managementの略。顧客情報管理のこと。顧客満足度を上げて、より良い関係を構築するための経営手法。
□ 14 ブレスト	ブレインストーミングの略。思いついたまま意見を出し合いながらアイデアをブラッシュアップしていく。
□ 15 MTG	Meetingの略。打ち合わせ。カンファレンスと大きな違いはないが、短時間の打ち合わせはミーティングということが多い。
□ 16 B to B(B2B)	Business to Businessの略。企業間取引のこと。B to B企業というと、法人を顧客として持つ企業のことを指す。
□ 17 B to C(B2C)	Business to Consumer ／ Customerの略。企業と個人間の取引を指す。B to C企業は、個人消費者を顧客として持つ企業のこと。
□ 18 アサイン	「割り当てる・任命する・指定する」という意味。仕事の割り当てや、ITでは特定の機能を一定の操作に対応させることをいう。
□ 19 コミットメント	企業が株主や従業員に対して責任を持ってかかわること。「約束・義務・責務・かかわりあうこと」という意味。
□ 20 ジョブ・ローテーション	従業員がさまざまな業務に対応できるようにするため、定期的に職務を異動させること。社内環境の活性化にもつながる。
□ 21 コンピテンシー	直訳すると「能力」。ビジネスでは「継続的に業績を上げている人材に共通する行動特性」という意味で使われる。

第1章 最新時事
第2章 国語
第3章 教養・スポーツ
第4章 英語
第5章 社会
第6章 数学
第7章 理科
第8章 仕事・業界

編集・デザイン・DTP
choudo

DTP
明昌堂

2023年度版
カンタン総まとめ 就活の一般常識＆時事

2021年 6 月10日　初版第 1 刷発行

編　者　就職情報研究会
発行者　小山隆之
発行所　株式会社実務教育出版
　　　　〒163-8671　東京都新宿区新宿1-1-12
　　　　TEL 編集 03-3355-1812
　　　　　　 販売 03-3355-1951
　　　　振替 00160-0-78270
印　刷　文化カラー印刷
製　本　東京美術紙工